权威·前沿·原创

皮书系列为

“十二五”“十三五”“十四五”时期国家重点出版物出版专项规划项目

智库成果出版与传播平台

北京市哲学社会科学研究基地智库报告系列丛书

中国城市交通绿色发展报告（2021）

ANNUAL REPORT ON GREEN DEVELOPMENT OF CHINA'S URBAN TRANSPORTATION(2021)

交通强国建设

主　编 / 林晓言
副主编 / 刘铁鹰　李　达

社会科学文献出版社
SOCIAL SCIENCES ACADEMIC PRESS (CHINA)

图书在版编目（CIP）数据

中国城市交通绿色发展报告．2021：交通强国建设／林晓言主编．--北京：社会科学文献出版社，2022.10
（交通蓝皮书）
ISBN 978-7-5228-0166-7

Ⅰ．①中…　Ⅱ．①林…　Ⅲ．①城市交通-交通运输业-绿色经济-研究报告-中国-2021　Ⅳ．①F512.3

中国版本图书馆 CIP 数据核字（2022）第 090373 号

交通蓝皮书
中国城市交通绿色发展报告（2021）
——交通强国建设

主　　编／林晓言
副 主 编／刘铁鹰　李　达

出 版 人／王利民
组稿编辑／恽　薇
责任编辑／冯咏梅
文稿编辑／李艳璐
责任印制／王京美

出　　版／社会科学文献出版社·经济与管理分社（010）59367226
　　　　　地址：北京市北三环中路甲 29 号院华龙大厦　邮编：100029
　　　　　网址：www.ssap.com.cn
发　　行／社会科学文献出版社（010）59367028
印　　装／天津千鹤文化传播有限公司

规　　格／开 本：787mm×1092mm　1/16
　　　　　印 张：21.5　字 数：321 千字
版　　次／2022 年 10 月第 1 版　2022 年 10 月第 1 次印刷
书　　号／ISBN 978-7-5228-0166-7
定　　价／168.00 元

读者服务电话：4008918866

本书为北京市社会科学基金重点项目“中国交通强国建设研究报告2021”（20JCB100）的最终成果

主编简介

林晓言 北京交通大学经济管理学院教授、博士生导师。中国人民大学工业经济学学士，北京交通大学技术经济学硕士、运输经济学博士。国家社会科学基金重大项目首席专家，北京交通大学应用经济学一级学科责任教授，北京市哲学社会科学重点研究基地北京交通发展研究基地主任，首都高端智库北京综合交通发展研究院副院长。兼任中国技术经济学会运输技术经济分会会长，中国铁道学会经济委员会秘书长。曾任北京交通大学经济管理学院经济分院院长、国家863重大专项“高速磁浮交通技术”总体组专家。

主持及参加过京沪高铁、京九铁路、兰新高铁、青藏铁路、上海高速磁浮机场线等铁路重大工程项目的技术经济论证。多次获得高等学校科学研究优秀成果奖、北京市哲学社会科学优秀成果奖、中国铁道学会科学技术奖、中国技术经济学会优秀成果奖等科研奖项。主持在研国家社会科学基金重大项目“中国高铁经济理论解析框架及演化路径研究”。代表著作有《高速铁路与经济社会发展新格局》《轨道交通公益性与经营性平衡新模式》《高速铁路服务质量与市场竞争》《铁路的民营化改革与市场融资》等。

摘　要

2020年是世界各国面临多重挑战的一年，突袭而至的新冠肺炎疫情对世界各国的经济发展与社会稳定造成了巨大影响。我国交通运输行业在以习近平同志为核心的党中央坚强领导下，坚持稳中求进的总基调，立足新发展阶段，贯彻新发展理念，以深化供给侧结构性改革为主线，统筹推进疫情防控和经济社会发展交通运输领域的各方面工作进程，继续坚定地推动中国交通强国建设。

2019年31个省份的交通强国指数平均测算结果为32.60，2020年31个省份的交通强国指数平均测算结果为34.98，较上年提升7.3%，中国交通强国建设刚刚达到1/3完成度。根据《交通强国建设纲要》提出的目标，中国计划通过30年的建设和发展，实现交通强国的建设目标。2021~2050年，中国将分两个阶段推进实现交通强国建设。第一阶段是2021~2035年，用15年的时间基本建成交通强国；第二阶段是2036~2050年，用15年的时间全面建成人民满意、保障有力、世界前列的交通强国。目前我国的交通强国建设完成度不高，但成绩显著，且有希望在不到30年时间里实现交通强国建设的既定目标，交通强国建设仍然任重道远。

本书分为三个部分：第一部分为总报告，第二部分为指数篇，第三部分为智慧交通篇。总报告概括了中国交通运输业在基础设施、技术发展、管理和运输服务水平等方面的建设成果，比较分析了2019年和2020年中国交通强国建设的发展差异以及建设重点与难点。研究发现，2020年交通强国建设较上年取得显著进步，交通强国指数提高了7.3%，其中交通安全指数和治理水平指数的上升幅度最为明显，人才队伍指数和绿色发展指数成为2020年中国交通强国建设的重点和难点。总报告进一步提出了“十四五”时期中国交通强国建设的发展趋势与展望，包括交通低碳化发展、适老化发展以及交通运输助力实现共同富裕等。指数篇以《交通强国建设纲要》中提出的交通强国建设的九大发展目标为基础，构建了中国交通强国指数指标体系，包括9个一级指标和47个二级指标，并对中国交通强国指数进行了分类指数比较研究、区域比较研究和群众满意度研究。该部分还呈现了2020年与2019年各指数的变化情况，并进一步对变化较大的典型省份和区域进行分析。智慧交通篇聚焦智慧高铁生态系统演化研究、智慧高铁补贴机制设计以及智慧高铁的创新生态系统研究等，为中国智慧交通建设提供了思路和建议。

关键词： 交通运输　交通强国　智慧交通

目 录

Ⅰ 总报告

Ⅱ 指数篇

Ⅲ 智慧交通篇

总报告

General Report

B.1 中国交通强国建设发展趋势与展望（2021）

林晓言　李　达*

摘　要：　2020年，我国交通运输行业在积极组织疫情防控和维持社会安全运行等方面的工作过程中，坚定地推动中国交通强国建设。本报告总结概括了中国交通强国建设在基础设施、技术发展、管理和运输服务水平等方面的建设成果，比较分析了2019年和2020年中国交通强国建设的发展差异以及建设重点与难点。研究发现，2020年交通强国建设较上年取得显著进步，交通强国指数提高了7.3%，其中交通安全指数和治理水平指数的上升幅度最为明显，人才队伍指数和绿色发展指数成为2020年中国交通强国建设的重点和难点。在此基础上，本报告进一步提出了“十四五”时期中国交通强国建设的发

* 林晓言，博士，北京交通大学经济管理学院教授，博士生导师，研究方向为产业经济、技术经济；李达，北京交通大学经济管理学院博士研究生，研究方向为运输经济、产业经济。

展趋势与展望，包括交通低碳化发展、适老化发展以及交通运输助力实现共同富裕等。

关键词：　交通运输　交通强国　低碳化发展　适老化发展　智慧交通

一　总论

自2019年9月国务院制定《交通强国建设纲要》以来，中央相继出台多项政策，稳步推进交通强国建设。2021年2月，中共中央、国务院印发《国家综合立体交通网规划纲要》，明确提出了中国交通运输行业到2035年的发展目标，要求基本建成便捷顺畅、经济高效、绿色集约、智能先进、安全可靠的现代化高质量国家综合立体交通网。2021年8月，交通运输部、科学技术部联合发布了《关于科技创新驱动加快建设交通强国的意见》，该意见指出，要充分发挥科技创新在交通强国建设过程中的支撑和引领作用，积极推动交通运输产业创新发展，加强交通运输科技创新能力建设。2020年是世界各国面临多重挑战的一年，新冠肺炎疫情的发生对世界各国的经济发展与社会稳定造成了巨大影响。我国交通运输行业在以习近平同志为核心的党中央坚强领导下，坚持稳中求进的总基调，立足新发展阶段，贯彻新发展理念，以深化供给侧结构性改革为主线，统筹推进交通运输行业在疫情防控和社会安全运行等方面的工作进程，继续坚定推动中国交通强国建设。

从交通强国建设的基础设施建设水平来看，中国交通基础设施网络逐渐完善，互联互通的区域连接网络已经形成。截至2020年底，全国铁路运营里程超过14.6万公里，较上年增长5.3%，全国铁路网络密度为152.3公里/万公里^2，较上年增加6.8公里/万公里^2，其中高速铁路运营里程达3.8万公里，较上年增长8.6%；全国公路运营里程超过519.81万公里，较上年增长3.7%，全国公路网络密度为54.15公里/百公里^2，较上年增加1.94公里/百公里^2，其中高速公路运营里程超过16.1万公里，较上年增长7.6%；全国内河航道

通航里程超过 12. 77 万公里，较上年增长 387 公里，其中等级航道里程占比提高了 0. 2 个百分点；全国民用机场数量为 241 个，较上年增长 1. 3%。①

从交通强国建设的技术发展水平来看，自主创新引领交通运输装备制造取得全面突破。通过自主创新和引进消化吸收再创新，我国实现了一批重点交通运输设备关键技术的创新，高速列车、重载列车、城际列车、新能源汽车等交通运输设备水平跃居世界前列；攻克了一批交通运输制造领域信息化、低碳化和智能化的关键技术，推动我国交通系统的转型升级，交通装备产业由“高速、重载”技术引领战略向“绿色、智能”技术引领战略转变，交通装备制造企业均已开始实施产品数字化设计、智能化制造与信息化服务；加快建立交通科技创新平台，建设了一大批国家重点实验室、国家重点工程实验室以及国家产业协同创新平台，为交通科技领域的基础和应用研究提供了科学研究和技术转化场所。

从交通强国建设的管理水平来看，交通运输行业不断推进市场化改革。我国在放开交通运输市场、建立社会化融资机制方面进行了开创性探索，铁路运输领域从实行经济承包责任制，到实行招投标制度，再到原铁道部实现政企分离，完成了巨大转变。公路运输领域相继出台了养路费征收标准等一系列公路运输政策，工程承包多样化并严格按照合同管理，同时引入社会资本；航空领域逐渐走上了企业化改制道路，民航机场建设基金成立，航空运输市场形成并逐渐成熟；水运领域建设项目开始实行招投标制度，内河航道建设基金成立，港口实现对外开放。发展至今，“开放统一、竞争有序”的交通运输市场基本形成。

从交通强国建设的服务水平来看，交通运输基本公共服务实现均等化。受新冠肺炎疫情影响，公共交通客运量有所下降。2020 年新冠肺炎疫情突袭而至，按照党和政府的防控要求，居民出行频率下降、企业员工居家办公，人们的出行需求大幅减少。截至 2020 年底，全年铁路客运发送量达

① 《2020 年交通运输行业发展统计公报》，交通运输部网站，2021 年 5 月 19 日，https：//xxgk. mot. gov. cn/2020/jigou/zhghs/202105/t20210517_ 3593412. html。

22.03 亿人，较上年下降 39.8%，铁路客运周转量为 8266.19 亿人公里，较上年下降 43.8%；全年公路客运量为 68.94 亿人，较上年下降 27%，公路客运周转量为 4641.01 亿人公里，较上年下降 47.6%；全年水路客运量为 1.50 亿人，较上年下降 45.2%，水路客运周转量为 32.99 亿人公里，较上年下降 58.0%；全年民航客运量为 4.18 亿人，较上年下降 36.7%，民航客运周转量为 6311.25 亿人公里，较上年下降 46.1%。然而在疫情防控的特殊时期，邮政快递的公共服务功能凸显，邮政快递网络成为保障民生、维持社会运转的重要通道。全年邮政行业业务总量达 21053.2 亿元，较上年增长 29.7%，快递业务量达 833.6 亿件，较上年增长 31.2%。①

根据《中国城市交通绿色发展报告（2020）》的数据，2019 年 31 个省份②的交通强国指数平均测算结果为 32.6。2020 年 31 个省份的交通强国指数平均测算结果为 34.98，较上年提升 7.3%，中国交通强国建设刚刚达到 1/3 完成度。③ 根据《交通强国建设纲要》提出的目标，中国将通过 30 年的建设和发展实现交通强国的建设目标，从 2021 年到 2050 年分两个阶段推进实现交通强国建设。第一阶段是 2021 年到 2035 年，用 15 年的时间基本建成交通强国；第二阶段是 2036 年到 2050 年，用 15 年的时间全面建成人民满意、保障有力、世界前列的交通强国。目前我国的交通强国建设完成度不高，但成绩显著，且有希望在不到 30 年的时间里实现交通强国建设的既定目标，交通强国建设仍然任重道远。

二　2020年中国交通强国建设发展成就

（一）2019年中国交通强国建设概况总结

2019 年 31 个省份的交通强国指数平均测算结果为 32.6，其中排名前两

---

① 《2020 年交通运输行业发展统计公报》，交通运输部网站，2021 年 5 月 19 日，https：//xxgk.mot.gov.cn/2020/jigou/zhghs/202105/t20210517_3593412.html。

② 本书中的省份包括省、自治区、直辖市，统计数据不含港澳台。

③ 林晓言主编《中国城市交通绿色发展报告（2020）》，社会科学文献出版社，2021。

位的江苏省和北京市的交通强国指数分别为 50. 9 和 48. 2；31 个省份的基础设施指数平均测算结果为 35. 6，其中排名前两位的上海市和天津市的基础设施指数分别为 69. 4 和 63. 3；31 个省份的绿色发展指数平均测算结果为 32. 5，其中排名前两位的江苏省和上海市的绿色发展指数分别为 59. 7 和 58. 6；31 个省份的交通安全指数平均测算结果为 32. 0，其中排名前两位的云南省和江苏省的交通安全指数分别为 60. 7 和 55. 5；31 个省份的交通装备指数平均测算结果为 31. 0，其中排名前两位的北京市和黑龙江省的交通装备指数分别为 68. 7 和 46. 3；31 个省份的运输服务指数平均测算结果为 32. 6，其中排名前两位的广东省和浙江省的运输服务指数分别为 52. 9 和 50. 0；31 个省份的科技创新指数平均测算结果为 28. 9，其中排名前两位的北京市和江苏省的科技创新指数分别为 66. 7 和 57. 0；31 个省份的治理水平指数平均测算结果为 41. 4，其中排名前两位的云南省和北京市的治理水平指数分别为 75. 8 和 68. 3；31 个省份的人才队伍指数平均测算结果为 44. 1，其中排名前两位的辽宁省和四川省的人才队伍指数分别为 71. 0 和 66. 4；31 个省份的开放合作指数平均测算结果为 31. 1，其中排名前两位的江苏省和山东省的开放合作指数分别为 75. 2 和 53. 7。

总体来看，2019 年中国交通强国建设各指数的平均值为 30～40（百分制），且目前我国绝大多数省份的交通强国建设情况没有达到合格水平。分指数来看，2019 年中国交通强国建设的治理水平指数和人才队伍指数较高，全国平均测算结果均在 40 以上；科技创新指数较低，全国平均测算结果低于 30。由此可见，科技创新发展仍然是中国交通强国建设的重点和难点。近年来，随着信息技术、新材料技术以及智能制造技术的快速发展，科技赋能交通运输行业转型升级成为必然选择。科技赋能交通运输行业发展，一方面要增加交通运输行业研发投入，提高交通创新产出水平；另一方面要增强交通运输领域科技成果转化能力，进一步聚焦交通装备专利研发、车联网企业发展、数字资源赋能交通发展、交通行业研发中心建设以及智慧交通系统建设等。

从首都北京的交通强国建设水平来看，北京的交通强国指数排全国第二。然而，北京市交通强国9个分指数发展不均衡现象比较突出。相比较而言，交通装备指数与科技创新指数最高，在各省份中均排名第一；治理水平指数、基础设施指数、人才队伍指数与交通安全指数相对较高；绿色发展指数、运输服务指数及开放合作指数不高。比较分析可见，绿色发展指数、运输服务指数及开放合作指数的提升是北京市交通强国建设的难点和重点。考虑到指标设计的固有特点，本报告指出运输服务指数的提升是北京市交通强国建设的关键，应特别聚焦市民对城市物流业智能网络服务满意度、市民对城市交通换乘效率满意度、弱势群体出行对城市公共交通依赖度等指标的内涵建设。

（二）2020年中国交通强国建设主要成就

2020年中国交通强国建设成效显著，31个省份的交通强国指数平均测算结果为34.98，较上年提升7.3%，其中排名前两位的省份仍然是江苏省和北京市，且交通强国指数分别较上年提升9%和15%。从分指数来看，31个省份的基础设施指数平均测算结果为38.40，较上年提升7.8%；31个省份的绿色发展指数平均测算结果为28.97，较上年下降10.8%；31个省份的交通安全指数平均测算结果为47.92，较上年提升49.7%；31个省份的交通装备指数平均测算结果为31.43，较上年提升1.4%；31个省份的运输服务指数平均测算结果为35.00，较上年提升7.4%；31个省份的科技创新指数平均测算结果为31.17，较上年提升7.8%；31个省份的治理水平指数平均测算结果为51.02，较上年提升23.2%；31个省份的人才队伍指数平均测算结果为24.59，较上年降低44.2%；31个省份的开放合作指数平均测算结果为28.74，较上年降低7.6%。

总体来看，2020年中国交通强国建设较上年取得显著进步，交通强国指数提高了7.3%。从交通强国建设分指数来看，除了绿色发展指数、人才队伍指数和开放合作指数较2019年有所降低外，其他各项指数均获得显著提升。其中，交通安全指数和治理水平指数的上升幅度最为明显，分别较2019年提升49.7%和23.2%。交通安全水平提升的关键在于交通安全法规

建设的完善、交通安全专利数量的增加、交通安全行政处罚案件的减少、交通应急救援满意度的提高以及交通安全法规满意度的提高等。治理水平提升的关键在于行业改革政策数量和优化营商环境政策数量的增加、交通决策机制中公众参与度的提升、交通领域监督机制透明度的提高、交通文化宣传力度的增强以及交通文明环境的改善等。

（三）2020年中国交通强国建设难点和重点

通过分析 2019 年中国交通强国指数的建设情况，可以看出科技创新发展和交通装备发展是 2019 年中国交通强国建设的难点和重点。2020 年中国交通强国建设在科技创新指数和交通装备指数上取得显著进步，分别较 2019 年提升 7. 8%和 1. 4%，但人才队伍指数和绿色发展指数情况不容乐观，降幅均超过 10%，分别较 2019 年下降 44. 2%和 10. 8%，以上两个指数的提高成为 2020 年中国交通强国建设的难点和重点。

人才队伍指数包括交通运输科技机构数量、交通运输青年科技英才人数以及交通业就业人员比例等 3 个指标。人才队伍指数较上年有所降低的原因主要在于指标构建的调整。加强交通运输行业技能人才队伍的建设是实现人才强国和交通强国的重要抓手和主要任务，而交通学校数量和交通部门领导数量不能很好地表现交通运输行业技能人才队伍的建设情况，因此在 2020 年对人才队伍指数的指标进行了完善，用交通运输科技机构数量替代了交通学校数量，用交通运输青年科技英才人数替代了交通部门领导数量。

绿色发展指数包括新能源汽车政策数量、绿色交通专利数、快递包装绿色化政策数、公共充电桩数以及交通噪声处理满意度等 5 个指标。2020 年，除上海、北京和天津外，其余所有省份的交通能源减排指标均呈现不同程度的下降。上海交通能源减排指标提升 15. 77%，北京交通能源减排指标提升 5. 24%，天津交通能源减排指标提升 1. 75%。由此可见，交通能源减排情况是制约 2020 年交通强国绿色发展指数建设的关键因素。交通能源减排一方面要从交通工具和设施的存量着手，燃油汽车依然是我国能源消耗的主体，应进一步优化空间布局，提升燃油能源利用效率，降低碳排放，进而达到减排效果；另一方面逐步实现交通能源的增量替换，提高新能源技术的研发投入，鼓励新能源汽车的生产、销售与消费，其中，新能源汽车续航里程的提升是技术研发和市场需求的主要方向。此外，为促进新能源汽车的消费和使用，须加强配套基础设施的建设和完善，特别是新能源汽车充电桩的建设。

三　中国交通强国建设展望（2021~2025年）

（一）持续推进交通运输行业低碳化发展

2020 年 9 月，中国在第 75 届联合国大会上提出“2030 年前实现碳达峰、2060 年前实现碳中和”的发展目标。实现“双碳”目标最重要的是完成能源体系的低碳转型升级，加快推进绿色、低碳、循环的高质量协同发展。交通运输行业的碳排放量占碳排放总量的 10%以上，其中公路运输占 90%，可见推进交通运输领域的可持续发展将助力“双碳”目标的实现。2021 年 5 月 18 日，国际能源署（IEA）发布了《2050 年净零排放：全球能源行业路线图》，该报告探讨了在全球气温平均升高 1.5 摄氏度的情况下，如何通过全球能源结构的转型升级加快实现全球净零排放的战略目标。① 报告对交通运输行业的转型路径和关键技术发展提出了新要求，包括大规模部署清洁能源和高效能源技术，加快推动全球能源领域的技术创新，2035 年之后不再销售新的内燃机乘用车（电动车等新能源汽车代替燃油车等），2040 年全球电力部门达到净零排放。交通运输行业的转型措施主要包括提高运输系统的操作效率，加快模式转化以及实现电气化改造等。根据 IEA 的预测，到 2030 年，电动汽车销售量将占汽车销售总量的 60%以上，燃料电池汽车销售量将占重型卡车销售总量的 30%以上；到 2035 年，

① *The Launch of Net Zero by 2050：A Roadmap for the Global Energy Sector*，International Energy Agency，2021.

将实现电动汽车销量占比 100%。

“十三五”期间，我国全面推进运输结构调整，2020 年交通运输行业二氧化碳的排放强度较 2015 年下降了 7.5%，城市公共交通车辆和出租车辆中的新能源汽车数量分别达到 46.6 万辆和 13.2 万辆，是“十三五”初期的 8 倍。为加快推进交通强国建设，交通运输部出台了一系列交通运输领域的发展规划，以降低碳排放为主要目标，加快构建低碳环保的绿色运输发展体系。交通运输部新闻发言人刘鹏飞表示，应从以下四个方面着手构建绿色运输发展体系：一是完善低碳转型政策体系；二是加快交通运输结构的优化调整；三是深入开展绿色出行行动，大力培育绿色出行文化，促进绿色出行生活方式的形成；四是大力发展清洁化运输设备，持续提升公共交通运输工具的电气化水平。①

（二）稳步推进交通运输行业适老化发展

交通强国建设的发展目标是建成人民满意、保障有力、世界前列的交通强国。该发展目标更多地表现在快速、绿色、智能、安全等方面，没有提及全民共享、全民满意。要想实现全民满意、全民共享的交通发展，不可忽视老年群体在交通强国建设过程中面临的问题和困境。近五年来，我国老龄化程度逐渐加深，老年人口的数量迅速增长，从《第七次全国人口普查公报》看，我国 60 岁以上老年人口的数量已达 2.64 亿人，占总人口的 18.7%，较 2016 年增长 15%。② 在老年人口数量逐渐增加的背景下，如何提升老年群体出行的幸福感、满足感和安全感，让老年群体共享交通强国建设的伟大成就，成为交通强国建设中应考虑的重要问题。

老年群体交通权利和交通需求的保障与满足是交通强国建设的应有之义。老年群体特殊的生理和心理特征，决定了其交通出行需求的特殊性。从生理上看，老年群体的身体器官老化、功能衰退，学习能力不足，活动能力

① 《交通运输部：加快构建绿色运输发展体系》，《现代物流报》2021 年 12 月 6 日。

② 《第七次全国人口普查公报（第八号）》，国家统计局网站，2021 年 5 月 11 日，http://www.stats.gov.cn/tjsj/zxfb/202105/t20210510_1817184.html。

较差；从心理上看，老年群体对新鲜事物的接受度较低，融入社会的能力较差，容易产生孤独感，同时又希望得到社会的关注和认可。老年人的出行主要依赖步行和公共交通，而很多城市的公共交通建设并没有充分考虑老年群体普遍患有的视觉障碍和听力障碍，给老年群体的出行带来诸多不便。随着信息技术的发展，数字化和智能化"鸿沟"进一步加剧了老年人等特殊群体的出行困难程度，老年群体出行中经常遇到各种问题。因此，交通运输行业的适老化发展体现了公共服务均等化水平和人性化水平的提升，是交通强国建设的应有之义。

2020 年国务院办公厅印发了《关于切实解决老年人运用智能技术困难的实施方案》，该方案针对老年群体的交通出行需求，提出了以下四点建设任务和目标。一是优化老年群体的出租车出行服务。在继续保留出租车招手叫车、电话叫车等传统服务的同时，引导在线网约车平台优化叫车服务，例如增设一键叫车服务，依靠信息技术提高叫车服务的便捷性。二是建设和发展适老化的公共交通。三是提高客运场站人工服务质量。优化运输服务站点窗口服务，为老年群体增设咨询、引导等便利化服务。四是在新冠肺炎疫情等突发事件下保障老年群体出行便利。在疫情防控常态化时期，居民出入各类场所均需要查验"健康码"，这给不使用智能手机的老年人造成了出行障碍。另外，"健康码"不能成为居民出行的唯一凭证，对老年人可采取身份证登记、纸质证明查验等多种验证方式，协助和引导老年群体进行健康核验。解决老年群体在智能技术运用方面的困难，为其提供便捷的交通出行服务，是践行以人民为中心发展理念、建设人民满意交通的具体举措，是推动运输服务高质量发展、加快建设交通强国的重点任务。

（三）交通运输行业发展助力实现共同富裕

"要想富，先修路"是 1984 年时任四川眉山县县长的徐启斌提出的发展理念，交通便利是致富的必要条件，这个观点在现在看来仍然不过时。改革开放以来，我国持续加大交通建设投资力度，陆海空全面发展，2020 年完成交通固定资产投资 34752 亿元，其中完成铁路固定资产投资 7819 亿元，完成公路固定资产投资 24312 亿元，完成水路固定资产投资 1330 亿元，完成民航固定资产投资 1050 亿元，完成公路水路支持系统及其他建设投资 241 亿元。目前我国已经初步形成了综合立体交通网络，交通运输行业的建设和发展为我国脱贫攻坚、全面建成小康社会做出了重要的贡献。

交通扶贫是实现精准脱贫和共同富裕的“先行官”。贫困乡村交通不便利是制约乡村产业发展、农民增收的主要原因。2016 年交通运输部印发了《“十三五”交通扶贫规划》，明确提出了交通扶贫脱贫攻坚任务和目标，将交通建设作为贫困地区脱贫攻坚的重要抓手。截至 2020 年，符合条件的乡镇和建制村都已经实现了通硬化路、通客车的“两通”目标；“交通+产业”“交通+旅游”等新业态新模式迅速发展，先后打造了 25 个农村物流服务品牌，贫困地区新改建资源公路、旅游公路、产业公路约 5.9 万公里；“四好乡村路”建设取得高质量发展，31 个省份出台了推行“路长制”的政策，加强公益性就业岗位建设，全国共设立农村公路就业岗位 70.8 万个。交通基础设施的完备性大大提高了发达地区和贫困地区的经济社会联系，使农产品运得出去，工业产品运得进来，信息和科技知识走得进来，旅游资源产业也能带动得起来。“十三五”期间交通扶贫取得阶段性成果，“十四五”时期应继续聚焦脱贫地区交通建设，补齐交通基础设施短板，从交通扶贫、脱贫向交通致富转变。

指 数 篇

Index Section

B.2
中国交通强国指数评价机理研究

林晓言 贾心雨*

摘 要：本报告阐述了交通强国的内涵、特征与实现路径，第一，交通强国的内涵为建设“人民满意、保障有力、世界前列”的具有中国特色的交通强国；第二，交通强国的主要特征为建成安全、便捷、高效、绿色、经济的综合交通运输体系；第三，加快交通领域新模式的转型升级，通过促进交通运输行业与现代新兴科技产业和新业态产业的深度融合、提高运输服务质量和效率、完善交通运输的管理运行机制、普及多式联运、促进交通领域科技创新、鼓励“大众创业、万众创新”等途径建设交通强国。此外，本报告采用可拓学分析法和模糊综合评价法作为交通强国指数的评价方法，介绍了两种方法的评价步骤，构建交通强国指数并进行相应的评价工作。

* 林晓言，博士，北京交通大学经济管理学院教授，博士生导师，主要研究方向为产业经济、技术经济；贾心雨，北京交通大学经济管理学院硕士研究生，主要研究方向为产业经济、运输经济。

关键词：　交通强国　交通强国指数　可拓学分析法　模糊综合评价法

一　中国交通强国的内涵、特征与实现路径

交通运输行业是社会经济发展中的关键行业，具有战略性、引领性、基础性和服务性的特点，只有明确交通强国建设的内涵、特征与具体的实现路径，才能更加系统全面地制定合理的长期战略目标。交通运输部部长李小鹏强调，为满足人民需求，保障国民经济平稳发展，抓住科技革命机遇引领交通发展，促进交通建设高质量发展，我国交通强国的建设成了必然要求。[①] 建设交通强国应考虑交通运输行业在国民经济中的特殊性及其相应的发展目标。首先，交通强国的建设应遵循“人民满意、保障有力、世界前列”这三个基本要求，依据相应的发展规划与政策支持，建设能有效促进民富国强的、具有中国特色的、符合社会主义现代化的、综合实力世界领先的交通强国。其次，交通运输行业的高质量发展是交通强国建设的关键，应以此为基点，不断提高交通运输领域各环节的运输与服务质量，以满足人民群众不断增长的交通运输需求；建立完备的交通运输一体化网络，提升交通运输效率，在提高速度的同时，努力实现旅客在换乘时的无缝性及货物在中转时的无缝性，包括时间的无缝与空间的无缝。最后，坚持可持续发展这一基本理念，发展绿色交通，不断完善新能源汽车行业相关的购买政策、补贴政策、充电桩建设规划等，鼓励民众增加对新能源汽车的使用；同时不断提升各区域公共交通网络的覆盖率与通达性，依据各区域发展程度以及城市各功能区的分布，因地制宜提高交通运输网络的密度，更好地满足人民群众的需求。

基于周健等对交通运输系统构成要素、内在机制以及其在经济社会发展中的地位和作用等的分析，[②] 本报告以“人民满意、保障有力、世界前列”作为

① 林晓言主编《中国城市交通绿色发展报告（2019）》，社会科学文献出版社，2020。

② 周健、徐萍、李乾：《交通强国指数（TPI）构建研究》，《交通运输部管理干部学院学报》2018 年第 4 期。

交通强国建设的内涵。首先，“人民满意”为内涵之一，即交通强国的建设要秉持“以人为本”的发展理念，一切发展为了人民，为了更好地满足人民群众的需求，提高人民群众的幸福感和满足感。其次，“保障有力”为内涵之二，即交通建设在促进国家发展的同时，还应作为国家发展的基本底气，由于交通运输行业具有战略性、引领性、基础性、服务性等特点，因此，该行业可以为实现中华民族伟大复兴的中国梦做出相应的贡献。最后，“世界前列”为内涵之三，即在我国建设交通强国的过程中，在借鉴国外交通强国建设经验的同时，做到“取其精华，去其糟粕”；此外，应依据本国国情，具体情况具体分析，制定科学合理的规划，以提升交通运输行业治理能力，进一步推进交通治理现代化。

强大的运输保障能力、高效的运输体系、优质的运输服务、先进的科技核心技术、完备的交通综合管理体系和法制保障体系以及较强的国际影响力，是世界各交通强国交通运输行业所具备的共同点。习近平总书记多次对交通工作做出重要指示，明确提出要构建安全、便捷、高效、绿色、经济的综合交通运输体系，从交通运输发展的本质属性角度，阐明了交通强国的主要特征。经济是交通强国的核心特征，主要指完成运输距离花费的成本低，既体现了交通运输行业对社会做出的重大贡献，又体现了其对提升国家影响力和发挥竞争力的有力支撑；安全和绿色是交通强国的两个基本特征，建设交通强国的基本前提是安全，绿色是交通领域人与自然和谐相处的体现，保证了交通运输的可持续发展，明确了交通运输所承担的社会责任；便捷和高效主要指交通运输应具有较强的供给能力以及较高的供给质量和供给效率。

我国交通强国建设的实现路径可概括为“三步走”战略。第一步：2020 年中国交通进入高质量发展的新时代，从注重提高运输能力转变为改善服务质量和效率。第二步：2030 年基本建成现代化综合交通体系，“一带一路”交通服务网络建设基本完成。第三步：2045 年进入世界交通强国前列，全球化交通服务网络体系建设完成。[①] 具体实现路径如下。首

---

① 《中共中央　国务院印发〈交通强国建设纲要〉》，中国政府网，2019 年 9 月 19 日，http：//www. gov. cn/gongbao/content/2019/content_ 5437132. htm。

先，加快交通领域新模式的转型升级，推动交通运输行业与现代新业态产业的深度融合，比如服务业、电子商务、物流业等；发展“互联网+”、大数据、区块链等新技术，打造智慧物流体系；利用我国在电动汽车研发技术、产销比例和充电设施等方面的发展优势，大力发展新能源产业。其次，提高运输服务质量和效率，构建“全国 123 出行交通圈”，进一步构建“全球 123 快货物流圈”；建立完善的共享单车管理和保障机制，促进共享交通行业的发展，构建绿色交通出行模式。再次，完善交通运输的管理运行机制，合理规划航空、公路、铁路、水运、管道等基础设施建设，构建高质量的综合立体交通网络；普及多式联运，实现综合交通网络一体化，并根据区域功能点集聚的特征，合理布局交通运输网络，实现综合交通运输网络的全程性、无缝性和连续性。最后，加快交通领域科技创新的步伐，鼓励局部创新、全面创新，大力开展“大众创业、万众创新”，将云计算、大数据、人工智能等新兴科技逐步融入交通运输领域；完善人才引进政策，高效利用交通人才队伍，定期进行技能培养，不断发扬创新精神。①

二　中国交通强国指数的评价方法②

指数评价方法指采用效益评价的方法将事实和数据转化为定量指标，便于后续的评价工作。本报告主要采用的是可拓学分析法和模糊综合评价法。

（一）可拓学分析法

1. 确定经典域和节域

“经典域”公式如下：

---

① 郭洪太：《我国交通运输实践的发展历程与交通强国建设展望》，《交通运输部管理干部学院学报》2019 年第 4 期。

② 本报告直接沿用《中国城市交通绿色发展报告（2020）》中使用的可拓学分析法和模糊综合评价法。

$$R_{0j} = (N_{0j}, C, V_{0jk}) = \begin{bmatrix} N_{0j} & c_1 & v_{oj} \\ & \vdots & \vdots \\ & c_m & v_{ojm} \end{bmatrix} = \begin{bmatrix} N_{0j} & c_1 & \langle a_{oj1}, b_{0j1} \rangle \\ & \vdots & \vdots \\ & c_m & \langle a_{ojm}, b_{0jm} \rangle \end{bmatrix} \quad (1)$$

其中，R_{0j}代表第j级交通强国指数的物元，N_{0j}表示第j级交通强国指数发展水平，V_{0jk}表示第j级发展水平省份的第k个评价指标归于不同等级的区间范围，即经典域。

“节域”公式如下：

$$R_p = (N_p, C_k, V_{pk}) = \begin{bmatrix} N_p & c_1 & v_{p1} \\ & \vdots & \vdots \\ & c_m & v_{pm} \end{bmatrix} = \begin{bmatrix} N_p & c_1 & \langle a_{p1}, b_{p1} \rangle \\ & \vdots & \vdots \\ & c_m & \langle a_{pm}, b_{pm} \rangle \end{bmatrix} \quad (2)$$

其中，R_p代表交通强国评价指标允许取值范围的物元，N_p表示交通强国评价指标发展水平的全体评价等级，V_{pk}表示N_p中指标C_k的允许取值范围，即节域。

2. 确定评价物元

$$R_0 = (N_0, C_k, V_m) = \begin{bmatrix} N_0 & c_1 & v_1 \\ & \vdots & \vdots \\ & c_m & v_m \end{bmatrix} \quad (3)$$

3. 确定权重系数

利用专家评价法得到判断矩阵，通过对各组结果进行几何平均，得到各层指标的各级权重。

4. 确定各指标的关联函数值

计算待评物元与经典域的“接近度”：

$$\rho(V_k, V_{0jk}) = \left| v_k - \frac{1}{2}(a_{0jk} + b_{0jk}) \right| - \frac{1}{2}(b_{0jk} - a_{0jk}) \quad (4)$$

$$\rho(V_k, V_{pk}) = \left| v_k - \frac{1}{2}(a_{pk} + b_{pk}) \right| - \frac{1}{2}(b_{pk} - a_{pk}) \quad (5)$$

$$(j = 1, 2 \cdots, n; k = 1, 2, \cdots, m)$$

若ρ（V_k，V_{0jk}）$\geqslant 0$，则其不在区间V_{0jk}中；若ρ（V_k，V_{0jk}）<0，则其在区间V_{0jk}中。

接着，计算各指标C_k的关联函数。

当$V_k\in$［a_{jk}，b_{jk}］，则：

$$K_j(V_k)=\frac{-\rho(v_k,V_{0jk})}{|V_{jk}|} \tag{6}$$

当$V_k\notin$［a_{jk}，b_{jk}］，则：

$$K_j(V_k)=\begin{cases}\dfrac{\rho(V_k,V_{0jk})}{\rho(V_k,V_{pk})-\rho(V_k,V_{0jk})},\rho(V_k,V_{pk})\neq\rho(V_k,V_{0jk})\\ -\rho(V_k,V_{0jk})-1,\rho(V_k,V_{pk})=\rho(V_k,V_{0jk})\end{cases} \tag{7}$$

$$(j=1,2,\cdots,n;k=1,2,\cdots,m)$$

5. 确定关联度，进行综合评价

计算关联度：

$$K_i(p)=\sum_{i=1}^{m}w_ik_j(v_i) \tag{8}$$

若$K_j=\max K_j(p)>0$，则该指数发展水平属于等级j，反之，则不属于。

求解评价等级的特征值j^*：

$$\overline{K_j(p)}=\frac{K_j(p)-\min\limits_j K_j(p)}{\max\limits_j K_j(p)-\min\limits_j K_j(p)} \tag{9}$$

$$j^*=\frac{\sum\limits_{j=1}^{m}j\times\overline{K_j(p)}}{\sum\limits_{j=1}^{m}\overline{K_j(p)}} \tag{10}$$

（二）模糊综合评价法

1. 评判集及其标准

评判集$V=\{v_1, v_2, v_3, v_4, v_5\}$，$v_1$、$v_2$、$v_3$、$v_4$、$v_5$依次对应好、较

好、一般、较差、差这 5 个评判等级。

2. 计算指标的隶属度

无量纲化处理：

$$\overline{x_i} = \frac{x_i - \min x_i}{\max x_i - \min x_i}, i = 1,2,\cdots,n \tag{11}$$

评判集中 v_1、v_2、v_3、v_4、v_5 对应的隶属度函数分别如下。其中，公式（12）为 X 隶属于“好”等级的隶属函数；公式（13）为 X 隶属于“较好”等级的隶属函数；公式（14）为 X 隶属于“一般”等级的隶属函数；公式（15）为 X 隶属于“较差”等级的隶属函数；公式（16）为 X 隶属于“差”等级的隶属函数。

$$A(x) = \begin{cases} 1, & \overline{x_i} \geqslant 0.9 \\ \dfrac{\overline{x_i} - 0.7}{0.2}, & 0.7 \leqslant \overline{x_i} < 0.9 \\ 0, & \overline{x_i} < 0.7 \end{cases} \tag{12}$$

$$A(x) = \begin{cases} 0, & \overline{x_i} \geqslant 0.9 \\ \dfrac{0.9 - \overline{x_i}}{0.9 - 0.7}, & 0.7 \leqslant \overline{x_i} < 0.9 \\ \dfrac{\overline{x_i} - 0.5}{0.7 - 0.5}, & 0.5 \leqslant \overline{x_i} < 0.7 \\ 0, & \overline{x_i} < 0.5 \end{cases} \tag{13}$$

$$A(x) = \begin{cases} 0, & \overline{x_i} \geqslant 0.7 \\ \dfrac{0.7 - \overline{x_i}}{0.7 - 0.5}, & 0.5 \leqslant \overline{x_i} < 0.7 \\ \dfrac{\overline{x_i} - 0.3}{0.5 - 0.3}, & 0.3 \leqslant \overline{x_i} < 0.5 \\ 0, & \overline{x_i} < 0.3 \end{cases} \tag{14}$$

$$A(x) = \begin{cases} 0, & \overline{x_i} \geqslant 0.5 \\ \dfrac{0.5 - \overline{x_i}}{0.5 - 0.3}, & 0.3 \leqslant \overline{x_i} < 0.5 \\ \dfrac{\overline{x_i} - 0.1}{0.3 - 0.1}, & 0.1 \leqslant \overline{x_i} < 0.3 \\ 0, & \overline{x_i} < 0.1 \end{cases} \tag{15}$$

$$A(x) = \begin{cases} 0, & \overline{x_i} \geqslant 0.3 \\ \dfrac{0.3 - \overline{x_i}}{0.2}, & 0.1 \leqslant \overline{x_i} < 0.3 \\ 1, & \overline{x_i} < 0.1 \end{cases} \tag{16}$$

3. 确定各指标的权重矩阵

4. 建立模糊判断矩阵，进行综合评价

B.3
中国交通强国指数报告（2021）

林晓言　贾心雨*

摘　要：本报告介绍了交通强国指数的计算方法和各个指数所包含指标的统计情况，然后对交通强国九大指数进行综合结果分析，包括描述性分析以及省份类比分析。省份类比分析包括各指标的省份排名和区域描述性统计，省份排名主要从各省份出台的基础设施建设、交通安全宣传、新能源汽车补贴和人才引进等相关经济政策入手，分析了各指标不同省份的表现情况；区域描述性统计主要从各地区的经济发展水平、地理位置与交通发展特点入手，分析不同地区各指标的平均值和标准差，以及出现差异的原因。

关键词：交通强国　指数评价　交通强国指数

一　交通强国指数指标体系构建①

本报告根据《交通强国建设纲要》中提出的交通强国的九大发展目标，从“基础设施布局完善、立体互联”“交通装备先进适用、完备可控”“运输服务便捷舒适、经济高效”“科技创新富有活力、智慧引领”“安全保障

* 林晓言，博士，北京交通大学经济管理学院教授，博士生导师，主要研究方向为产业经济、技术经济；贾心雨，北京交通大学经济管理学院硕士研究生，主要研究方向为产业经济、运输经济。

① 本报告直接沿用《中国城市交通绿色发展报告（2020）》中交通强国指数指标体系的构建方法。

完善可靠、反应快速”“绿色发展节约集约、低碳环保”“开放合作面向全球、互利共赢”“人才队伍精良专业、创新奉献”“完善治理体系，提升治理能力”九个方面评价我国31个省份的交通强国发展状况。同时，本报告基于《交通强国建设纲要》对九大发展目标的具体阐述，遵循指标体系构建和指标选取的独立性、科学性、系统性、可操作性和可得性原则，构建了中国交通强国指数指标体系（见表1）。

表1 中国交通强国指数指标体系

中国交通强国指数	具体指标
基础设施指数	交通固定资产投资比重（C_1）；铁路运营密度（C_2）；高铁运营密度（C_3）；高速公路网密度（C_4）；通航机场密度（C_5）；内河航道运营密度（C_6）；城市群交通网一体化（C_7）
交通装备指数	机场起降架次（C_8）；载客汽车保有量（C_9）；公路货运车辆保有量（C_{10}）；交通装备专利数（C_{11}）
运输服务指数	铁路客运周转量（C_{12}）；航空旅客吞吐量（C_{13}）；货物运输结构比值（C_{14}）；公路货运周转量（C_{15}）；航空货邮吞吐量（C_{16}）；快递业务量（C_{17}）；汽车自驾运动营地数量（C_{18}）；数字化转型（C_{19}）
科技创新指数	交通发明专利数量（C_{20}）；车联网企业数量（C_{21}）；ETC车道建设改造力度（C_{22}）；交通运输行业重点实验室和研发中心数量（C_{23}）；智慧交通系统建设（C_{24}）
交通安全指数	交通安全法规数（C_{25}）；交通安全专利数（C_{26}）；交通安全行政处罚数（C_{27}）；应急救援满意度（C_{28}）；交通安全法规满意度（C_{29}）
绿色发展指数	新能源汽车政策数量（C_{30}）；绿色交通专利数（C_{31}）；快递包装绿色化政策数（C_{32}）；公共充电桩数（C_{33}）；交通噪声处理满意度（C_{34}）
开放合作指数	是否为“一带一路”敲定省份（C_{35}）；中国500强企业中交通运输企业的个数（C_{36}）；是否为中欧班列运输协调委员会成员（C_{37}）；国际机场数量（C_{38}）
人才队伍指数	交通运输科技机构数量（C_{39}）；交通运输青年科技英才人数（C_{40}）；交通业就业人员比例（C_{41}）
治理水平指数	综合交通法规体系（行业改革）（C_{42}）；优化营商环境政策数量（营商环境）（C_{43}）；交通决策机制的公众参与度（公众决策机制）（C_{44}）；交通领域监督机制的透明度（公众监督机制）（C_{45}）；交通精神宣传力度（交通文化宣传）（C_{46}）；“车让人”发生频率（文明交通环境）（C_{47}）

（一）基础设施指数

1. 交通强国基础设施的发展目标

交通强国基础设施的发展目标为“基础设施布局完善、立体互联”。

2. 基础设施指数评价指标体系

表 2　基础设施指数评价指标体系

指标名称	指标表示
交通固定资产投资比重	交通固定资产投资/总产值
铁路运营密度	铁路运营里程/区域面积
高铁运营密度	高铁运营里程/区域面积
高速公路网密度	高速公路运营里程/区域面积
通航机场密度	通航机场数量/区域面积
内河航道运营密度	内河航道运营里程/区域面积
城市群交通网一体化	通过问卷调查的形式获得。问卷设计为“您认为所在省份城市与城市之间的交通网是否畅通?”

本报告的指标测算原始数据主要通过 2020 年各省份国民经济和社会发展统计公报、交通运输部官网、Soopat 专利数据库和网络数据整理等方式获得。

（二）交通装备指数

1. 交通强国交通装备的发展目标

交通强国交通装备的发展目标为“交通装备先进适用、完备可控”。

2. 交通装备指数评价指标体系

表 3　交通装备指数评价指标体系

指标名称	指标表示
载客汽车保有量	私人汽车保有量/年末人口数
公路货运车辆保有量	公路货运车辆的分布比例
机场起降架次	机场起降架次/年末人口数
交通装备专利数	交通装备专利数量/年末人口数

（三）运输服务指数

1. 交通强国运输服务的发展目标

交通强国运输服务的发展目标为“运输服务便捷舒适、经济高效”。

2. 运输服务指数评价指标体系

表 4　运输服务指数评价指标体系

指标名称	指标表示
铁路客运周转量	铁路客运周转量
航空旅客吞吐量	航空旅客吞吐量
货物运输结构比值	铁路货运量/公路货运量
公路货运周转量	公路货运周转量
航空货邮吞吐量	航空货邮吞吐量
快递业务量	快递业务量
汽车自驾运动营地数量	汽车自驾运动营地数量
数字化转型	通过问卷调查的形式获得。问卷设计为“您对所在城市物流业的智能收投服务（如智能快递柜）和网络服务平台（如快递企业公众号等）是否满意？”

（四）科技创新指数

1. 交通强国科技创新的发展目标

交通强国科技创新的发展目标为“科技创新富有活力、智慧引领”。

2. 科技创新指数评价指标体系

表 5　科技创新指数评价指标体系

指标名称	指标表示
交通发明专利数量	包含“交通”的发明专利数
车联网企业数量	各省份的车联网企业数量
ETC 车道建设改造力度	ETC 车道建设改造力度

续表

指标名称	指标表示
交通运输行业重点实验室和研发中心数量	交通运输行业重点实验室和研发中心数量
智慧交通系统建设	通过问卷调查的形式获得。问卷设计为“您认为所在城市的智慧交通系统(如电子站牌、网站、手机客户端等)能够提供有用的公共电汽车运行状况和实时位置等信息吗?”

（五）交通安全指数

1. 交通强国交通安全的发展目标

交通强国交通安全的发展目标为“安全保障完善可靠、反应快速”。

2. 交通安全指数评价指标体系

表 6　交通安全指数评价指标体系

指标名称	指标表示
交通安全法规数	交通安全法规数
交通安全专利数	交通安全专利数
交通安全行政处罚数	交通安全行政处罚数
应急救援满意度	通过问卷调查的形式获得。问卷设计为“您对所在城市交通应急救援能力是否满意?”
交通安全法规满意度	通过问卷调查的形式获得。问卷设计为“您对所在城市的交通安全法规制度和标准规范是否满意?”

（六）绿色发展指数

1. 交通强国绿色发展的发展目标

交通强国绿色发展的发展目标为“绿色发展节约集约、低碳环保”。

2. 绿色发展指数评价指标体系

表 7　绿色发展指数评价指标体系

指标名称	指标表示
新能源汽车政策数量	截至 2020 年政府出台的新能源汽车政策数量
绿色交通专利数	绿色交通专利数量/年末人口数
快递包装绿色化政策数	截至 2020 年政府出台的快递包装绿色化政策数
公共充电桩数	公共充电桩数
交通噪声处理满意度	通过问卷调查的形式获得。问卷设计为“您对所在城市居民区周边交通噪声处理设施(如降噪板)的覆盖程度是否满意?”

（七）开放合作指数

1. 交通强国开放合作的发展目标

交通强国开放合作的发展目标为“开放合作面向全球、互利共赢”。

2. 开放合作指数评价指标体系

表 8　开放合作指数评价指标体系

指标名称	指标表示
是否为“一带一路”敲定省份	指标为“0-1”变量,是为 1,否则为 0
是否为中欧班列运输协调委员会成员	指标为“0-1”变量,是为 1,否则为 0
中国 500 强企业中交通运输企业的个数	中国 500 强企业中交通运输企业的个数
国际机场数量	国际机场数量

（八）人才队伍指数

1. 交通强国人才队伍的发展目标

交通强国人才队伍的发展目标为“人才队伍精良专业、创新奉献”。

2. 人才队伍指数评价指标体系

表 9 人才队伍指数评价指标体系

指标名称	指标表示
交通运输科技机构数量	交通运输科技机构数量
交通运输青年科技英才人数	交通运输青年科技英才人数
交通业就业人员比例	交通运输业就业人数/年末就业总人数

（九）治理水平指数

1. 交通强国治理水平的发展目标

交通强国治理水平的发展目标为“完善治理体系，提升治理能力”。

2. 治理水平指数评价指标体系

表 10 治理水平指数评价指标体系

指标名称	指标表示
行业改革	综合交通法规体系
营商环境	优化营商环境政策数量
公众决策机制	交通决策机制的公众参与度,该项指标数据通过问卷调查的形式获得,问卷设计为“您认为您所在城市近五年交通决策机制的公众参与度是否有所提升?”
公众监督机制	交通领域监督机制的透明度,该项指标数据通过问卷调查的形式获得,问卷设计为“您认为您所在城市在交通领域监督机制的透明度如何?”
交通文化宣传	交通精神宣传力度,该项指标数据通过问卷调查的形式获得,问卷设计为“您是否听过/看过以‘两路’精神、青藏铁路精神、民航英雄机组等为代表的交通精神的宣传/电视/广播?”
文明交通环境	“车让人”发生频率,该项指标数据通过问卷调查的形式获得,问卷设计为“您觉得您所在城市‘车让人’发生频率怎么样?”

二　中国交通强国指数评价测算

首先，利用层次分析法得到各个指标的相对权重；其次，利用模糊综合评价法和可拓学分析法分别计算交通强国指数；最后，将两种方法得到的计算结果几何平均，从而得出综合评价结果。

（一）评价指标权重的确定

1. 构造判断矩阵

采用1~9级标度法让专家对指标进行两两比较，得到判断矩阵；随后通过几何平均，得出最终结果。以第一位专家的判断矩阵为例进行计算，首先，确定九大准则层指标的权重（见表11）。

表11　准则层指标权重

交通强国指标体系	基础设施	交通装备	运输服务	科技创新	交通安全	绿色发展	开放合作	人才队伍	治理水平	W_i
基础设施	1	5	0.1429	1	0.1250	2	3	6	1	0.0778
交通装备	0.2	1	0.1111	0.2	0.1111	0.3333	0.5	2	0.2	0.0217
运输服务	7	9	1	7	1	3	5	9	3	0.2619
科技创新	1	5	0.1429	1	0.1111	2	3	6	1	0.0768
交通安全	8	9	1	9	1	9	9	9	9	0.3725
绿色发展	0.5	3	0.3333	0.5	0.1111	1	2	5	0.5	0.0549
开放合作	0.3333	2	0.2	0.3333	0.1111	0.5	1	2	0.3333	0.0335
人才队伍	0.1667	0.5	0.1111	0.1667	0.1111	0.2	0.5	1	0.1667	0.0165
治理水平	1	5	0.3333	1	0.1111	2	3	6	1	0.0844

一致性检验：$\lambda_{max}=9.6837$；$CR=0.0589<0.1$，满足一致性要求。

其次，确定各准则层内部分指标的权重，表12以基础设施指标权重为例。

表 12　基础设施指标权重

基础设施	交通固定资产投资比重	铁路运营密度	高铁运营密度	高速公路网密度	通航机场密度	内河航道运营密度	城市群交通网一体化	W_i
交通固定资产投资比重	1	2	1	2	3	2	0.2	0.1512
铁路运营密度	0.5	1	0.5	1	1	1	0.3333	0.0847
高铁运营密度	1	0.5	1	1	3	2	0.5000	0.1281
高速公路网密度	0.5	1	0.5	1	2	1	0.5000	0.0991
通航机场密度	0.3333	3	0.3333	0.5	1	0.5	0.1111	0.0619
内河航道运营密度	0.5	1	0.5	1	2	1	0.1429	0.0829
城市群交通网一体化	5	3	2	2	9	7	1	0.3920

一致性检验：$\lambda_{max}=7.5101$；$CR=0.0805<1$，满足一致性要求。

其他准则层权重确定方法类似。

2. 层次排序

综合各位专家的判断矩阵，通过对各组计算结果进行几何平均，得到各层指标的各级权重（见表 13）。

表 13　各层指标的各级权重

指标	一级权重（U_i）	子指标	二级权重（V_i）	目标权重（W_i）
基础设施	0.1003	交通固定资产投资比重（C_1）	0.1495	0.015
		铁路运营密度（C_2）	0.1307	0.0131
		高铁运营密度（C_3）	0.1451	0.0145
		高速公路网密度（C_4）	0.1435	0.0144
		通航机场密度（C_5）	0.0818	0.0082
		内河航道运营密度（C_6）	0.1232	0.0124
		城市群交通网一体化（C_7）	0.2262	0.0227
交通装备	0.0955	机场起降架次（C_8）	0.0954	0.0091
		载客汽车保有量（C_9）	0.2630	0.0251
		公路货运车辆保有量（C_{10}）	0.2693	0.0257
		交通装备专利数（C_{11}）	0.3722	0.0356

续表

指标	一级权重(U_i)	子指标	二级权重(V_i)	目标权重(W_i)
运输服务	0.1696	铁路客运周转量(C_{12})	0.1457	0.0247
		航空旅客吞吐量(C_{13})	0.0771	0.0131
		货物运输结构比值(C_{14})	0.0935	0.0159
		公路货运周转量(C_{15})	0.1170	0.0198
		航空货邮吞吐量(C_{16})	0.0727	0.0123
		快递业务量(C_{17})	0.1793	0.0304
		汽车自驾运动营地数量(C_{18})	0.0985	0.0167
		数字化转型(C_{19})	0.2163	0.0367
科技创新	0.1057	交通发明专利数量(C_{20})	0.1194	0.0126
		车联网企业数量(C_{21})	0.1534	0.0162
		ETC 车道建设改造力度(C_{22})	0.1918	0.0203
		交通运输行业重点实验室和研发中心数量(C_{23})	0.2949	0.0312
		智慧交通系统建设(C_{24})	0.2405	0.0254
交通安全	0.2356	交通安全法规数(C_{25})	0.2878	0.0678
		交通安全专利数(C_{26})	0.0414	0.0097
		交通安全行政处罚数(C_{27})	0.1181	0.0278
		应急救援满意度(C_{28})	0.2128	0.0501
		交通安全法规满意度(C_{29})	0.3400	0.0801
绿色发展	0.0644	新能源汽车政策数量(C_{30})	0.3086	0.0199
		绿色交通专利数(C_{31})	0.3551	0.0229
		快递包装绿色化政策数(C_{32})	0.0580	0.0037
		公共充电桩数(C_{33})	0.1779	0.0115
		交通噪声处理满意度(C_{34})	0.1004	0.0065
开放合作	0.0643	是否为“一带一路”敲定省份(C_{35})	0.0646	0.0042
		中国 500 强企业中交通运输企业的个数(C_{36})	0.1301	0.0084
		是否为中欧班列运输协调委员会成员(C_{37})	0.1819	0.0117
		国际机场数量(C_{38})	0.6235	0.0401
人才队伍	0.0691	交通运输科技机构数量(C_{39})	0.3058	0.0211
		交通运输青年科技英才人数(C_{40})	0.2349	0.0162
		交通业就业人员比例(C_{41})	0.4594	0.0317
治理水平	0.0956	行业改革(C_{42})	0.0683	0.0065
		营商环境(C_{43})	0.1413	0.0135
		公众决策机制(C_{44})	0.1651	0.0158
		公众监督机制(C_{45})	0.2554	0.0244
		交通文化宣传(C_{46})	0.1721	0.0164
		文明交通环境(C_{47})	0.1978	0.0189

（二）综合得分结果

将可拓学分析的分值结果与模糊综合评价的分值结果分别转化为百分制得分①，然后将权重都取 0. 5，得到综合得分及排名（见表 14）。

表 14　2020 年全国 31 个省份交通强国指数综合得分及排名

排名	省份	综合得分	排名	省份	综合得分
1	江苏	55. 5698	17	湖南	32. 4427
2	北京	55. 4411	18	湖北	32. 1131
3	山东	47. 2459	19	内蒙古	31. 9611
4	广东	46. 3847	20	海南	31. 2762
5	上海	43. 8388	21	福建	31. 0699
6	浙江	43. 5296	22	黑龙江	30. 7288
7	天津	40. 7522	23	宁夏	30. 3748
8	贵州	37. 1307	24	河北	29. 3691
9	云南	36. 9490	25	西藏	27. 9937
10	安徽	36. 8829	26	陕西	27. 8588
11	河南	35. 9104	27	青海	27. 7957
12	山西	34. 9301	28	甘肃	26. 8057
13	重庆	34. 7155	29	江西	26. 6447
14	吉林	34. 6577	30	四川	24. 6227
15	辽宁	34. 3195	31	广西	22. 4047
16	新疆	32. 8359			

由 31 个省份交通强国指数综合得分及排名可知，江苏省、北京市的交通强国指数综合得分分别排在第 1 位和第 2 位，表明这两个省份在交通强国指数评价方面整体表现相对较好。

江苏省的交通强国指数为 55. 5698，全国排名第一，可从以下几个方面分析原因。国家发展层面，2019 年，江苏成为首批交通强国建设试点单位，并

① 采用可拓学分析法计算的初始得分采用“5 分”制，因此以“3 分”为基准对应百分制的“50 分”进行转化，同时将得分正向化，具体过程为 $S_{百分制} = 100 - S_{初始} \times 50/3$；通过模糊综合评价法计算的初始得分采用“9 分”制，直接采用计算分数占比的方法进行转化，具体过程为 $S_{百分制} = S_{初始}/9 \times 100$。

且位于“一带一路”、长江经济带、长三角一体化发展的重叠区域；2020 年，江苏以构建现代化综合交通运输体系，突出“抓重点、补短板、强弱项”为发展目标，在交通领域建设一批重大交通项目。基础设施建设层面，截至 2020 年，江苏四级以上内河高等级航道里程为 3197 公里，县级节点覆盖率达 80%；城市轨道交通运营里程达 797.8 公里，总里程居全国第 2 位；江苏拥有 9 个运输机场、11 个通用机场；累计建成综合客运枢纽 32 个，设区市实现全覆盖；全省高铁运营里程由原先的全国第 14 位上升至第 3 位，运营里程累计 2215 公里，新增 1356 公里，基本形成“轨道上的江苏”主骨架。[①] 科技创新层面，江苏交通科技平台数量居全国首位，且平台服务质量全国最优；在绿色交通示范省建设中，江苏绿色交通率取得高分。此外，江苏入选新一代国家交通控制网和智慧公路试点省份，其贯彻实施创新驱动发展战略，不断加强人工智能、5G、车联网等技术创新；全社会研发投入占比达 2.82%，万人发明专利拥有量为 36.1 件，科技进步贡献率达 65%，战略性新兴产业、高新技术产业产值占规模以上工业比重分别达到 37.8%和 46.5%，数字经济规模超过 4 万亿元。[②] 运输服务层面，2020 年，江苏港口完成货物吞吐量 29.7 亿吨，其中外贸吞吐量 5.6 亿吨，集装箱吞吐量 1895 万标准箱。[③] 港口货物通过能力、万吨级以上泊位数、货物吞吐量、亿吨大港数等多项指标排全国第一。交通安全层面，2020 年，江苏交通安全发展水平明显提升，全省各类安全生产事故起数、死亡人数比上年分别下降 66%、63%。[④] 绿色交通层面，认真贯彻并落实“共抓大保护、不搞大开发”的理念，不断优化长江经济带的生态环境质量。综上所述，江苏省在交通强国建设方面成效颇丰，具备相应的基础设施、交通装备及科学技术等，可以引领中国交通强国建设的进程。

---

① 《权威发布丨2021 年江苏省政府工作报告（全文）》，“中国江苏网”百家号，2021 年 2 月 2 日，https：//baijiahao.baidu.com/s？id=1690513168557269895&wfr=spider&for=pc。

② 《2020 年江苏省国民经济和社会发展统计公报》，《统计科学与实践》2021 年第 3 期。

③ 《港口概况》，江苏省人民政府网站，2022 年 5 月 19 日，http：//www.jiangsu.gov.cn/col/col31391/index.html。

④ 《2020 年江苏交通基础设施》，江苏省交通运输厅网站，2021 年 4 月 28 日，http：//jtyst.jiangsu.gov.cn/art/2021/4/28/art_77201_9780497.html。

北京市的交通强国指数为55.4411，位居全国第二。北京目前的综合交通网络体系已呈现安全、经济、绿色和开放等一系列现代化特点，为其他省份建设交通强国提供了良好的发展样式。2020年，北京交通基础设施网络运输体系不断完善，实现较快发展。2020年末，北京公路里程达22268.1公里，其中，高速公路里程为1173.4公里；公共电汽车运营线路为1207条，比2019年末增加49条，运营线路长度为28418公里，城市道路里程为6144.7公里。[①] 地铁运营线路长度达727公里，较2019年增加了28公里，同比增长4.01%。[②] 新增地铁里程28公里，全市地铁运营线路达24条，运营里程达727公里；地铁车站数达428个，较2019年增加了23个，同比增长5.68%。[③] 随着北京地铁运营线路条数及运营线路长度的不断增加，地铁运营车辆数也开始呈现快速增长的趋势，2020年地铁运营车辆数达6736辆，较2019年增加了261辆，同比增长4.03%。自2018年起，北京轨道交通投资完成额逐年增加，2020年增幅最为明显，达343.60亿元，较2019年增加了51.06亿元，同比增长17.45%。[④] 此外，2020年北京14条城市轨道交通线路缩短发车间隔，高峰时段运营力度均有所提升，其中最大提升力度达67%。[⑤] 最小发车间隔在2分钟以内的线路有10条，其中发车间隔最短的是1号线和10号线，为1分45秒；全网平均正点率达到99.97%，14号线（西段）和16号线正点率为100%。[⑥] 2020年，北京公交客运总量达18.3亿人次，轨道交通客运总量达22.9亿人次。受疫情影响，居民出行意愿下降，出行量大幅减少，道路整体运行情况有所好转。2020年，北京中心城区高峰时段道路交通指数为5.07，同比下降7.48%，为“轻度拥堵”；

---

① 《北京市2020年国民经济和社会发展统计公报》，《北京日报》2021年3月12日。

② 《北京市2020年国民经济和社会发展统计公报》，《北京日报》2021年3月12日。

③ 《中国交通发展研究院：2021北京市交通发展年度报告》，199IT资讯网，2021年9月16日，http：//www.199it.com/archives/1312504.html。

④ 参见产业信息网https：//www.chyxx.com/。

⑤ 《中国交通发展研究院：2021北京市交通发展年度报告》，199IT资讯网，2021年9月16日，http：//www.199it.com/archives/1312504.html。

⑥ 《中国交通发展研究院：2021北京市交通发展年度报告》，199IT资讯网，2021年9月16日，http：//www.199it.com/archives/1312504.html。

高峰时段路面公交运行速度为 18.09 公里/时，同比上升 6.29%，[1] 交通运行状况较上年有所好转，拥堵状况和出行效率均有大幅度的改善，北京市交通强国建设迈出坚实的步伐。

从整体来看，全国 31 个省份交通强国指数均低于 60 分，可从以下几个方面分析原因。

第一，中国人口数量多，东部地区自然生态环境较适宜生存，人口密度大；西部地区生态环境较为恶劣，人口密度较小，因此全国的交通发展模式不能“一刀切”，应因地制宜。不同的地区有不同的人口密度，应建立相应的交通网络体系和交通发展模式。比如，人口密度大的地区，往往具有较大的交通运输需求，应构建高密度、高效率的交通运输网络。第二，中国能源结构的特点是煤炭多、石油少，并且中国仍然是最大的发展中国家，西方发达国家以汽车为主的交通发展模式并不适合中国，我国应在可持续发展的基础上，走绿色发展道路，大力发展公共交通、共享交通等交通运输模式。第三，交通拥堵成为中国大部分城市面临的严峻问题，严重阻碍社会的发展，尤其是我国交通多式联运发展较为落后，因此，交通网络建设仍有很大的发展空间；交通安全问题仍然严峻，交通死亡率与部分发达国家相比仍较高；交通领域的科技创新能力不足，基础研究薄弱，“关键核心技术空心化”现象较为严重，对于一些需要创新才能大幅发展的交通领域，比如交通装备行业，部分产业仍然在核心技术方面受制于人。总而言之，我国交通强国建设虽然取得显著成果，但仍有很大进步空间。

二　中国交通强国指数统计分析

（一）基础设施指数统计分析

1. 描述性分析

分别选取基础设施指数各指标的五个统计量来描述其量化情况（见表

① 《中国交通发展研究院：2021 北京市交通发展年度报告》，199IT 资讯网，2021 年 9 月 16 日，http：//www.199it.com/archives/1312504.html。

15）。从标准差来看，内河航道运营密度标准差最大，说明各省份之间该指标发展不平衡；城际群交通网一体化标准差最小，说明各省份之间该指标发展较为均衡。从平均值来看，高速公路网密度的平均值最大，通航机场密度的平均值最小，说明在基础设施指数中高速公路网密度贡献份额较大，而通航机场密度贡献份额较小。

表 15　基础设施指数各指标描述性统计

	最大值	最小值	中位数	平均值	标准差
交通固定资产投资比重(%)	17.0	0.8	3.0	4.3	3.8
铁路运营密度(公里/万公里^2)	998.611	6.390	279.720	309.755	221.015
高铁运营密度(公里/万公里^2)	264.167	0.000	88.718	97.818	70.569
高速公路网密度(公里/万公里^2)	1428.571	5.601	354.520	380.194	289.973
内河航道运营密度(公里/万公里^2)	3219.048	0.000	96.893	359.333	689.157
通航机场密度(个/万公里^2)	11.111	0.000	0.419	1.169	2.226
城际群交通网一体化	4.36	3.75	4.16	4.14	0.15

2. 省份类比分析

（1）交通固定资产投资比重

①省份排名

由 31 个省份交通固定资产投资比重的数据及排名可知，有 10 个（32.26%）省份的交通固定资产投资比重高于平均值，21 个（67.74%）省份的交通固定资产投资比重低于平均值（见表 16）。2020 年，西藏的交通固定资产投资比重为 17.0%，居全国第 1 位；而天津的交通固定资产投资比重为 0.8%，居全国最后 1 位。2020 年，西藏全区交通运输系统统筹疫情防控和行业发展，公路交通固定资产投资完成 435.14 亿元，全年货物运输周转量为 158.18 亿吨公里，较上年增长 1.3%。其中，铁路运输周转量为 39.80 亿吨公里，公路运输周转量为 116.73 亿吨公里，较上年增长 2.0%；民航运输周转量为 0.43 亿吨公里；管道运输周转量为 1.22 亿吨公里，较上

年增长 9.3%。2020 年末西藏公路总通车里程达 11.88 万公里，较上年增加 1.49 万公里，高等级公路通车里程突破 688 公里，乡镇、建制村通畅率分别达 94%、76%，西藏交通固定资产投资的比重有所提高。天津交通设施较为完善，故交通固定资产投资的比重相对较小。

表 16　31 个省份交通固定资产投资比重指标数据及排名

单位：%

排名	省份	数据	排名	省份	数据
1	西藏	17.0	17	江西	2.9
2	甘肃	14.5	18	黑龙江	2.7
3	云南	11.0	19	山东	2.6
4	山西	8.4	20	河北	2.3
5	新疆	6.1	21	福建	2.2
6	青海	6.0	22	陕西	2.1
7	贵州	5.6	23	安徽	2.1
8	宁夏	5.1	24	上海	1.8
9	广西	4.9	25	吉林	1.7
10	浙江	4.6	26	江苏	1.7
11	海南	4.3	27	辽宁	1.7
12	四川	4.3	28	北京	1.6
13	内蒙古	3.9	29	湖南	1.5
14	广东	3.8	30	河南	1.2
15	湖北	3.1	31	天津	0.8
16	重庆	3.0			

②区域比较

经过对比分析四大区域交通固定资产投资比重的数据发现，从平均值来看，西部地区最大，其他地区相对较小，表明西部地区在该指标方面较其他地区表现良好。从标准差来看，西部地区最大，表明西部地区各省份之间在该指标方面的相对差距较大，其他地区各省份之间在该指标方面的发展相对均衡（见表 17）。东部地区已形成了较完善的交通网络，交通固定资产投资比重较小；西部地区交通网络建设落后于发达的东部地区，为此国家对其尤为关注，出台相关政策鼓励西部地区建设交通网络，以促进区域平衡发展。

表 17　交通固定资产投资比重指标区域比较

单位：%

指标	东部地区	中部地区	西部地区	东北地区
最大值	4.6	8.4	17.0	2.7
最小值	0.8	1.2	2.1	1.7
中位数	2.3	2.5	5.4	1.7
平均值	2.6	3.2	7.0	2.0
标准差	1.3	2.6	4.7	0.6

（2）铁路运营密度

①省份排名

由 31 个省份铁路运营密度的数据及排名可知，有 11 个（35.48%）省份的铁路运营密度高于平均值，20 个（64.52%）省份的铁路运营密度低于平均值。天津铁路运营密度为 998.611 公里/万公里^2，居全国第 1 位；西藏铁路运营密度为 6.390 公里/万公里^2，居全国最后 1 位（见表 18）。2020 年，天津铁路总里程为 1368 公里，其中高铁城际里程达到 310 公里；客运量为 2636 万人，货运量为 11124 万吨，货运量较 2015 年提高 32.8%。西藏地区由于地势崎岖，是中国铁路里程最少的省份，截至 2020 年，西藏共拥有包括支线铁路在内的 9 条铁路线。

表 18　31 个省份铁路运营密度指标数据及排名

单位：公里/万公里^2

排名	省份	数据	排名	省份	数据
1	天津	998.611	9	安徽	368.266
2	北京	854.472	10	河南	367.307
3	上海	742.857	11	福建	310.901
4	山东	447.182	12	江西	296.046
5	河北	427.295	13	浙江	292.502
6	辽宁	418.655	14	海南	291.808
7	山西	385.960	15	重庆	290.534
8	江苏	372.948	16	湖北	279.720

续表

排名	省份	数据	排名	省份	数据
17	广东	278. 279	25	甘肃	114. 769
18	陕西	271. 304	26	内蒙古	111. 243
19	湖南	265. 817	27	四川	109. 300
20	吉林	263. 308	28	云南	107. 468
21	宁夏	245. 030	29	新疆	44. 435
22	贵州	227. 147	30	青海	41. 852
23	广西	219. 108	31	西藏	6. 390
24	黑龙江	151. 896			

②区域比较

由四大区域铁路运营密度的数据对比分析可知，从平均值来看，东部地区最大、西部地区最小，表明东部地区在该指标方面较其他地区表现良好，而西部地区表现最差。从标准差来看，东部地区最大，表明东部地区各省份之间在该指标方面的相对差距较大，而中部地区最小，表明中部地区各省份之间在该指标方面的发展相对均衡（见表 19）。由于东西部地区在地理环境、经济发展、运输发展等方面存在差异，东部地区凭借优越的地理位置，吸引了大量外资，可以接触到先进的科学技术，并将其用于生产和发展，而西部地区信息相对闭塞，资源得不到合理利用。东部地区已形成较为完善的交通网络，而西部有些地区连铁路都没有建成，这就造成东西部地区铁路运营密度差距过大。

表 19 铁路运营密度指标区域比较

单位：公里/万公里^2

指标	东部地区	中部地区	西部地区	东北地区
最大值	998. 611	385. 960	290. 534	418. 655
最小值	278. 279	265. 817	6. 390	151. 896
中位数	400. 121	331. 676	113. 006	263. 308
平均值	501. 685	327. 186	149. 048	277. 953
标准差	264. 313	52. 422	97. 180	133. 981

（3）高铁运营密度

①省份排名

由 31 个省份高铁运营密度的数据及排名可知，14 个（45.2%）省份的高铁运营密度高于平均值，17 个（54.8%）省份的高铁运营密度低于平均值。2020 年，天津高铁运营密度达到 264.167 公里/万公里^2，居全国第一位；西藏高铁运营密度为 0 公里/万公里^2（见表 20）。天津位于京津沪地区，商业贸易发达，出行、货运需求大，高速铁路网稠密；西藏由于自然条件不佳和经济落后，并未修建高铁。

表 20　31 个省份高铁运营密度指标数据及排名

单位：公里/万公里^2

排名	省份	数据	排名	省份	数据
1	天津	264.167	17	湖北	87.574
2	北京	218.902	18	贵州	85.414
3	上海	207.937	19	广西	74.453
4	江苏	189.459	20	山西	71.538
5	海南	184.463	21	陕西	49.562
6	安徽	163.954	22	宁夏	47.440
7	福建	156.837	23	吉林	39.594
8	浙江	149.116	24	甘肃	34.938
9	辽宁	141.149	25	四川	32.449
10	山东	126.979	26	云南	27.252
11	广东	119.978	27	黑龙江	23.869
12	河南	119.642	28	内蒙古	4.877
13	江西	116.297	29	新疆	4.319
14	重庆	108.738	30	青海	3.710
15	湖南	89.046	31	西藏	0
16	河北	88.718			

②区域比较

由四大区域高铁运营密度的数据对比可知，从平均值来看，东部地区最大、西部地区最小，表明东部地区在该指标方面较其他地区表现良好，而西

部地区表现欠佳。从标准差来看，东北地区最大，表明东北地区各省份之间在该指标方面的相对差距较大，而中部地区最小，表明中部地区各省份之间在该指标方面的发展相对均衡（见表21）。由于东西部地区在地理环境、经济发展、运输发展等方面存在差异，东部地区凭借优越的地理位置，吸引大量外资，可以接触到先进的科学技术，并将其用于生产和发展，而西部地区信息相对闭塞，资源得不到合理利用。东部地区已形成较为完善的交通网络，而西部有些地区连高铁都没有建成，这就造成东西部地区高铁运营密度差距过大。

表21　高铁运营密度指标区域比较

单位：公里/万公里^2

指标	东部地区	中部地区	西部地区	东北地区
最大值	264. 167	163. 954	108. 738	141. 149
最小值	88. 718	71. 538	0. 000	23. 869
中位数	170. 650	102. 672	33. 693	39. 594
平均值	170. 656	108. 009	39. 429	68. 204
标准差	52. 547	32. 989	35. 402	63. 659

（4）高速公路网密度

①省份排名

由31个省份高速公路网密度的数据及排名可知，有13个（42%）省份的高速公路网密度高于平均值，18个（58%）省份的高速公路网密度低于平均值。2020年，上海高速公路网密度为1428. 571公里/万公里^2，居全国第1位；西藏高速公路网密度为5. 601公里/万公里^2，居全国最后1位（见表22）。截至2020年底，上海公路总里程为12916. 61公里，公路总体呈现“两环、十二射、一纵、一横、多联”基本格局，上海已具备完善的高速公路网络；而西藏由于地理因素以及经济发展因素，高速公路网密度最低。

表 22　31 个省份高速公路网密度指标数据及排名

单位：公里/万公里^2

排名	省份	数据	排名	省份	数据
1	上海	1428. 571	17	安徽	350. 036
2	天津	1080. 000	18	湖南	328. 187
3	北京	715. 488	19	宁夏	314. 458
4	广东	583. 639	20	陕西	296. 693
5	浙江	500. 589	21	辽宁	292. 662
6	福建	494. 234	22	广西	286. 322
7	山东	473. 300	23	吉林	229. 456
8	江苏	459. 328	24	云南	228. 368
9	贵州	431. 725	25	四川	167. 490
10	河南	425. 150	26	甘肃	140. 878
11	河北	413. 612	27	黑龙江	95. 391
12	重庆	412. 864	28	内蒙古	59. 045
13	湖北	388. 909	29	青海	56. 334
14	江西	373. 523	30	新疆	33. 035
15	山西	366. 599	31	西藏	5. 601
16	海南	354. 520			

②区域比较

由四大区域高速公路网密度数据的对比分析可知，从平均值来看，东部地区最大，西部地区最小，表明东部地区在该指标方面较其他地区表现良好，而西部地区表现欠佳。从标准差来看，东部地区最大，表明东部地区各省份之间在该指标方面的相对差距较大，而中部地区最小，表明中部地区各省份之间在该指标方面的发展相对均衡（见表 23）。从 1988 年的上海至嘉定高速公路开始，中国的高速公路建设飞速发展，东部地区发展最快，而西部地区高速公路发展较为落后。由于东部地区和西部地区在自然地理条件和自然资源储备等方面存在差异，加上各地区相应的区域政策、发展资金等方面不对等，东西部地区在交通建设方面差距越来越大。①

① 《2020 年中国公路建设行业发展现状分析　西部地区成为当前投资建设重点》，“前瞻经济学人”百家号，2020 年 11 月 12 日，https：//baijiahao. baidu. com/s？ id = 1683137962332251703&wfr = spider&for = pc。

表 23　高速公路网密度指标区域比较

单位：公里/万公里^2

指标	东部地区	中部地区	西部地区	东北地区
最大值	1428.571	425.150	431.725	292.662
最小值	354.520	328.187	5.601	95.391
中位数	497.412	370.061	197.929	229.456
平均值	650.328	372.067	202.734	205.836
标准差	342.721	33.299	147.818	100.734

（5）内河航道运营密度

①省份排名

由 31 个省份内河航道运营密度的数据及排名可知，8 个（25.8%）省份的内河航道运营密度高于平均值，23 个（74.2%）省份低于平均值。2020 年，上海市内河航道运营密度为 3219.048 公里/万公里^2，居全国第一位（见表 24）。上海是中国内河航运条件最好的地区之一，黄浦江内河航运货运量仅次于长江、珠江和京杭大运河，居全国第四位。上海的河网密度非常大，据上海水务局报告，全市共有河道 43104 条，总长度为 28778.36 公里，河网密度为 4.54 公里/公里^2；而北京、河北、西藏、新疆由于地理位置和经济发展等原因，内河航道运营密度为 0。

表 24　31 个省份内河航道运营密度指标数据及排名

单位：公里/万公里^2

排名	省份	数据	排名	省份	数据
1	上海	3219.048	8	安徽	403.355
2	江苏	2273.507	9	江西	337.807
3	浙江	959.430	10	福建	267.298
4	广东	674.012	11	广西	240.194
5	湖南	542.776	12	四川	222.593
6	重庆	528.155	13	贵州	212.883
7	湖北	456.590	14	黑龙江	107.780

续表

排名	省份	数据	排名	省份	数据
15	云南	107.156	24	甘肃	21.390
16	海南	96.893	25	内蒙古	20.313
17	河南	84.012	26	宁夏	19.578
18	吉林	77.695	27	青海	9.331
19	天津	73.333	28	北京	0
20	山东	70.741	29	河北	0
21	陕西	55.739	30	西藏	0
22	山西	29.802	31	新疆	0
23	辽宁	27.905			

②区域比较

由四大区域内河航道运营密度的数据对比分析可知，从平均值来看，东部地区最大，东北地区最小，表明东部地区在该指标方面较其他地区表现良好，而东北地区表现欠佳。从标准差来看，东部地区最大，表明东部地区各省份之间在该指标方面的相对差距较大，而东北地区最小，表明东北地区各省份之间在该指标方面的发展相对均衡（见表25）。东部地区具有发展内河航运的适宜气候和良好的经济发展条件，内河航道运营密度较大；而东北地区内河航道复杂多样，且位于寒温带季风气候区，通航障碍种类繁多，气候碍航因子主要有冻害、降水量时空分布不均、地面风速较大等。

表25　内河航道运营密度指标区域比较

单位：公里/万公里^2

指标	东部地区	中部地区	西部地区	东北地区
最大值	3219.048	542.776	528.155	107.780
最小值	0.000	29.802	0.000	27.905
中位数	182.095	370.581	38.565	77.695
平均值	763.426	309.057	119.778	71.127
标准差	1113.998	207.238	158.194	40.340

（6）通航机场密度

①省份排名

由 31 个省份通航机场密度的数据及排名可知，7 个（22.6%）省份的通航机场密度高于平均值，24 个（77.4%）省份的通航机场密度低于平均值。2020 年，上海通航机场密度为 11.111 个/万公里^2，居全国第 1 位，青海通航机场密度为 0，居最后 1 位（见表 26）。通用航空是长三角一体化的重要承载内容。当前长三角的地面交通、高速铁路等都在布局建设，世界级城市机场群也在加快推进，上海由于发达的经济和优越的地理位置，通航机场密度较高；而青海由于经济发展较为落后，境内并没有通航机场。

表 26　31 个省份通航机场密度指标数据及排名

单位：个/万公里^2

排名	省份	数据	排名	省份	数据
1	上海	11.111	17	重庆	0.364
2	北京	6.098	18	湖北	0.323
3	天津	3.333	19	四川	0.267
4	江苏	2.332	20	福建	0.247
5	浙江	1.866	21	吉林	0.213
6	黑龙江	1.860	22	山西	0.191
7	广东	1.558	23	内蒙古	0.144
8	河北	0.900	24	安徽	0.143
9	海南	0.847	25	云南	0.127
10	山东	0.823	26	甘肃	0.094
11	辽宁	0.676	27	广西	0.084
12	宁夏	0.602	28	新疆	0.084
13	湖南	0.567	29	贵州	0.057
14	河南	0.479	30	西藏	0
15	陕西	0.438	31	青海	0
16	江西	0.419			

②区域比较

由四大区域通航机场密度的数据对比可知，从平均值来看，东部地区最大，西部地区最小，表明东部地区在该指标方面较其他地区表现良好，而西部地区表现欠佳。从标准差来看，东部地区最大，表明东部地区各省份之间在该指标方面的相对差距较大，而中部地区最小，表明中部地区各省份之间在该指标方面的发展相对均衡（见表 27）。东部地区机场受净空条件、航路、建设用地、周边环境以及经济、政治等多种因素影响，通航机场密度较大；而西部地区虽拥有较大的机场可选地址，但受到经济发展现状的限制，通航机场密度与东部地区相比差距较大。

表 27　通航机场密度指标区域比较

单位：个/万公里^2

指标	东部地区	中部地区	西部地区	东北地区
最大值	11. 111	0. 567	0. 602	1. 860
最小值	0. 247	0. 143	0. 000	0. 213
中位数	1. 712	0. 371	0. 110	0. 676
平均值	2. 912	0. 354	0. 188	0. 917
标准差	3. 343	0. 166	0. 190	0. 850

（7）城市群交通网一体化

①省份排名

由 31 个省份城市群交通网一体化的数据及排名可知，19 个（61. 3%）省份该指标的数据大于或等于平均值，12 个（38. 7%）省份该指标的数据低于平均值（见表 28）。2020 年，北京城市群交通网一体化居全国第 1 位，区域公路网络不断完善，临空经济区（大兴片区）建设获实质性进展，市郊铁路高水平发展，轨道交通网越织越密，城市骨干路网持续完善，城市群交通网一体化程度不断提高。而广西多种交通基础设施间缺乏合理分工与协调，城市内及城际交通结构有待优化。

表 28　31 个省份城市群交通网一体化指标数据及排名

排名	省份	数据	排名	省份	数据
1	北京	4. 36	17	山西	4. 15
2	上海	4. 33	18	河南	4. 15
3	贵州	4. 31	19	西藏	4. 14
4	吉林	4. 31	20	宁夏	4. 13
5	山东	4. 29	21	广东	4. 12
6	内蒙古	4. 28	22	湖南	4. 11
7	重庆	4. 27	23	福建	4. 05
8	天津	4. 27	24	江西	4. 00
9	新疆	4. 27	25	湖北	3. 98
10	安徽	4. 24	26	河北	3. 96
11	辽宁	4. 22	27	甘肃	3. 94
12	江苏	4. 21	28	海南	3. 93
13	黑龙江	4. 20	29	四川	3. 91
14	浙江	4. 19	30	陕西	3. 89
15	云南	4. 19	31	广西	3. 75
16	青海	4. 17			

②区域比较

由四大区域城市群交通网一体化的数据对比分析可知，从平均值来看，东北地区最大，西部地区最小，表明东北地区在该指标方面较其他地区表现良好，而西部地区表现欠佳。从标准差来看，西部地区最大，表明西部地区各省份之间在该指标方面的相对差距较大，而东北地区最小，表明东北地区各省份之间在该指标方面的发展相对均衡（见表 29）。东北地区城市群之间交通网较为完善，2020 年，东北地区共有 4 个城市（沈阳、长春、大连、哈尔滨；2020 年无新增城市）开通了城轨交通，运营线路长度达到 540. 8 公里；而西部地区城市群之间缺乏便捷交通网络和综合运输体系支撑，城市群交通网一体化程度较低。

表 29　城市群交通网一体化指标区域比较

指标	东部地区	中部地区	西部地区	东北地区
最大值	4. 361	4. 242	4. 313	4. 309
最小值	3. 931	3. 980	3. 750	4. 204
中位数	4. 203	4. 131	4. 154	4. 224
平均值	4. 172	4. 106	4. 102	4. 246
标准差	0. 152	0. 100	0. 186	0. 056

（二）交通装备指数统计分析

1. 描述性分析

选取交通装备指数各指标的五个统计量来描述其量化情况（见表30）。从标准差来看，交通装备专利数标准差最大，说明各省份之间该指标的发展不平衡；机场起降架次标准差最小，说明各省份之间该指标的发展较为均衡。从平均值来看，载客汽车保有量的平均值最大，机场起降架次的平均值最小，说明在交通装备指数中载客汽车保有量贡献份额较大，而机场起降架次贡献份额较小。

表 30　交通装备指数各指标描述性统计

指标	最大值	最小值	中位数	平均值	标准差
载客汽车保有量(辆/百万人)	25. 1	12. 7	15. 8	17. 3	0. 037
公路货运车辆保有量(辆/百万人)	0. 1079	0. 0012	0. 0232	0. 0323	0. 0275
机场起降架次(次/百万人)	0. 025	0. 002	0. 007	0. 008	0. 006
交通装备专利数(个/百人)	28. 352	0. 000	1. 114	3. 785	6. 714

2. 省份类比分析

（1）载客汽车保有量

①省份排名

由 31 个省份载客汽车保有量的数据及排名可知，14 个（45. 2%）省份该指标的数据高于平均值，17 个（54. 8%）省份的数据低于平均值。2020 年，山东载客汽车保有量为 25. 140 辆/百万人，居第 1 位；贵州载客汽车保

有量为 12.655 辆/百万人，约为山东的 1/2，山东不仅人口数量远多于贵州，经济发展活动与动力也远大于贵州（见表 31）。

表 31　31 个省份载客汽车保有量指标数据及排名

单位：辆/百万人

排名	省份	数据	排名	省份	数据
1	山东	25.140	17	云南	15.692
2	内蒙古	24.155	18	陕西	15.406
3	北京	23.199	19	福建	15.230
4	浙江	22.612	20	新疆	15.140
5	重庆	21.748	21	上海	14.698
6	河北	21.730	22	江西	14.645
7	江苏	20.626	23	安徽	14.297
8	天津	20.136	24	广西	13.738
9	宁夏	19.993	25	西藏	13.706
10	山西	19.796	26	四川	13.624
11	辽宁	19.290	27	甘肃	13.477
12	青海	18.346	28	湖南	13.398
13	吉林	18.141	29	湖北	13.385
14	广东	17.394	30	海南	12.867
15	河南	16.199	31	贵州	12.655
16	黑龙江	15.768			

②区域比较

由四大区域载客汽车保有量的数据对比分析可知，从平均值来看，东部地区最大，中部地区和西部地区较小，表明东部地区在该指标方面较其他地区表现良好，而中部地区和西部地区表现欠佳。从标准差来看，东部地区最大，表明东部地区各省份之间在该指标方面的相对差距较大，而东北地区最小，表明东北地区各省份之间发展相对均衡（见表 32）。东部地区交通基础设施建设完善，高速公路、城际公路通达性强，加上经济发展环境良好，载客汽车保有量最高；而西部绝大部分地区是经济相对落后，需要加强开发的地区，虽然地域相当辽阔，但是人口密度却相对较小，加上地形地势原因，载客汽车保有量相对较低。

表 32　载客汽车保有量指标区域比较

单位：辆/百万人

指标	东部地区	中部地区	西部地区	东北地区
最大值	25. 140	19. 796	24. 155	19. 290
最小值	12. 867	13. 385	12. 655	15. 768
中位数	20. 381	14. 471	15. 273	18. 141
平均值	19. 363	15. 287	16. 473	17. 733
标准差	4. 101	2. 439	3. 730	1. 796

（2）公路货运车辆保有量

①省份排名

由 31 个省份公路货运车辆保有量的数据及排名可知，10 个（32. 3%）省份该指标的数据高于平均值，21 个（67. 7%）省份该指标的数据低于平均值。2020 年，山东公路货运车辆保有量为 0. 1079 辆/百万人，居全国第 1 位；海南公路货运车辆保有量为 0. 0012 辆/百万人，居全国最后 1 位（见表 33）。山东拥有发达的制造业和完善的道路设施，加上人口众多，随之而来的是对原材料和成品的大量运输需求，故而公路货运车辆保有量较多；而海南主要发展旅游业，公路货运车辆保有量相对较少。

表 33　31 个省份公路货运车辆保有量指标数据及排名

单位：辆/百万人

排名	省份	数据	排名	省份	数据
1	山东	0. 1079	9	辽宁	0. 0372
2	河北	0. 1050	10	江西	0. 0329
3	江苏	0. 0762	11	黑龙江	0. 0296
4	河南	0. 0744	12	湖北	0. 0291
5	安徽	0. 0659	13	浙江	0. 0276
6	四川	0. 0484	14	新疆	0. 0273
7	山西	0. 0471	15	重庆	0. 0250
8	广东	0. 0414	16	上海	0. 0232

续表

排名	省份	数据	排名	省份	数据
17	内蒙古	0.0230	25	宁夏	0.0107
18	云南	0.0224	26	天津	0.0072
19	广西	0.0216	27	青海	0.0069
20	甘肃	0.0207	28	贵州	0.0064
21	陕西	0.0188	29	西藏	0.0047
22	福建	0.0186	30	北京	0.0046
23	湖南	0.0182	31	海南	0.0012
24	吉林	0.0170			

②区域比较

由四大区域公路货运车辆保有量的数据对比分析可知，从平均值来看，中部地区最大，西部地区最小，表明中部地区在该指标方面较其他地区表现良好，而西部地区表现欠佳。从标准差来看，东北地区最大，表明东北地区各省份之间在该指标方面的相对差距较大，而西部地区和中部地区较小，表明西部地区和中部地区各省份之间在该指标方面的发展相对均衡（见表34）。东部地区交通基础设施建设完善，高速公路、城际公路通达性强，加上经济发展环境良好，公路货运车辆保有量最高；而西部绝大部分地区是经济相对落后，需要加强开发的地区，虽然地域相当辽阔，但是人口密度却相对较小，加上地形地势原因，公路货运车辆保有量相对较低。

表 34　公路货运车辆保有量指标区域比较

单位：辆/百万人

指标	东部地区	中部地区	西部地区	东北地区
最大值	0.1079	0.0744	0.0484	0.0372
最小值	0.0012	0.0182	0.0047	0.0170
中位数	0.0254	0.0400	0.0211	0.0296
平均值	0.0413	0.0446	0.0196	0.0279
标准差	0.0406	0.0220	0.0120	0.1020

（3）机场起降架次

①省份排名

由 31 个省份机场起降架次的数据及排名可知，11 个（35.5%）省份该指标的数据高于平均值，20 个（64.5%）省份的数据低于平均值。2020 年海南机场起降架次为 2.486 次/百万人，居全国第 1 位；安徽机场起降架次为 0.159 次/百万人，居全国最后 1 位（见表 35）。截至 2020 年，安徽共有 5 座民航机场，其业务量因新冠肺炎疫情的发生出现大幅下降，机场起降架次减少。

表 35　31 个省份机场起降架次指标数据及排名

单位：次/百万人

排名	省份	数据	排名	省份	数据
1	海南	2.486	17	辽宁	0.631
2	上海	2.192	18	贵州	0.587
3	北京	1.939	19	吉林	0.567
4	宁夏	1.709	20	甘肃	0.530
5	西藏	1.364	21	江苏	0.525
6	内蒙古	1.191	22	山东	0.501
7	新疆	1.177	23	广西	0.487
8	青海	1.126	24	湖北	0.450
9	云南	0.944	25	黑龙江	0.446
10	重庆	0.922	26	湖南	0.421
11	陕西	0.909	27	山西	0.418
12	天津	0.835	28	河南	0.417
13	四川	0.757	29	江西	0.279
14	浙江	0.681	30	河北	0.190
15	广东	0.681	31	安徽	0.159
16	福建	0.676			

②区域比较

由四大区域机场起降架次的数据对比分析可知，从平均值来看，东部地区最大，中部地区最小，表明东部地区在该指标方面较其他地区表现良好，而中部地区表现欠佳。从标准差来看，东北地区最大，表明东北地区各省份

之间在该指标方面的相对差距较大，而中部地区最小，表明中部地区各省份之间在该指标方面的发展相对均衡（见表36）。东部地区交通基础设施建设完善，经济发展环境良好，机场数量较多，机场起降架次也较多；而中部地区省份基本都是高铁枢纽，到发达的北上广用时较短，大多数旅客出行会选择火车或者高铁，故中部地区机场起降架次较少。

表 36　机场起降架次指标区域比较

单位：次/百万人

指标	东部地区	中部地区	西部地区	东北地区
最大值	2. 486	0. 450	1. 709	0. 631
最小值	0. 190	0. 159	0. 487	0. 446
中位数	0. 681	0. 418	0. 933	0. 567
平均值	1. 071	0. 357	0. 975	0. 548
标准差	0. 812	0. 114	0. 362	0. 940

（4）交通装备专利数

①省份排名

由31个省份交通装备专利数的数据及排名可知，7个（22. 6%）省份该指标的数据高于平均值，24个（77. 4%）省份的数据低于平均值。2020年，黑龙江交通装备专利数为28. 352个/百人，居全国第1位，在铁路船舶和飞行器领域具有优势，分别占同领域国家专利数量的2. 4%和1. 2%；而全国有11个省份的交通装备专利数为0（见表37），主要是由于这些地区交通科研投入不足，缺乏创新动力。

表 37　31个省份交通装备专利数指标数据及排名

单位：个/百人

排名	省份	数据	排名	省份	数据
1	黑龙江	28. 352	6	江苏	6. 643
2	北京	20. 143	7	山西	5. 270
3	天津	17. 958	8	安徽	3. 425
4	陕西	9. 107	9	吉林	3. 365
5	山东	7. 377	10	辽宁	3. 170

续表

排名	省份	数据	排名	省份	数据
11	湖北	2.978	22	海南	0
12	上海	1.970	23	江西	0
13	浙江	1.889	24	内蒙古	0
14	四川	1.518	25	重庆	0
15	新疆	1.122	26	贵州	0
16	湖南	1.114	27	云南	0
17	河北	0.737	28	西藏	0
18	广东	0.571	29	甘肃	0
19	广西	0.379	30	青海	0
20	河南	0.242	31	宁夏	0
21	福建	0			

②区域比较

由四大区域交通装备专利数的对比分析可知，从平均值来看，东北地区最大，西部地区最小，表明东北地区在该指标方面较其他地区表现良好，而西部地区表现欠佳。从标准差来看，东北地区最大，表明东北地区各省份之间在该指标方面的相对差距较大，而中部地区最小，表明中部地区各省份之间在该指标方面的发展相对均衡（见表 38）。2020 年，东北地区黑龙江的交通装备专利数居全国第 1 位，在铁路船舶和飞行器领域具有优势，分别占同领域国家专利数量的 2.4%和 1.2%。而全国有 11 个省份的交通装备专利数为 0，其中有 8 个省份在西部地区，说明西部地区整体交通科研投入不足，缺乏创新动力。

表 38　交通装备专利数指标区域比较

单位：个/百人

指标	东部地区	中部地区	西部地区	东北地区
最大值	20.143	5.270	9.107	28.352
最小值	0	0	0	3.170
中位数	1.930	2.046	0	3.365
平均值	5.729	2.171	1.010	11.629
标准差	7.505	2.068	2.601	14.483

（三）运输服务指数统计分析

1. 描述性分析

选取运输服务指数各指标的五个统计量来描述其量化情况（见表 39）。从标准差来看，快递业务量的标准差最大，说明各省份之间该指标发展不平衡；数字化转型的标准差最小，说明各省份该指标之间发展较为均衡。从平均值来看，快递业务量的平均值最大，货物运输结构比值的平均值最小，说明在运输服务指数中快递业务量贡献份额较大，而货物运输结构比值贡献份额较小。

表 39　运输服务指数各指标描述性统计

指标	最大值	最小值	中位数	平均值	标准差
铁路客运周转量(亿人公里)	630.25	12.34	254.30	299.40	194.01
航空旅客吞吐量(万人/百万人)	9942.300	515.400	2241.200	2765.029	2032.998
货物运输结构比值	0.937	0.010	0.073	0.168	0.206
公路货运周转量(亿吨公里)	8103.25	41.34	1350.55	1976.32	1929.31
航空货邮吞吐量(万吨/百万人)	402.50	4.60	19.70	51.92	88.75
快递业务量(万件/万人)	2208179.50	1139.00	92767.40	268896.44	491583.51
汽车自驾运动营地数量(个)	13	0	1	2	3.07
数字化转型	4.46	3.69	4.19	4.16	0.17

2. 省份类比分析

（1）铁路客运周转量

①省份排名

由 31 个省份铁路客运周转量的数据及排名可知，14 个（45.2%）省份该指标的数据高于平均值，17 个（54.8%）省份的数据低于平均值。2020 年，广东铁路客运周转量为 630.25 亿人公里，居全国第 1 位，西藏铁路客运周转量为 12.34 亿人公里，居全国最后 1 位（见表 40）。广东是我国经济发达地区，铁路网密集；西藏由于地理环境和经济状况较差，铁路网不完善，铁路客运周转量较少。

表 40　31 个省份铁路客运周转量指标数据及排名

单位：亿人公里

排名	省份	数据	排名	省份	数据
1	广东	630.25	17	甘肃	237.90
2	湖南	607.90	18	贵州	224.98
3	河南	591.31	19	福建	223.16
4	辽宁	580.70	20	天津	200.00
5	安徽	527.10	21	新疆	151.92
6	河北	520.50	22	山西	135.70
7	江苏	518.60	23	重庆	127.62
8	湖北	480.00	24	黑龙江	123.30
9	浙江	465.00	25	上海	120.00
10	江西	450.30	26	云南	117.39
11	山东	431.90	27	内蒙古	115.50
12	海南	399.50	28	北京	70.70
13	陕西	303.46	29	青海	48.64
14	广西	301.56	30	宁夏	40.00
15	吉林	270.00	31	西藏	12.34
16	四川	254.30			

②区域比较

由四大区域铁路客运周转量的对比分析可知，中部地区平均值最大，西部地区最小，表明中部地区在该指标方面较其他地区表现良好，而西部地区表现欠佳。从标准差来看，东北地区最大，表明东北地区各省份之间在该指标方面的相对差距较大，而西部地区最小，表明西部地区各省份之间在该指标方面的发展相对均衡（见表 41）。中部地区省份多为铁路枢纽，由于地理位置优越，在中部地区乘坐高铁去发达的北上广地区所需时间不会太长，且旅客出行需求较大，故中部地区铁路客运周转量相比其他地区较大；而西部地区受地理环境和经济发展水平的影响，铁路网不完善，旅客出行需求较小，故铁路客运周转量较小。

表 41　铁路客运周转量指标区域比较

单位：亿人公里

指标	东部地区	中部地区	西部地区	东北地区
最大值	630. 25	607. 90	303. 46	580. 70
最小值	70. 70	135. 70	12. 34	123. 30
中位数	415. 70	503. 55	139. 77	270. 00
平均值	357. 96	465. 39	161. 30	324. 67
标准差	190. 70	172. 69	101. 49	233. 55

（2）航空旅客吞吐量

①省份排名

由 31 个省份航空旅客吞吐量的数据及排名可知，12 个（38. 7%）省份该指标的数据高于平均值，19 个（61. 3%）省份的数据低于平均值。2020 年，广东航空旅客吞吐量为 9942. 3 万人/百万人，居全国第 1 位，西藏航空旅客吞吐量为 515. 4 万人/百万人，居全国最后 1 位（见表 42）。广东是我国经济发达地区，有 20 个机场，且对外贸易发达，故航空旅客吞吐量较大；西藏受地理环境和经济发展水平的影响，仅有 5 个机场，故航空旅客吞吐量较小。

表 42　31 个省份航空旅客吞吐量指标数据及排名

单位：万人/百万人

排名	省份	数据	排名	省份	数据
1	广东	9942. 3	11	海南	3248. 6
2	上海	6164. 2	12	福建	3181. 8
3	北京	5060. 5	13	河南	2405. 4
4	浙江	4996. 4	14	湖南	2356. 9
5	四川	4991. 8	15	贵州	2253. 2
6	云南	4983. 7	16	辽宁	2241. 2
7	江苏	3922. 7	17	新疆	1896. 4
8	山东	3847. 8	18	广西	1808. 2
9	重庆	3638. 3	19	湖北	1776. 1
10	陕西	3356. 3	20	内蒙古	1685. 1

续表

排名	省份	数据	排名	省份	数据
21	黑龙江	1644.9	27	吉林	1042.4
22	甘肃	1363.3	28	安徽	1032.9
23	天津	1328.5	29	宁夏	738.5
24	山西	1298.7	30	青海	674.8
25	江西	1272.8	31	西藏	515.4
26	河北	1046.8			

②区域比较

由四大区域航空旅客吞吐量的数据对比分析可知，从平均值来看，东部地区最大，东北地区最小，表明东部地区在该指标方面较其他地区表现良好，而东北地区表现欠佳。从标准差来看，东部地区最大，表明东部地区各省份之间在该指标方面的相对差距较大，而中部地区最小，表明中部地区各省份之间在该指标方面的发展相对均衡（见表 43）。东部地区经济发达，且航空旅客吞吐量排名前 10 的省份有 6 个在东部地区，故东部地区航空旅客吞吐量较其他地区表现良好；而东北地区由于经济发展疲软，且东北三省航空旅客吞吐量在各省份中排名较为靠后，故东北地区航空旅客吞吐量较小。

表 43　航空旅客吞吐量指标区域比较

单位：万人/百万人

指标	东部地区	中部地区	西部地区	东北地区
最大值	9942.300	2405.400	4991.800	2241.200
最小值	1046.800	1032.900	515.400	1042.400
中位数	3885.250	1537.400	1852.300	1644.900
平均值	4273.960	1690.467	2325.417	1642.833
标准差	2549.142	587.012	1574.626	599.403

（3）货物运输结构比值

①省份排名

由 31 个省份货物运输结构比值的数据及排名可知，有 10 个（32.3%）省份该指标的数据高于平均值，21 个（67.7%）省份的数据低于平均值。2020 年，山西货物运输结构比值为 0.937，居全国第 1 位，上海货物运输结构比值为 0.010，居全国最后 1 位（见表 44）。山西发布《关于印发山西省推进运输结构调整实施方案的通知》，坚决推动运输结构绿色化，大力推进“公转铁”；而上海由于运输优势惯性，缺少顶层设计，同时一体化的货运统筹协调机制尚未形成，货物运输结构比值较低。

表 44　31 个省份货物运输结构比值指标数据及排名

排名	省份	数据	排名	省份	数据
1	山西	0.937	17	广西	0.062
2	内蒙古	0.565	18	河南	0.053
3	新疆	0.434	19	四川	0.051
4	陕西	0.423	20	浙江	0.042
5	黑龙江	0.355	21	福建	0.041
6	天津	0.345	22	湖北	0.040
7	青海	0.319	23	江苏	0.039
8	宁夏	0.243	24	江西	0.037
9	海南	0.204	25	安徽	0.034
10	辽宁	0.173	26	广东	0.034
11	吉林	0.162	27	湖南	0.026
12	河北	0.146	28	西藏	0.025
13	云南	0.123	29	重庆	0.019
14	甘肃	0.097	30	北京	0.017
15	山东	0.086	31	上海	0.010
16	贵州	0.073			

②区域比较

由四大区域货物运输结构比值的数据对比可知，从平均值来看，东北地区最大，东部地区最小，表明东北地区在该指标方面的表现比其他地区好，而东部地区表现欠佳。从标准差来看，中部地区最大，表明中部地区各省份之间在该指标方面的相对差距较大，而东部地区最小，表明东部地区各省份之间在该指标方面的发展相对均衡（见表45）。东北地区三个省份货物运输结构比值均排在前11位，2018年国务院办公厅印发《推进运输结构调整三年行动计划（2018—2020年）》后，东北三省积极行动，通过调整运输结构，减少公路货运量，增加铁路货运量，取得了阶段性成果；而东部地区运输结构以公路货运为主，应尽快加强水运等运输方式的货物分担率。

表45　货物运输结构比值指标区域比较

指标	东部地区	中部地区	西部地区	东北地区
最大值	0.345	0.937	0.565	0.355
最小值	0.010	0.026	0.019	0.162
中位数	0.042	0.038	0.110	0.173
平均值	0.096	0.188	0.203	0.230
标准差	0.107	0.367	0.188	0.108

（4）公路货运周转量

①省份排名

由31个省份公路货运周转量的数据及排名可知，有12个（38.7%）省份该指标的数据高于平均值，19个（61.3%）省份的数据低于平均值。2020年，河北公路货运周转量为8103.25亿吨公里，居全国第1位，海南公路货运周转量为41.34亿吨公里，居全国最后1位（见表46）。

表46　31个省份公路货运周转量指标数据及排名

单位：亿吨公里

排名	省份	数据	排名	省份	数据
1	河北	8103.25	6	江西	3247.08
2	山东	6784.40	7	陕西	2931.11
3	河南	5572.59	8	山西	2784.96
4	江苏	3524.51	9	辽宁	2548.32
5	安徽	3412.24	10	广东	2524.20

续表

排名	省份	数据	排名	省份	数据
11	浙江	2209.95	22	黑龙江	694.04
12	内蒙古	1888.79	23	上海	678.60
13	湖北	1639.91	24	天津	640.12
14	四川	1617.73	25	贵州	609.80
15	广西	1486.86	26	新疆	491.05
16	湖南	1350.55	27	宁夏	483.67
17	吉林	1294.81	28	北京	265.68
18	云南	1101.54	29	青海	124.62
19	重庆	1055.45	30	西藏	116.73
20	福建	1021.69	31	海南	41.34
21	甘肃	1020.27			

②区域比较

由四大区域公路货运周转量的对比分析可知，从平均值来看，中部地区最大，西部地区最小，表明中部地区在该指标方面较其他地区表现良好，而西部地区表现欠佳。从标准差来看，东部地区最大，表明东部地区各省份之间在该指标方面的相对差距较大，而西部地区最小，表明西部地区各省份之间在该指标方面的发展相对均衡（见表 47）。中部地区拥有完善的高速公路网，加上地理位置优越，故中部地区公路货运周转量较其他地区表现良好；而西部地区受地理环境和经济发展水平的影响，高速公路网不完善，故公路货运周转量较小。

表 47　公路货运周转量指标区域比较

单位：亿吨公里

指标	东部地区	中部地区	西部地区	东北地区
最大值	8103.25	5572.59	2931.11	2548.32
最小值	41.34	1350.55	116.73	694.04
中位数	1615.82	3016.02	1037.86	1294.81
平均值	2579.37	3001.22	1077.30	1512.39
标准差	2805.22	1514.33	814.87	946.09

（5）航空货邮吞吐量

①省份排名

由31个省份航空货邮吞吐量的数据及排名可知，有7个（22.6%）省份该指标的数据高于平均值，24个（77.4%）省份的数据低于平均值（见表48）。2020年，上海航空货邮吞吐量为402.5万吨/百万人，居全国第1位，青海航空货邮吞吐量为4.6万吨/百万人，居全国最后1位。上海作为华东地区的核心城市，依靠本地雄厚的经济基础，其航空货邮吞吐量长年位居全国第一。青海的机场数量有7个，且由于经济发展水平比其他省份落后，航空货邮吞吐量较小。

表48　31个省份航空货邮吞吐量指标数据及排名

单位：万吨/百万人

排名	省份	数据	排名	省份	数据
1	上海	402.5	17	江西	18.7
2	广东	323.9	18	天津	18.5
3	北京	128.8	19	新疆	16.1
4	浙江	101.9	20	广西	13.5
5	江苏	67.1	21	贵州	11.8
6	四川	64.6	22	黑龙江	11.6
7	河南	64.1	23	安徽	9.3
8	福建	47.7	24	河北	8.9
9	山东	47.6	25	吉林	8.7
10	重庆	41.3	26	甘肃	7.5
11	陕西	39.2	27	内蒙古	6.5
12	云南	36.9	28	山西	5.9
13	辽宁	29.6	29	宁夏	5.3
14	海南	21.5	30	西藏	4.7
15	湖南	21.5	31	青海	4.6
16	湖北	19.7			

②区域比较

由四大区域航空货邮吞吐量的数据对比分析可知，从平均值来看，东部

地区最大，东北地区最小，表明东部地区在该指标方面较其他地区表现良好，而东北地区表现欠佳。从标准差来看，东部地区最大，表明东部地区各省份之间在该指标方面的相对差距较大，而东北地区最小，表明东北地区各省份之间在该指标方面的发展相对均衡（见表 49）。航空货邮吞吐量排名前 10 的省份中，有 7 个省份位于东部地区，东部地区机场数量较多，货物运输体系完善；而东北地区航空货邮吞吐量较小，仅占 3.1%，较上年下降 0.4 个百分点。

表 49　航空货邮吞吐量指标区域比较

单位：万吨/百万人

指标	东部地区	中部地区	西部地区	东北地区
最大值	402.50	64.10	64.60	29.60
最小值	8.90	5.90	4.60	8.70
中位数	57.40	19.20	12.65	11.60
平均值	116.84	23.20	21.00	16.63
标准差	136.34	20.98	19.62	11.32

（6）快递业务量

①省份排名

由 31 个省份快递业务量的数据及排名可知，有 8 个（25.8%）省份该指标的数据高于平均值，23 个（74.2%）省份的数据低于平均值。2020 年，广东快递业务量为 2208179.5 万件/万人，居全国第 1 位；西藏快递业务量为 1139.0 万件/万人，居全国最后 1 位（见表 50）。广东拥有广州、深圳、揭阳、东莞四市，揭阳的纺织服装、金属、医药、玉器、制鞋等传统优势产业在全国有较强影响力，为电商和快递物流的发展提供了载体与支撑。而近年来，揭阳邮政业“井喷式”发展的背后，是揭阳多年来全力提质增效，培育经济新动能，大力推进电商战略，不断完善全市快递网络布局所带来的成果。而西藏地广人稀，且物流市场体系缺乏规范性引导，物流企业专业化管理水平低下，“互联网+”技术水平落后，物流信息系统不健全，这些因素导致西藏的快递业务量较小。

表 50　31 个省份快递业务量指标数据及排名

单位：万件/万人

排名	省份	数据	排名	省份	数据
1	广东	2208179. 5	17	陕西	91749. 8
2	浙江	1794621. 1	18	广西	77882. 2
3	江苏	697680. 5	19	重庆	73105. 4
4	山东	415174. 2	20	云南	62974. 1
5	河北	370249. 8	21	山西	53583. 6
6	福建	343189. 8	22	黑龙江	45522. 3
7	上海	336330. 7	23	吉林	44693. 6
8	河南	310004. 9	24	贵州	28157. 0
9	北京	238221. 3	25	内蒙古	19557. 6
10	安徽	220228. 2	26	甘肃	13823. 5
11	四川	215158. 9	27	新疆	11486. 2
12	湖北	178505. 5	28	海南	11012. 2
13	湖南	147131. 6	29	宁夏	7317. 8
14	江西	112004. 3	30	青海	2359. 5
15	辽宁	111978. 0	31	西藏	1139. 0
16	天津	92767. 4			

②区域比较

由四大区域快递业务量的数据对比分析可知，从平均值来看，东部地区最大，西部地区最小，表明东部地区在该指标方面比其他地区表现好，而西部地区表现欠佳。从标准差来看，东部地区最大，表明东部地区各省份之间在该指标方面的相对差距较大，而东北地区最小，表明东北地区各省份之间在该指标方面的发展相对均衡（见表 51）。快递业务量排名前 10 的省份有 8 个在东部地区。东部地区拥有广东这一快递强省，其中，汕头作为全国首批国家电子商务示范城市之一，近年来各大企业的电商销售发展迅速，电商集聚效应日益凸显，带动当地快递业务的快速发展。西部地区的现代物流企业管理水平较低，物流信息安全存在隐患，区域内专业化物流人才匮乏，专业水平较低，导致西部地区快递业务量较小。

表 51　快递业务量指标区域比较

单位：万件/万人

指标	东部地区	中部地区	西部地区	东北地区
最大值	2208179. 50	310004. 90	215158. 90	111978. 00
最小值	11012. 20	53583. 60	1139. 00	44693. 60
中位数	356719. 80	162818. 55	23857. 30	45522. 30
平均值	650742. 65	170243. 02	50392. 58	67397. 97
标准差	741967. 97	89034. 24	61180. 03	38609. 66

（7）汽车自驾运动营地数量

①省份排名

由 31 个省份汽车自驾运动营地数量的数据及排名可知，有 12 个（38. 7%）省份该指标的数据大于或等于平均值，19 个（61. 3%）省份的数据低于平均值。2020 年，山东汽车自驾运动营地数量为 13 个，居全国第 1 位，而全国有 15 个省份汽车自驾运动营地数量为 0（见表 52）。山东省汽车摩托运动联合会积极推进汽车自驾运动营地创建工作，早部署、早启动，深入一线，深挖潜力，积极与中国汽车摩托车运动联合会汽车露营分会及北京华安认证等部门进行工作对接，同时加大支持力度，扩大省内营地规模，完善营地功能，提升营地运营管理水平，故山东汽车自驾运动营地数量最多。

表 52　31 个省份汽车自驾运动营地数量指标数据及排名

单位：个

排名	省份	数据	排名	省份	数据
1	山东	13	8	河南	3
2	内蒙古	8	9	新疆	3
3	贵州	8	10	河北	2
4	安徽	5	11	山西	2
5	云南	5	12	甘肃	2
6	湖北	4	13	湖南	1
7	广东	3	14	重庆	1

续表

排名	省份	数据	排名	省份	数据
15	辽宁	1	24	江西	0
16	黑龙江	1	25	广西	0
17	北京	0	26	四川	0
18	天津	0	27	西藏	0
19	上海	0	28	陕西	0
20	江苏	0	29	青海	0
21	浙江	0	30	宁夏	0
22	福建	0	31	吉林	0
23	海南	0			

②区域比较

由四大区域汽车自驾运动营地数量的对比分析可知，从平均值来看，中部地区最大，东北地区最小，表明中部地区在该指标方面比其他地区表现好，而东北地区表现欠佳。从标准差来看，东部地区最大，表明东部地区各省份之间在该指标方面的相对差距较大，而东北地区最小，表明东北地区各省份之间在该指标方面的发展相对均衡（见表53）。中部地区聚集发展的营地主要以客源驱动为主，自然资源驱动为辅，这些营地风景道发达，自然资源丰富，是资源型集聚区与自驾游最佳目的地；而东北地区纬度较高，冬季恶劣天气较多，汽车自驾运动营地建设较困难，故东北地区汽车自驾运动营地数量较少。

表53　汽车自驾运动营地数量指标区域比较

单位：个

指标	东部地区	中部地区	西部地区	东北地区
最大值	13	5	8	1
最小值	0	0	0	0
中位数	0	3	1	1
平均值	1.80	2.50	2.25	0.67
标准差	4.08	1.87	3.11	0.58

（8）数字化转型

①省份排名

由 31 个省份数字化转型的数据及排名可知，有 17 个（54.8%）省份该指标的数据高于平均值，14 个（45.2%）省份的数据低于平均值（见表 54）。2020 年，北京数字化转型指标数据为 4.46，居全国第 1 位，而广西数字化转型指标数据为 3.69，居全国最后 1 位。北京市经济和信息化局印发《北京市促进数字经济创新发展行动纲要（2020—2022 年）》，提出加快基础设施保障建设工程、数字产业协同提升工程等，有效促进了北京的数字化转型；而广西数字化转型仍处于起步阶段，中小型企业数字化程度不高，同时信息化普及程度也不高，存在数字化基础差、转型成本高以及可转型的平台少等困难，故广西数字化转型程度较低。

表 54　31 个省份数字化转型指标数据及排名

排名	省份	数据	排名	省份	数据
1	北京	4.46	17	山西	4.17
2	天津	4.41	18	湖南	4.14
3	新疆	4.34	19	宁夏	4.10
4	辽宁	4.34	20	青海	4.08
5	山东	4.31	21	西藏	4.08
6	安徽	4.31	22	河南	4.04
7	上海	4.29	23	陕西	4.03
8	吉林	4.29	24	湖北	4.03
9	贵州	4.27	25	福建	4.02
10	云南	4.27	26	海南	4.01
11	重庆	4.26	27	河北	4.01
12	广东	4.25	28	甘肃	4.00
13	浙江	4.24	29	江西	3.94
14	江苏	4.24	30	四川	3.86
15	黑龙江	4.19	31	广西	3.69
16	内蒙古	4.19			

②区域比较

由四大区域数字化转型指标的数据对比分析可知，从平均值来看，东北地区最大，西部地区最小，表明东北地区在该指标方面比其他地区表现好，而西部地区表现欠佳。从标准差来看，西部地区最大，表明西部地区各省份之间在该指标方面的相对差距较大，而东北地区最小，表明东北地区各省份之间在该指标方面的发展相对均衡（见表 55）。2020 年，大连举办“2020 东北数字化创新峰会”，以新基建、数字经济新发展、“5G+工业互联网”产业新生态等为核心，分享提高数字化转型的经验与办法；而西部地区许多城市仍然存在较多的资源型企业，这在一定程度上使经济发展失衡，数字经济难以充分发挥作用，故西部地区的数字化转型程度较低。

表 55　数字化转型指标区域比较

指标	东部地区	中部地区	西部地区	东北地区
最大值	4. 46	4. 31	4. 34	4. 34
最小值	4. 01	3. 94	3. 69	4. 19
中位数	4. 25	4. 09	4. 09	4. 29
平均值	4. 23	4. 11	4. 10	4. 27
标准差	0. 16	0. 13	0. 19	0. 07

（四）科技创新指数统计分析

1. 描述性分析

选取科技创新指数分指标的五个统计量来描述其量化情况（见表 56）。从标准差来看，车联网企业数量的标准差最大，说明各省份之间该指标的发展不平衡；智慧交通系统建设的标准差最小，说明各省份之间该指标发展较为均衡。从平均值来看，车联网企业数量的平均值最大，ETC 车道建设改造力度的平均值最小，说明在科技创新指数中车联网企业数量贡献份额较大，而 ETC 车道建设改造力度贡献份额较小。

表 56　科技创新指数各指标描述性统计

指标	最大值	最小值	中位数	平均值	标准差
交通发明专利数量(个/百万人)	39. 67	0. 03	4. 26	7. 77	9. 82
车联网企业数量(个/百万人)	6818. 00	27. 00	757. 00	1093. 52	1266. 70
ETC 车道建设改造力度	0. 892	0. 000	0. 072	0. 158	0. 210
交通运输行业重点实验室和研发中心数量(个)	36. 00	0. 00	2. 00	4. 00	6. 48
智慧交通系统建设	4. 39	3. 83	4. 17	4. 18	0. 14

2. 省份类比分析

（1）交通发明专利数量

①省份排名

由 31 个省份交通发明专利数量的数据及排名可知，8 个（25. 8%）省份该指标的数据高于平均值，23 个（74. 2%）省份的数据低于平均值。其中，居前 2 位的省份依次是重庆和河南。2020 年，重庆交通发明专利数量为 1273 个，平均每百万人 39. 67 个，居全国第 1 位；河南交通发明专利数量为 3185 个，平均每百万人 32. 04 个，居全国第 2 位（见表 57）。2020 年，重庆获得国家专利 7641 项，列国内第 15 名，专利数量增长率为 10%，2015~2020 年的平均增长率达到了 22%。交通、水利、建材、建筑行业专利总公布量为 63 件，其中发明专利 17 件，发明授权 2 件，实用新型 44 件；而西藏由于科技创新投入不高，交通发明专利数量最低。

表 57　31 个省份交通发明专利数量指标数据及排名

单位：个/百万人

排名	省份	数据	排名	省份	数据
1	重庆	39. 67	7	北京	10. 12
2	河南	32. 04	8	上海	8. 79
3	江苏	29. 32	9	湖南	6. 98
4	广东	20. 70	10	浙江	6. 50
5	四川	16. 26	11	天津	6. 07
6	陕西	10. 27	12	贵州	5. 34

续表

排名	省份	数据	排名	省份	数据
13	青海	5.21	23	辽宁	2.04
14	河北	4.84	24	江西	1.91
15	山东	4.71	25	甘肃	1.80
16	安徽	4.26	26	黑龙江	1.54
17	湖北	4.09	27	内蒙古	1.38
18	山西	3.49	28	吉林	1.25
19	福建	2.93	29	新疆	0.89
20	宁夏	2.92	30	海南	0.60
21	广西	2.43	31	西藏	0.03
22	云南	2.41			

②区域比较

由四大区域交通发明专利数量的对比分析可知，东部地区平均值最大，东北地区最小，表明东部地区在该指标方面比其他地区表现好，而东北地区表现欠佳。从标准差来看，中部地区最大，表明中部地区各省份之间在该指标方面的相对差距较大，而东北地区最小，表明东北地区各省份之间在该指标方面的发展相对均衡（见表 58）。中部地区重视科技创新，在交通发明专利排名前 10 的省份中，中部地区占 2 个；而东北地区在科技创新方面投入较少，故交通发明专利数量较少。

表 58　交通发明专利数量指标区域比较

单位：个/百万人

指标	东部地区	中部地区	西部地区	东北地区
最大值	29.32	32.04	39.67	2.04
最小值	0.60	1.91	0.03	1.25
中位数	6.29	4.17	2.67	1.54
平均值	9.46	8.79	7.38	1.61
标准差	8.86	11.51	11.16	0.40

（2）车联网企业数量

①省份排名

由31个省份车联网企业数量的数据及排名可知，10个（32.3%）省份该指标的数据高于平均值，21个（67.7%）省份的数据低于平均值。2020年，广东车联网企业数量为6818个/百万人，居全国第1位，而西藏车联网企业数量为27个/百万人，居全国最后1位（见表59）。广东是企业注册数量最多的省份，搭乘“新基建”快车，车联网产业迎来爆发期。而西藏由于科技创新投入少、地广人稀，车联网企业数量最少。

表59　31个省份车联网企业数量指标数据及排名

单位：个/百万人

排名	省份	数据	排名	省份	数据
1	广东	6818	17	辽宁	708
2	江苏	2608	18	江西	539
3	山东	2539	19	天津	508
4	浙江	2370	20	河北	495
5	福建	1820	21	贵州	463
6	四川	1551	22	云南	437
7	重庆	1361	23	新疆	428
8	陕西	1296	24	甘肃	415
9	海南	1263	25	山西	371
10	湖南	1166	26	黑龙江	363
11	安徽	1047	27	北京	348
12	内蒙古	971	28	吉林	281
13	上海	949	29	宁夏	166
14	河南	928	30	青海	58
15	广西	848	31	西藏	27
16	湖北	757			

②区域比较

由四大区域车联网企业数量的对比分析可知，从平均值来看，东部地区最大，东北地区最小，表明东部地区在该指标方面比其他地区表现好，而东北地区表现欠佳。从标准差来看，东部地区最大，表明东部地区各省份之间在该指标方面的相对差距较大，而东北地区最小，表明东北地区各省份之间在该指标方面的发展相对均衡（见表 60）。车联网相关企业主要分布在长三角、珠三角等东部沿海城市，故东部地区车联网企业数量较多，而东北地区车联网企业数量较少。

表 60　车联网企业数量指标区域比较

单位：个/百万人

指标	东部地区	中部地区	西部地区	东北地区
最大值	6818	1166	1551	708
最小值	348	371	27	281
中位数	1542	843	450	363
平均值	1971.80	801.33	668.42	450.67
标准差	1912.03	305.07	524.88	226.60

（3）ETC 车道建设改造力度

①省份排名

由 31 个省份 ETC 车道建设改造力度的数据及排名可知，有 11 个（35.5%）省份该指标的数据高于平均值，20 个（64.5%）省份的数据低于平均值。2020 年，江苏 ETC 车道建设改造力度指标为 0.892，居全国第 1 位，而全国有 6 个省份 2020 年并未进行 ETC 车道建设改造（见表 61）。从 2020 年 1 月 1 日起，江苏主要利用高速公路电子不停车收费（ETC）等技术代替人工收费，并在 2020 年成功完成大多数 ETC 车道建设改造。[①]

① 《江苏省交通运输厅 2019 年政府信息公开工作年度报告》，江苏省交通运输厅网站，2020 年 3 月 16 日，http://jtyst.jiangsu.gov.cn/art/2020/3/16/art_77143_9012509.html。

表 61　31 个省份 ETC 车道建设改造力度指标数据及排名

排名	省份	数据	排名	省份	数据
1	江苏	0. 892	17	云南	0. 072
2	甘肃	0. 673	18	山东	0. 065
3	河南	0. 459	19	重庆	0. 041
4	贵州	0. 368	20	浙江	0. 025
5	福建	0. 317	21	北京	0. 02
6	湖南	0. 292	22	宁夏	0. 018
7	青海	0. 25	23	江西	0. 011
8	湖北	0. 228	24	新疆	0. 006
9	辽宁	0. 213	25	黑龙江	0. 006
10	吉林	0. 204	26	河北	0
11	天津	0. 166	27	海南	0
12	安徽	0. 144	28	山西	0
13	广西	0. 139	29	内蒙古	0
14	上海	0. 113	30	西藏	0
15	四川	0. 106	31	陕西	0
16	广东	0. 072			

②区域比较

由四大区域 ETC 车道建设改造力度数据的对比分析可知，从平均值来看，中部地区平均值最大，西部地区和东北地区较小，表明中部地区在该指标方面比其他地区表现好，而西部地区和东北地区表现欠佳。东部地区标准差最大，表明东部地区各省份之间在该指标方面的相对差距较大，而东北地区标准差最小，表明东北地区各省份之间在该指标的方面发展相对均衡（见表 62）。在 ETC 车道建设改造力度排名前 10 的省份中，中部地区有 4 个，而西部地区和东北地区省份的 ETC 车道建设改造力度较小。

表 62　ETC 车道建设改造力度指标区域比较

指标	东部地区	中部地区	西部地区	东北地区
最大值	0. 892	0. 459	0. 673	0. 213
最小值	0. 000	0. 000	0. 000	0. 006
中位数	0. 069	0. 186	0. 057	0. 204
平均值	0. 17	0. 19	0. 14	0. 14
标准差	0. 27	0. 18	0. 20	0. 12

（4）交通运输行业重点实验室和研发中心数量

①省份排名

由31个省份交通运输行业重点实验室和研发中心数量的数据及排名可知，10个（32.3%）省份该指标的数据大于或等于平均值，21个（67.7%）省份的数据低于平均值。2020年，北京交通运输行业重点实验室和研发中心数量为36个，居全国第1位，而海南和宁夏交通运输行业重点实验室和研发中心数量为0，居全国最后1位（见表63）。

表63　31个省份交通运输行业重点实验室和研发中心数量指标数据及排名

单位：个

排名	省份	数据	排名	省份	数据
1	北京	36	17	四川	2
2	江苏	9	18	福建	1
3	上海	8	19	江西	1
4	湖北	8	20	山西	1
5	陕西	7	21	内蒙古	1
6	辽宁	7	22	广西	1
7	重庆	6	23	贵州	1
8	广东	5	24	云南	1
9	天津	4	25	西藏	1
10	河南	4	26	甘肃	1
11	浙江	3	27	青海	1
12	山东	3	28	新疆	1
13	湖南	3	29	吉林	1
14	黑龙江	3	30	海南	0
15	河北	2	31	宁夏	0
16	安徽	2			

②区域比较

由四大区域交通运输行业重点实验室和研发中心数量的对比分析可知，从平均值来看，东部地区最大，西部地区最小，表明东部地区在该指标方面比其他地区表现好，而西部地区表现欠佳。从标准差来看，东部地区最大，

表明东部地区各省份之间在该指标方面的相对差距较大，而西部地区最小，表明西部地区各省份之间在该指标方面的发展相对均衡（见表64）。交通运输行业重点实验室和研发中心数量排名前10的省份中，东部地区有5个，西部地区大多数省份排在后10名。

表64　交通运输行业重点实验室和研发中心数量指标区域比较

单位：个

指标	东部地区	中部地区	西部地区	东北地区
最大值	36	8	7	7
最小值	0	1	0	1
中位数	4	3	1	3
平均值	7. 10	3. 17	1. 92	3. 67
标准差	10. 55	2. 64	2. 19	3. 06

（5）智慧交通系统建设

①省份排名

由31个省份智慧交通系统建设的数据及排名可知，有15个（48.4%）省份该指标的数据高于平均值，16个（51.6%）省份的数据低于平均值。2020年，新疆智慧交通系统建设指标得分为4.39，居全国第1位，而广西智慧交通系统建设指标得分为3.83，居全国最后1位（见表65）。2020年，新疆举办国际交通产业博览会暨2020“一带一路”智能交通发展大会高峰论坛，智慧交通得到进一步发展。

表65　31个省份智慧交通系统建设指标数据及排名

排名	省份	数据	排名	省份	数据
1	新疆	4. 39	7	黑龙江	4. 31
2	天津	4. 38	8	上海	4. 29
3	北京	4. 36	9	安徽	4. 25
4	贵州	4. 35	10	内蒙古	4. 25
5	吉林	4. 33	11	辽宁	4. 24
6	山东	4. 32	12	重庆	4. 24

续表

排名	省份	数据	排名	省份	数据
13	江苏	4.21	23	河北	4.11
14	云南	4.21	24	河南	4.08
15	宁夏	4.19	25	福建	4.07
16	浙江	4.17	26	西藏	4.06
17	山西	4.16	27	江西	4.02
18	湖南	4.16	28	甘肃	4.01
19	海南	4.15	29	陕西	3.98
20	广东	4.15	30	四川	3.93
21	湖北	4.13	31	广西	3.83
22	青海	4.13			

②区域比较

由四大区域智慧交通系统建设数据的对比分析可知，从平均值来看，东北地区最大，西部地区最小，表明东北地区在该指标方面比其他地区表现好，而西部地区表现欠佳。从标准差来看，西部地区最大，表明西部地区各省份之间在该指标方面的相对差距较大，而东北地区最小，表明东北地区各省份之间在该指标方面的发展相对均衡（见表66）。东北地区大力发展智慧交通，西部地区由于经济发展水平较低，交通投入经费少，智慧交通系统建设较为落后。

表66 智慧交通系统建设指标区域比较

指标	东部地区	中部地区	西部地区	东北地区
最大值	4.383	4.253	4.394	4.330
最小值	4.071	4.020	3.833	4.245
中位数	4.193	4.146	4.158	4.306
平均值	4.222	4.135	4.131	4.294
标准差	0.110	0.079	0.172	0.044

（五）交通安全指数统计分析

1. 描述性统计

选取交通安全指数分指标的五个统计量来描述其量化情况（见表 67）。在标准差层面，交通安全行政处罚数标准差最大，说明各省份之间该指标发展不平衡；交通安全法规满意度标准差最小，说明各省份之间该指标发展较为均衡。从平均值来看，交通安全行政处罚数的平均值最大，交通安全法规满意度最小，说明在交通安全指数中交通安全行政处罚数贡献份额较大，而交通安全法规满意度贡献份额较小。

表 67　交通安全指数各指标描述性统计

指标	最大值	最小值	中位数	平均值	标准差
交通安全法规数(个)	423.00	10.00	103.00	103.32	72.87
交通安全专利数(个/百万人)	1010.00	9.00	147.00	221.55	226.73
交通安全行政处罚数(个)	77571.00	0.00	261.00	5387.26	14766.02
应急救援满意度	4.41	3.90	4.23	4.21	0.15
交通安全法规满意度	4.34	3.90	4.24	4.19	0.14

2. 省份类比分析

（1）交通安全法规数

①省份排名

由 31 个省份交通安全法规数的数据及排名可知，有 15 个（48.4%）省份该指标的数据高于平均值，16 个（51.6%）省份的数据低于平均值（见表 68）。2020 年，福建交通安全法规数为 423 个，居全国第 1 位，而西藏交通安全法规数为 10 个，居全国最后 1 位。2020 年，福建交通支持系统建设完成投资 1.06 亿元，比 2019 年增长 20.4%。其中信息化项目建设 1 亿元，交通综合执法建设 598 万元，而西藏在交通安全法规方面的投入较少。

表 68　31 个省份交通安全法规数指标数据及排名

单位：个

排名	省份	数据	排名	省份	数据
1	福建	423	17	江西	85
2	四川	173	18	辽宁	83
3	陕西	153	19	内蒙古	82
4	安徽	152	20	甘肃	80
5	山东	146	21	黑龙江	64
6	山西	143	22	河北	59
7	贵州	135	23	吉林	56
8	湖南	125	24	北京	53
9	江苏	124	25	新疆	53
10	广西	124	26	宁夏	46
11	河南	121	27	上海	44
12	云南	120	28	青海	41
13	浙江	113	29	天津	38
14	广东	113	30	海南	35
15	湖北	106	31	西藏	10
16	重庆	103			

②区域比较

由四大区域交通安全法规数的对比分析可知，从平均值来看，中部地区最大，东北地区最小，表明中部地区在该指标方面比其他地区表现好，而东北地区表现欠佳。从标准差来看，东部地区最大，表明东部地区各省份之间在该指标方面相对差距较大，而东北地区最小，表明东北地区各省份之间在该指标方面发展相对均衡（见表 69）。中部地区交通发达，交通安全行政处罚数较多，而东北地区地广人稀，交通发达程度低，因此涉及的交通安全问题不多。相对来说，中部地区交通安全法规数较多，东北地区交通安全法规数较少。

表 69　交通安全法规数指标区域比较

单位：个

指标	东部地区	中部地区	西部地区	东北地区
最大值	423	152	173	83
最小值	35	85	10	56
中位数	86	123	93	64
平均值	114. 80	122. 00	93. 33	67. 67
标准差	115. 60	24. 40	49. 77	13. 87

（2）交通安全专利数

①省份排名

由 31 个省份交通安全专利数的数据及排名可知，有 11 个（35. 5%）省份该指标的数据高于平均值，20 个（64. 5%）省份的数据低于平均值（见表 70）。2020 年，江苏交通安全专利数为 1010 个/百万人，居全国第 1 位，而西藏交通安全专利数为 9 个/百万人，居全国最后 1 位。江苏交通网络完善，交通安全专利数较多；西藏地广人稀，交通较不发达，故交通安全专利数较少。

表 70　31 个省份交通安全专利数指标数据及排名

单位：个/百万人

排名	省份	数据	排名	省份	数据
1	江苏	1010	10	安徽	264
2	浙江	592	11	辽宁	247
3	北京	573	12	河南	211
4	广东	572	13	天津	164
5	上海	476	14	吉林	155
6	山东	407	15	福建	148
7	四川	325	16	重庆	147
8	湖北	309	17	河北	137
9	陕西	273	18	湖南	133

续表

排名	省份	数据	排名	省份	数据
19	江西	119	26	新疆	23
20	黑龙江	114	27	甘肃	20
21	山西	113	28	海南	15
22	云南	96	29	青海	15
23	贵州	83	30	宁夏	14
24	广西	69	31	西藏	9
25	内蒙古	35			

②区域比较

由四大区域交通安全专利数的对比分析可知，从平均值来看，东部地区最大，西部地区最小，表明东部地区在该指标方面比其他地区表现好，而西部地区表现欠佳。从标准差来看，东部地区最大，表明东部地区各省份之间在该指标方面的相对差距较大，而东北地区最小，表明东北地区各省份之间在该指标方面的发展相对均衡（见表 71）。东部地区交通发达，交通安全专利数较多，而东北地区地广人稀，交通发达程度不高，涉及的交通安全问题较少。相对来说，东部地区交通安全专利数较多，东北地区的交通安全专利数较少。

表 71　交通安全专利数指标区域比较

单位：个/百万人

指标	东部地区	中部地区	西部地区	东北地区
最大值	1010.00	309.00	325.00	247.00
最小值	15.00	113.00	9.00	114.00
中位数	441.50	172.00	52.00	155.00
平均值	409.40	191.50	92.42	172.00
标准差	300.00	82.81	105.66	68.11

（3）交通安全行政处罚数

①省份排名

由 31 个省份交通安全行政处罚数的数据及排名可知，有 6 个（19.4%）

省份该指标的数据高于平均值，25 个（80.6%）省份的数据低于平均值。其中，排前 2 名的省份依次是广东和河南。2020 年，广东和西藏的交通安全行政处罚数分别居全国第 1 位和最后 1 位（见表 72）。广东交通网络完善，但同时交通安全相关的问题也较多，故交通安全行政处罚数较多，西藏地广人稀，交通较不发达，故交通安全行政处罚数较少。

表 72　31 个省份交通安全行政处罚数指标数据及排名

单位：个

排名	省份	数据	排名	省份	数据
1	广东	77571	17	内蒙古	240
2	河南	31740	18	重庆	172
3	江苏	13182	19	黑龙江	126
4	福建	7731	20	湖北	82
5	山东	7336	21	辽宁	72
6	安徽	7042	22	新疆	46
7	上海	5069	23	贵州	27
8	浙江	4732	24	陕西	26
9	北京	4519	25	江西	17
10	广西	1965	26	甘肃	17
11	四川	1930	27	云南	10
12	天津	1317	28	宁夏	9
13	吉林	788	29	海南	1
14	湖南	582	30	青海	1
15	河北	394	31	西藏	0
16	山西	261			

②区域比较

由四大区域交通安全行政处罚数的对比分析可知，从平均值来看，东部地区最大，东北地区最小。从标准差来看，东部地区最大，表明东部地区各省份之间在该指标方面的相对差距较大，而东北地区最小，表明东北地区各省份之间在该指标方面的发展相对均衡（见表 73）。东部地区交通发达，交通安全行政处罚数较多；而东北地区地广人稀，交通不发达，涉及的交通安全问题不多。相对来说，东部地区交通安全行政处罚数较多，东北地区则较少。

表 73　交通安全行政处罚数指标区域比较

单位：个

指标	东部地区	中部地区	西部地区	东北地区
最大值	77571	31740	1965	788
最小值	1	17	0	72
中位数	4901	422	27	126
平均值	12185. 20	6620. 67	370. 25	328. 67
标准差	23310. 03	12605. 01	740. 53	398. 71

（4）应急救援满意度

①省份排名

由 31 个省份应急救援满意度的数据及排名可知，有 17 个（54. 8%）省份该指标的数据高于或等于平均值，14 个（45. 16%）省份的数据低于平均值（见表 74）。2020 年，天津应急救援满意度为 4. 41，居全国第 1 位，而广西应急救援满意度为 3. 90，居全国最后 1 位。2020 年，天津颁布《天津市应急救援队伍建设管理办法》，提高了天津的应急救援满意度，而广西由于交通不发达，应急救援措施不到位，应急救援满意度较低。

表 74　31 个省份应急救援满意度指标数据及排名

排名	省份	数据	排名	省份	数据
1	天津	4. 41	9	辽宁	4. 33
2	山东	4. 40	10	安徽	4. 32
3	云南	4. 39	11	浙江	4. 32
4	新疆	4. 37	12	贵州	4. 30
5	北京	4. 37	13	黑龙江	4. 30
6	上海	4. 35	14	宁夏	4. 29
7	吉林	4. 34	15	江苏	4. 23
8	重庆	4. 33	16	内蒙古	4. 23

续表

排名	省份	数据	排名	省份	数据
17	湖南	4. 21	25	山西	4. 11
18	西藏	4. 19	26	河北	4. 09
19	甘肃	4. 19	27	江西	4. 08
20	青海	4. 15	28	陕西	4. 00
21	海南	4. 15	29	四川	3. 92
22	广东	4. 14	30	福建	3. 90
23	河南	4. 13	31	广西	3. 90
24	湖北	4. 13			

②区域比较

由四大区域应急救援满意度的数据对比分析可知，从平均值来看，东北地区最大，中部地区最小，表明东北地区在该指标方面较其他地区表现良好，而中部地区表现欠佳。从标准差来看，西部地区和东部地区最大，表明西部地区和东部地区各省份之间在该指标方面的相对差距较大，而东北地区最小，表明东北地区各省份之间在该指标方面的发展相对均衡（见表 75）。东北地区地广人稀，交通应急救援措施较为完善，故交通应急救援满意度较高；而中部地区交通网络密集，面积较大，应急救援措施较为欠缺，故交通应急救援满意度较低。

表 75　应急救援满意度指标区域比较

指标	东部地区	中部地区	西部地区	东北地区
最大值	4. 41	4. 32	4. 39	4. 34
最小值	3. 90	4. 08	3. 90	4. 30
中位数	4. 27	4. 13	4. 21	4. 33
平均值	4. 24	4. 17	4. 19	4. 32
标准差	0. 17	0. 09	0. 17	0. 02

（5）交通安全法规满意度

①省份排名

由 31 个省份交通安全法规满意度的数据及排名可知，有 18 个（58. 1%）

省份该指标的数据高于平均值，13 个（41.9%）省份的数据低于平均值。2020 年，山东和江西的交通安全法规满意度分别居全国第 1 位和最后 1 位（见表 76）。2020 年，山东举行“全国交通安全日”主题宣传活动，增强人们对交通安全法规的认识，因此山东的交通安全法规满意度较高，而江西的交通安全法规满意度较低。

表 76 31 个省份交通安全法规满意度指标数据及排名

排名	省份	数据	排名	省份	数据
1	山东	4.34	17	山西	4.23
2	北京	4.34	18	浙江	4.20
3	上海	4.33	19	海南	4.18
4	内蒙古	4.33	20	河南	4.18
5	天津	4.33	21	湖南	4.14
6	黑龙江	4.33	22	河北	4.13
7	云南	4.32	23	湖北	4.13
8	吉林	4.31	24	青海	4.13
9	贵州	4.29	25	西藏	4.10
10	重庆	4.29	26	福建	4.04
11	广东	4.27	27	甘肃	4.00
12	宁夏	4.27	28	四川	3.92
13	新疆	4.26	29	广西	3.91
14	江苏	4.25	30	陕西	3.91
15	安徽	4.25	31	江西	3.90
16	辽宁	4.24			

②区域比较

由四大区域交通安全法规满意度的数据对比分析可知，从平均值来看，东北地区最大，中部地区最小，表明东北地区在该指标方面较其他地区表现良好，而中部地区表现欠佳。从标准差来看，西部地区最大，表明西部地区各省份之间在该指标方面的相对差距较大，而东北地区最小，表明东北地区各省份之间在该指标方面的发展相对均衡（见表 77）。东北地区地广人稀，交通安全法规较为完善，故交通安全法规满意度较高；而中部地区交通网络密集，交通安全法规较为欠缺，故交通安全法规满意度较低。

表 77　交通安全法规满意度指标区域比较

指标	东部地区	中部地区	西部地区	东北地区
最大值	4. 34	4. 25	4. 33	4. 33
最小值	4. 04	3. 90	3. 91	4. 24
中位数	4. 26	4. 16	4. 19	4. 31
平均值	4. 243	4. 140	4. 143	4. 294
标准差	0. 10	0. 13	0. 17	0. 04

（六）绿色发展指数统计分析

1. 描述性统计

选取绿色发展指数分指标的五个统计量来描述其量化情况（见表 78）。从标准差来看，新能源汽车政策数量的标准差最大，说明各省份之间该指标发展不平衡；交通噪声处理满意度的标准差最小，说明各省份之间该指标发展较为均衡。从平均值来看，新能源汽车政策数量的平均值最大，公共充电桩数的平均值最小，说明在绿色发展指数中新能源汽车政策数量贡献份额较大，而公共充电桩数贡献份额较小。

表 78　绿色发展指数各指标描述性统计

指标	最大值	最小值	中位数	平均值	标准差
新能源汽车政策数量(个)	100. 00	0. 00	20. 00	25. 45	23. 76
绿色交通专利数(个/百万人)	67. 00	0. 00	8. 00	11. 32	13. 98
快递包装绿色化政策数(个)	13. 00	0. 00	3. 00	3. 52	2. 66
公共充电桩数(个/公里^2)	13. 40	0. 00	0. 13	0. 80	2. 52
交通噪声处理满意度	4. 35	3. 51	4. 03	3. 99	0. 20

2. 省份类比分析

（1）新能源汽车政策数量

①省份排名

由 31 个省份新能源汽车政策数量的数据及排名可知，10 个（32. 3%）省份该指标的数据高于平均值，21 个（67. 7%）省份的数据低于平均值。

2020 年，江苏和西藏新能源汽车政策数量分别居全国第 1 位和最后 1 位（见表 79）。2020 年，江苏新能源汽车产销分别完成 136.6 万辆和 136.7 万辆，同比分别增长 7.5%和 10.9%，新能源汽车政策数量出台较多；而西藏由于新能源汽车产销数量较低，新能源汽车政策出台较少。

表 79　31 个省份新能源汽车政策数量指标数据及排名

单位：个

排名	省份	数据	排名	省份	数据
1	江苏	100	17	四川	20
2	广东	82	18	云南	20
3	福建	72	19	吉林	18
4	浙江	59	20	山西	16
5	山东	37	21	内蒙古	14
6	安徽	35	22	辽宁	14
7	陕西	35	23	湖南	13
8	河南	33	24	天津	8
9	江西	31	25	黑龙江	7
10	海南	27	26	北京	4
11	重庆	25	27	甘肃	4
12	上海	22	28	青海	3
13	广西	22	29	宁夏	3
14	贵州	22	30	新疆	2
15	河北	21	31	西藏	0
16	湖北	20			

②区域比较

由四大区域新能源汽车政策数量的对比分析可知，从平均值来看，东部地区最大，东北地区最小，表明东部地区在该指标方面比其他地区表现好，而东北地区表现欠佳。从标准差来看，东部地区最大，表明东部地区各省份之间在该指标方面的相对差距较大，而东北地区最小，表明东北地区各省份之间在该指标方面的发展相对均衡（见表 80）。东部地区新能源汽车普及率较高，且气候适宜，故新能源汽车政策出台较多；而东北地区是传统的能源密

集区，对新能源没有迫切的需要，且东北地区纬度较高，冬季气温低，而新能源汽车的电池、电瓶在低温下使用条件高，东北地区相对不适宜的气候条件，阻碍了新能源汽车产业的进一步发展，故东北地区新能源汽车政策数量较少。

表 80　新能源汽车政策数量指标区域比较

单位：个

指标	东部地区	中部地区	西部地区	东北地区
最大值	100	35	35	18
最小值	4	13	0	7
中位数	32	26	17	14
平均值	43. 20	24. 67	14. 17	13. 00
标准差	33. 05	9. 48	11. 46	5. 57

（2）绿色交通专利数

①省份排名

由 31 个省份绿色交通专利数的数据及排名可知，11 个（35. 5%）省份该指标的数据高于平均值，20 个（64. 5%）省份的数据低于平均值。2020 年，江苏绿色交通专利数为 67 个/百万人，居全国第 1 位，而海南、贵州、青海和西藏的绿色交通专利数为 0，居全国最后 1 位（见表 81）。江苏注重交通绿色发展，注重科技创新，故江苏的绿色交通专利数较多，而青海和西藏的交通不够发达，仍处在积极完善交通网络的阶段，故绿色交通专利数较少。

表 81　31 个省份绿色交通专利数指标数据及排名

单位：个/百万人

排名	省份	数据	排名	省份	数据
1	江苏	67	5	山东	21
2	广东	42	6	湖北	17
3	北京	27	7	四川	16
4	浙江	23	8	湖南	15

续表

排名	省份	数据	排名	省份	数据
9	上海	14	21	山西	5
10	安徽	14	22	甘肃	3
11	河南	12	23	黑龙江	3
12	陕西	10	24	内蒙古	2
13	河北	9	25	云南	1
14	福建	9	26	宁夏	1
15	辽宁	9	27	新疆	1
16	广西	8	28	海南	0
17	重庆	6	29	贵州	0
18	吉林	6	30	西藏	0
19	天津	5	31	青海	0
20	江西	5			

②区域比较

由四大区域绿色交通专利数的数据对比分析可知，从平均值来看，东部地区最大，西部地区最小，表明东部地区在该指标方面较其他地区表现良好，而西部地区表现欠佳。从标准差来看，东部地区最大，表明东部地区各省份之间在该指标方面的相对差距较大，而东北地区最小，表明东北地区各省份之间在该指标方面的发展相对均衡（见表 82）。东部地区已形成较为完善的交通网络，更加注重环境保护，故绿色交通专利数较多；而西部地区由于水资源缺乏以及交通运输网络不完善等原因，绿色交通专利数较少。

表 82　绿色交通专利数指标区域比较

单位：个/百万人

指标	东部地区	中部地区	西部地区	东北地区
最大值	67	17	16	9
最小值	0	5	0	3
中位数	18	13	2	6
平均值	21.70	11.33	4.00	6.00
标准差	20.07	5.16	5.05	3.00

（3）快递包装绿色化政策数

①省份排名

由31个省份快递包装绿色化政策数的数据及排名可知，有12个（38.7%）省份该指标的数据高于平均值，19个（61.3%）省份的数据低于平均值。2020年，云南快递包装绿色化政策为13个，居全国第1位，而山西、贵州、西藏、新疆的快递包装绿色化政策数为0，居全国最后1位（见表83）。2020年，云南落实《关于加强快递绿色包装标准化工作的指导意见》，快递包装绿色化水平进一步提高；而西藏、新疆等由于人口数量少，快递需求量较小，并未开始实施快递包装绿色化政策。

表83　31个省份快递包装绿色化政策数指标数据及排名

单位：个

排名	省份	数据	排名	省份	数据
1	云南	13	17	湖南	3
2	福建	7	18	广西	3
3	江西	7	19	重庆	3
4	江苏	6	20	四川	3
5	内蒙古	6	21	山东	2
6	黑龙江	6	22	海南	2
7	北京	5	23	陕西	2
8	上海	5	24	甘肃	2
9	安徽	5	25	宁夏	2
10	湖北	4	26	吉林	2
11	青海	4	27	天津	1
12	辽宁	4	28	山西	0
13	河北	3	29	贵州	0
14	浙江	3	30	西藏	0
15	广东	3	31	新疆	0
16	河南	3			

②区域比较

由四大区域快递包装绿色化政策数的对比分析可知，从平均值来看，东北地区最大，西部地区最小，表明东北地区在该指标方面比其他地区表现好，而西部地区表现欠佳。从标准差来看，西部地区最大，表明西部地区各省份之间在该指标方面的相对差距较大，而东部地区最小，表明东部地区各省份之间在该指标方面的发展相对均衡（见表 84）。东北地区省份积极落实《关于加快推进快递包装绿色转型的意见》，快递包装绿色化水平不断提升；而西部地区快递包装工业产值较少，快递包装绿色化政策也较少。

表 84　快递包装绿色化政策数指标区域比较

单位：个

指标	东部地区	中部地区	西部地区	东北地区
最大值	7	7	13	6
最小值	1	0	0	2
中位数	3	4	3	4
平均值	3. 70	3. 67	3. 17	4. 00
标准差	1. 95	2. 34	3. 56	2. 00

（4）公共充电桩数

①省份排名

由 31 个省份公共充电桩数的数据及排名可知，3 个（10%）省份该指标的数据高于平均值，28 个（90%）省份该指标的数据低于平均值。2020 年，上海公共充电桩数为 13. 40 个/公里^2，居全国第 1 位，而内蒙古、青海、西藏、新疆的公共充电桩数为 0，居全国最后 1 位（见表 85）。2020 年，上海新能源汽车保有量不断增加，故公共充电桩数大幅提升；而内蒙古、西藏等省份由于新能源汽车保有量较低，故仍未大范围安装公共充电桩。

表 85　31 个省份公共充电桩数指标数据及排名

单位：个/公里^2

排名	省份	数据	排名	省份	数据
1	上海	13.40	17	湖南	0.10
2	北京	4.99	18	江西	0.07
3	天津	2.20	19	辽宁	0.06
4	江苏	0.71	20	四川	0.05
5	浙江	0.63	21	贵州	0.04
6	山东	0.32	22	广西	0.04
7	安徽	0.29	23	宁夏	0.02
8	广东	0.26	24	云南	0.02
9	海南	0.26	25	吉林	0.02
10	福建	0.23	26	甘肃	0.01
11	重庆	0.22	27	黑龙江	0.01
12	湖北	0.21	28	内蒙古	0
13	河南	0.19	29	青海	0
14	河北	0.16	30	新疆	0
15	陕西	0.13	31	西藏	0
16	山西	0.13			

②区域比较

由四大区域公共充电桩数的对比分析可知，从平均值来看，东部地区最大，东北地区最小，表明东部地区在该指标方面比其他地区表现好，而东北地区表现欠佳。从标准差来看，东部地区最大，表明东部地区各省份之间在该指标方面的相对差距较大，而东北地区最小，表明东北地区各省份之间在该指标方面的发展相对均衡（见表 86）。公共充电桩数排名前 10 的省份中，东部地区有 9 个，东部地区公共充电桩数较多；东北地区由于新能源汽车保有量较低，公共充电桩数较少。

表 86　公共充电桩数指标区域比较

单位：个/公里^2

指标	东部地区	中部地区	西部地区	东北地区
最大值	13	0	0	0
最小值	0	0	0	0
中位数	0	0	0	0
平均值	2.32	0.16	0.04	0.03
标准差	4.18	0.08	0.07	0.02

（5）交通噪声处理满意度

①省份排名

由 31 个省份交通噪声处理满意度的数据及排名可知，19 个（61.3%）省份该指标的数据高于平均值，12 个（38.7%）省份的数据低于平均值。2020 年，天津交通噪声处理满意度为 4.35，居全国第 1 位，而广西交通噪声处理满意度为 3.51，居全国最后 1 位（见表 87）。天津强化部门联动，构建投诉信息共享机制，听取公众意见，积极处理交通噪声有关问题，提高了交通噪声处理满意度；广西由于交通网较为分散，故交通噪声处理较为困难，交通噪声处理满意度较低。

表 87　31 个省份交通噪声处理满意度指标数据及排名

排名	省份	数据	排名	省份	数据
1	天津	4.35	17	山西	4.02
2	北京	4.27	18	广东	3.99
3	贵州	4.22	19	湖南	3.99
4	上海	4.17	20	重庆	3.93
5	浙江	4.16	21	西藏	3.92
6	内蒙古	4.15	22	宁夏	3.92
7	山东	4.15	23	河北	3.90
8	吉林	4.13	24	陕西	3.77
9	安徽	4.11	25	四川	3.77
10	江苏	4.10	26	河南	3.76
11	云南	4.09	27	福建	3.73
12	黑龙江	4.09	28	江西	3.73
13	辽宁	4.08	29	湖北	3.72
14	新疆	4.07	30	甘肃	3.67
15	青海	4.06	31	广西	3.51
16	海南	4.03			

②区域比较

由四大区域交通噪声处理满意度的数据对比分析可知，从平均值来看，东北地区最大，中部地区最小，表明东北地区比其他地区表现好，而中部地

区表现欠佳。从标准差来看，西部地区最大，表明西部地区各省份之间的相对差距较大，而东北地区最小，表明东北地区各省份之间的发展相对均衡（见表 88）。东北地区做好噪声监测工作，加强道路交通噪声污染的防治与监测，交通噪声处理满意度较高；而中部地区交通网络较为复杂，交通噪声处理困难，故交通噪声处理满意度较低。

表 88　交通噪声处理满意度指标区域比较

指标	东部地区	中部地区	西部地区	东北地区
最大值	4. 35	4. 11	4. 22	4. 13
最小值	3. 73	3. 72	3. 51	4. 08
中位数	4. 13	3. 87	3. 92	4. 09
平均值	4. 09	3. 89	3. 92	4. 10
标准差	0. 18	0. 17	0. 21	0. 03

（七）开放合作指数统计分析

1. 描述性统计

选取开放合作指数分指标的五个统计量来描述其量化情况（见表 89）。从标准差来看，中国 500 强企业中交通运输企业的个数标准差最大，说明各省份之间该指标发展不平衡；是否为中欧班列运输协调委员会成员标准差最小，说明各省份之间该指标发展较为均衡。从平均值来看，国际机场数量的平均值最大，是否为中欧班列运输协调委员会成员的平均值最小，说明在开放合作指数中国际机场数量贡献份额较大，而是否为中欧班列运输协调委员会成员贡献份额较小。

表 89　开放合作指数各指标描述性统计

指标	最大值	最小值	中位数	平均值	标准差
是否为“一带一路”敲定省份	1	0	1	0. 58	0. 50
中国 500 强企业中交通运输企业的个数(个)	13	0	1	1. 68	2. 93
是否为中欧班列运输协调委员会成员	1	0	0	0. 23	0. 43
国际机场数量(个)	9	1	2	2. 61	1. 80

2. 省份类比分析

（1）是否为“一带一路”敲定省份

①省份排名

由31个省份是否为“一带一路”敲定省份的数据及排名可知，18个（58.1%）省份该指标的数据高于平均值，13个（41.9%）省份的数据低于平均值（见表90）。

表90 31个省份是否为“一带一路”敲定省份指标数据及排名

排名	省份	数据	排名	省份	数据
1	上海	1	17	吉林	1
2	浙江	1	18	黑龙江	1
3	福建	1	19	北京	0
4	广东	1	20	天津	0
5	海南	1	21	河北	0
6	内蒙古	1	22	江苏	0
7	广西	1	23	山东	0
8	重庆	1	24	安徽	0
9	云南	1	25	江西	0
10	西藏	1	26	河南	0
11	陕西	1	27	湖北	0
12	甘肃	1	28	湖南	0
13	青海	1	29	山西	0
14	宁夏	1	30	四川	0
15	新疆	1	31	贵州	0
16	辽宁	1			

②区域比较

由四大区域是否为“一带一路”敲定省份的数据对比分析可知，从平均值来看，东北地区最大，中部地区最小，表明东北地区在该指标方面较其他地区表现良好，而中部地区表现欠佳。从标准差来看，东部地区最大，表明东部地区各省份之间在该指标方面的相对差距较大，中部地区、东北地区的标准差为0（见表91）。

表 91　是否为“一带一路”敲定省份指标区域比较

指标	东部地区	中部地区	西部地区	东北地区
最大值	1	0	1	1
最小值	0	0	0	1
中位数	0. 5	0. 0	1. 0	1. 0
平均值	0. 50	0. 00	0. 83	1. 00
标准差	0. 53	0. 00	0. 39	0. 00

（2）中国 500 强企业中交通运输企业的个数

①省份排名

由 31 个省份中国 500 强企业中交通运输企业的个数及排名可知，8 个（25. 8%）省份该指标的数据高于平均值，23 个（74. 2%）省份该指标的数据低于平均值（见表 92）。2020 年，北京的中国 500 强企业中交通运输企业的个数为 13 个，居全国第 1 位，而全国有 15 个省份的中国 500 强企业中没有交通运输企业。北京作为全国首都，各类企业发展较快，交通运输企业占比较大。

表 92　31 个省份中国 500 强企业中交通运输企业的个数指标数据及排名

单位：个

排名	省份	数据	排名	省份	数据
1	北京	13	12	河南	1
2	上海	7	13	山西	1
3	浙江	7	14	四川	1
4	广东	6	15	新疆	1
5	福建	4	16	吉林	1
6	山东	3	17	天津	0
7	湖北	2	18	河北	0
8	重庆	2	19	江苏	0
9	海南	1	20	湖南	0
10	安徽	1	21	内蒙古	0
11	江西	1	22	广西	0

续表

排名	省份	数据	排名	省份	数据
23	贵州	0	28	青海	0
24	云南	0	29	宁夏	0
25	西藏	0	30	辽宁	0
26	陕西	0	31	黑龙江	0
27	甘肃	0			

②区域比较

由四大区域中国500强企业中交通运输企业的个数对比分析可知，从平均值来看，东部地区最大，东北地区和西部地区最小，表明东部地区在该指标方面比其他地区表现好，而东北地区和西部地区表现欠佳。从标准差来看，东部地区最大，表明东部地区各省份之间在该指标方面的相对差距较大，而东北地区最小，表明东北地区各省份之间在该指标方面的发展相对均衡（见表93）。东部地区人均GDP较高，综合实力与竞争力处于全国领先水平，交通网络发达，故中国500强企业中交通运输企业的个数较多；而东北地区和西部地区交通发展水平较低，故中国500强企业中交通运输企业的个数较少。

表93　中国500强企业中交通运输企业的个数指标区域比较

单位：个

指标	东部地区	中部地区	西部地区	东北地区
最大值	13	2	2	1
最小值	0	0	0	0
中位数	3.5	1.0	0.0	0.0
平均值	4.10	1.00	0.33	0.33
标准差	4.23	0.63	0.65	0.58

（3）是否为中欧班列运输协调委员会成员

①省份排名

由 31 个省份是否为中欧班列运输协调委员会成员的数据及排名可知，7 个（22.6%）省份是中欧班列运输协调委员会成员，24 个（77.4%）省份不是中欧班列运输协调委员会成员（见表 94）。

表 94　31 个省份是否为中欧班列运输协调委员会成员指标数据及排名

排名	省份	数据	排名	省份	数据
1	江苏	1	17	江西	0
2	浙江	1	18	湖南	0
3	河南	1	19	山西	0
4	湖北	1	20	内蒙古	0
5	重庆	1	21	广西	0
6	四川	1	22	贵州	0
7	陕西	1	23	云南	0
8	北京	0	24	西藏	0
9	天津	0	25	甘肃	0
10	河北	0	26	青海	0
11	上海	0	27	宁夏	0
12	福建	0	28	新疆	0
13	山东	0	29	辽宁	0
14	广东	0	30	吉林	0
15	海南	0	31	黑龙江	0
16	安徽	0			

②区域比较

由四大区域是否为中欧班列运输协调委员会成员的数据对比分析发现，从平均值来看，中部地区最大，东北地区最小，表明中部地区在该指标方面较其他地区表现良好，而东北地区表现欠佳。从标准差来看，中部地区最大，表明中部地区各省份之间在该指标方面的相对差距较大，东北地区没有中欧班列运输协调委员会成员（见表 95）。

表 95　是否为中欧班列运输协调委员会成员指标区域比较

指标	东部地区	中部地区	西部地区	东北地区
最大值	1	1	1	0
最小值	0	0	0	0
中位数	0	0	0	0
平均值	0.20	0.33	0.25	0.00
标准差	0.42	0.52	0.45	0.00

（4）国际机场数量

①省份排名

由 31 个省份国际机场数量及排名可知，11 个（35.5%）省份国际机场数量高于平均值，20 个（64.5%）省份国际机场数量低于平均值（见表 96）。2020 年，江苏国际机场数量为 9 个，居全国第 1 位，而全国有 9 个省份的国际机场数量为 1 个。江苏经济发达、地势平坦，处于东部沿海地区，对外贸易发达，故国际机场数量最多；其他省份由于经济发展原因或地形原因，国际机场数量较少。

表 96　31 个省份国际机场数量指标数据及排名

单位：个

排名	省份	数据	排名	省份	数据
1	江苏	9	13	上海	2
2	浙江	5	14	海南	2
3	山东	5	15	安徽	2
4	广东	5	16	河南	2
5	内蒙古	5	17	湖北	2
6	福建	4	18	湖南	2
7	云南	4	19	贵州	2
8	黑龙江	4	20	甘肃	2
9	山西	3	21	辽宁	2
10	广西	3	22	吉林	2
11	新疆	3	23	天津	1
12	北京	2	24	河北	1

续表

排名	省份	数据	排名	省份	数据
25	江西	1	29	陕西	1
26	重庆	1	30	青海	1
27	四川	1	31	宁夏	1
28	西藏	1			

②区域比较

由四大区域国际机场数量的对比分析可知，从平均值来看，东部地区最大，中部地区最小，表明东部地区在该指标方面比其他地区表现好，而中部地区表现最差。东部地区标准差最大，中部地区最小，表明东部地区各省份之间在该指标方面的相对差距较大，而中部地区各省份之间在该指标方面的发展相对均衡（见表 97）。东部地区经济发达，地势平坦，人口稠密，航空运输需求大，故国际机场数量较多；而中部地区省份多为铁路枢纽，由于地理位置原因，在中部地区乘坐高铁去发达的北上广地区所需时间不会太长，且旅客出行较多选择乘坐高铁，故中部地区国际机场数量较少。

表 97　国际机场数量指标区域比较

单位：个

指标	东部地区	中部地区	西部地区	东北地区
最大值	9	3	5	4
最小值	1	1	1	2
中位数	3	2	2	2
平均值	3. 60	2. 00	2. 08	2. 67
标准差	2. 50	0. 63	1. 38	1. 15

（八）人才队伍指数统计分析

1. 描述性统计

选取人才队伍指数分指标的五个统计量来描述其量化情况（见表 98）。从标准差来看，交通运输青年科技英才人数标准差最大，说明各省份之间该指标发展不平衡；交通业就业人员比例标准差最小，说明各省份之间该指标发展较为均衡。从平均值来看，交通运输科技机构数量的平均值最大，交通业就业人员比例的平均值最小，说明在人才队伍指数中交通运输科技机构数量贡献份额较大，而交通业就业人员比例贡献份额较小。

表 98 人才队伍指数各指标描述性统计

指标	最大值	最小值	中位数	平均值	标准差
交通运输科技机构数量(个)	27	0	4	5.39	5.44
交通运输青年科技英才人数(人)	40	0	3	4.58	7.02
交通业就业人员比例(%)	4	1	1	1.52	0.82

2. 省份类比分析

（1）交通运输科技机构数量

①省份排名

由31个省份交通运输科技机构数量及排名可知，9个（29%）省份交通运输科技机构数量高于平均值，22个（71%）省份交通运输科技机构数量低于平均值（见表99）。2020年，北京交通运输科技机构数量为27个，居全国第1位，而海南交通运输科技机构数量为0，居全国最后1位。北京作为全国政治经济中心，高度重视交通发展，交通运输科技机构数量较多。

表 99 31个省份交通运输科技机构数量指标数据及排名

单位：个

排名	省份	数据	排名	省份	数据
1	北京	27	10	重庆	5
2	江苏	14	11	浙江	4
3	湖北	14	12	山东	4
4	广东	11	13	安徽	4
5	上海	10	14	江西	4
6	广西	10	15	湖南	4
7	天津	7	16	内蒙古	4
8	云南	7	17	四川	4
9	陕西	6	18	贵州	4

续表

排名	省份	数据	排名	省份	数据
19	新疆	4	26	河北	1
20	福建	3	27	西藏	1
21	河南	3	28	甘肃	1
22	辽宁	3	29	青海	1
23	山西	2	30	宁夏	1
24	吉林	2	31	海南	0
25	黑龙江	2			

②区域比较

由四大区域交通运输科技机构数量的对比分析可知，从平均值来看，东部地区最大，东北地区最小，表明东部地区在该指标方面比其他地区表现好，而东北地区表现最差。从标准差来看，东部地区最大，表明东部地区各省份之间在该指标方面的相对差距较大，而东北地区最小，表明东北地区各省份之间在该指标方面的发展相对均衡（见表 100）。东部地区人口稠密，交通运输需求较大，且科技创新投入较多，故交通运输科技机构数量较多；东北地区科技创新投入不多，交通运输科技机构数量较少。

表 100　交通运输科技机构数量指标区域比较

单位：个

指标	东部地区	中部地区	西部地区	东北地区
最大值	27	14	10	3
最小值	0	2	1	2
中位数	6	4	4	2
平均值	8. 10	5. 17	4. 00	2. 33
标准差	8. 03	4. 40	2. 80	0. 58

（2）交通运输青年科技英才人数

①省份排名

由 31 个省份交通运输青年科技英才人数及排名可知，10 个（32. 3%）

省份交通运输青年科技英才人数高于平均值，21 个（67.7%）省份交通运输青年科技英才人数低于平均值（见表 101）。2020 年，北京交通运输青年科技英才人数为 40 人，居全国第 1 位，而海南、内蒙古和西藏交通运输青年科技英才人数为 0，居全国最后 1 位。北京高度重视人才引进，颁布一系列人才引进与补助政策，交通运输青年科技英才人数较多；而海南、内蒙古、西藏由于交通创新投入不足，人才引进政策较少，交通运输青年科技英才人数较少。

表 101　31 个省份交通运输青年科技英才人数指标数据及排名

单位：人

排名	省份	数据	排名	省份	数据
1	北京	40	17	甘肃	3
2	江苏	10	18	浙江	2
3	上海	9	19	安徽	2
4	湖北	6	20	广西	2
5	湖南	6	21	贵州	2
6	重庆	6	22	云南	2
7	陕西	6	23	新疆	2
8	河北	5	24	吉林	2
9	广东	5	25	河南	1
10	辽宁	5	26	山西	1
11	天津	4	27	青海	1
12	山东	4	28	宁夏	1
13	江西	4	29	海南	0
14	四川	4	30	内蒙古	0
15	黑龙江	4	31	西藏	0
16	福建	3			

②区域比较

由四大区域交通运输青年科技英才人数的对比分析可知，从平均值来看，东部地区最大，西部地区最小，表明东部地区在该指标方面比其他地区表现好，而西部地区表现最差。从标准差来看，东部地区最大，表明东部地

区各省份之间在该指标方面的相对差距较大，而东北地区最小，表明东北地区各省份之间在该指标方面的发展相对均衡（见表102）。东部地区人口稠密，交通运输需求较大，且人才引进与补助政策较为完善，故交通运输青年科技英才人数较多；东北地区科技创新投入不高，人才引进力度不够，故交通运输青年科技英才人数较少。

表 102　交通运输青年科技英才人数指标区域比较

单位：人

指标	东部地区	中部地区	西部地区	东北地区
最大值	40	6	6	5
最小值	0	1	0	2
中位数	5	3	2	4
平均值	8.20	3.33	2.42	3.67
标准差	11.56	2.34	2.02	1.53

（3）交通业就业人员比例

①省份排名

由31个省份交通业就业人员比例及排名可知，13个（41.9%）省份交通业就业人员比例高于平均值，18个（58.1%）省份交通业就业人员比例低于平均值。2020年，北京和上海交通业就业人员比例为4%，并列全国第1位（见表103），而全国有18个省份交通业就业人员比例为1%。北京和上海是各大高校毕业生的就业首选地区，故交通业就业人员比例较高。

表 103　31个省份交通业就业人员比例指标数据及排名

单位：%

排名	省份	数据	排名	省份	数据
1	北京	4	6	辽宁	2
2	上海	4	7	江苏	2
3	吉林	2	8	青海	2
4	西藏	2	9	重庆	2
5	陕西	2	10	湖北	2

续表

排名	省份	数据	排名	省份	数据
11	内蒙古	2	22	河北	1
12	黑龙江	2	23	宁夏	1
13	山西	2	24	江西	1
14	广东	1	25	安徽	1
15	浙江	1	26	贵州	1
16	天津	1	27	甘肃	1
17	福建	1	28	河南	1
18	海南	1	29	湖南	1
19	山东	1	30	四川	1
20	新疆	1	31	云南	1
21	广西	1			

②区域比较

由四大区域交通业就业人员比例对比分析可知，从平均值来看，东北地区最大，中部地区最小，表明东北地区在该指标方面比其他地区表现好，而中部地区表现最差。从标准差来看，东部地区最大，表明东部地区各省份之间在该指标方面的相对差距较大，其他地区各省份之间在该指标方面的发展相对均衡（见表104）。东北地区是我国的重工业基地，交通运输需求较大，故交通业就业人员比例较高；中部地区就业人员主要分布在中小型民营企业，比如食品加工业、机械制造业等，交通业就业人员比例较低。

表104　交通业就业人员比例指标区域比较

单位：%

指标	东部地区	中部地区	西部地区	东北地区
最大值	4	2	2	2
最小值	1	1	1	2
中位数	1	1	1	2
平均值	1.93	1.10	1.29	1.95
标准差	1.15	0.38	0.53	0.41

（九）治理水平指数统计分析

1. 描述性统计

选取治理水平指数分指标的五个统计量来描述其量化情况（见表 105）。从标准差来看，行业改革标准差最大，说明各省份之间该指标发展不平衡；公众决策、公众监督机制和交通文明环境的标准差最小，说明各省份这 3 个指标之间发展较为均衡。从平均值来看，行业改革的平均值最大，交通文化宣传最小，说明在治理水平指数中行政改革政策数量贡献份额较大，而交通文化宣传贡献份额较小。

表 105　治理水平指数各指标描述性统计

指标	最大值	最小值	中位数	平均值	标准差
行业改革（个）	165	8	36	43. 84	35. 12
营商环境（个）	21	0	4	5. 61	5. 59
公众决策机制	4	4	4	4. 21	0. 17
公众监督机制	4. 35	3. 71	4. 04	4. 04	0. 17
交通文化宣传	4. 19	3. 45	3. 91	3. 89	0. 21
文明交通环境	4. 28	3. 60	3. 87	3. 89	0. 17

2. 省份类比分析

（1）行业改革

①省份排名

由 31 个省份行业改革的数据及排名可知，10 个（32. 3%）省份行业改革的数据高于平均值，21 个（67. 7%）省份行业改革的数据低于平均值（见表 106）。2020 年，福建行业改革数据为 165 个，居全国第 1 位，而云南、新疆行业改革数据为 8 个，并列最后 1 位。2020 年，福建政府出台应对新冠肺炎疫情、支持交通运输现代服务业发展的 11 条措施，全年完成投资 320 亿元，同比增长 72%，生成 169 个项目，行业改革力度较大；而云南和新疆的交通发展水平不高，故行业改革力度较小。

表 106　31 个省份行业改革指标数据及排名

单位：个

排名	省份	数据	排名	省份	数据
1	福建	165	17	陕西	34
2	北京	144	18	广东	33
3	天津	90	19	浙江	32
4	安徽	68	20	山西	32
5	江苏	64	21	四川	31
6	吉林	60	22	重庆	25
7	河北	57	23	内蒙古	23
8	江西	53	24	甘肃	23
9	湖南	47	25	青海	18
10	河南	45	26	辽宁	17
11	宁夏	43	27	海南	16
12	贵州	42	28	上海	15
13	湖北	41	29	新疆	11
14	山东	39	30	云南	8
15	黑龙江	39	31	西藏	8
16	广西	36			

②区域比较

由四大区域行业改革数据的对比分析可知，从平均值来看，东部地区最大，西部地区最小，表明东部地区在该指标方面比其他地区表现好，而西部地区表现最差。从标准差来看，东部地区最大，表明东部地区各省份之间在该指标方面的相对差距较大，而中部地区最小，表明中部地区各省份之间在该指标方面的发展相对均衡（见表 107）。2020 年，东部地区综合行政执法改革加快推进，改革配套措施逐步到位，同时加强监督检查，不断规范执法行为，故交通行业行政改革政策数量较多，行业改革力度较大。

表 107　行政改革政策数量指标区域比较

单位：个

指标	东部地区	中部地区	西部地区	东北地区
最大值	165	68	43	60
最小值	15	32	8	17
中位数	48	46	24	39
平均值	65. 50	47. 67	25. 17	38. 67
标准差	52. 30	12. 16	12. 36	21. 50

（2）营商环境

①省份排名

由31个省份营商环境的数据及排名发现，12个（38.7%）省份该指标的数据高于平均值，19个（61.3%）省份的数据低于平均值。2020年，北京的营商环境数据为21个，居全国第1位，而河北、海南、山西、西藏、甘肃的营商环境数据为0（见表108）。2020年，北京通过深化简政放权、优化运营服务、利用互联网对营商环境进行监管等，不断深化“信用交通省”建设。

表108　31个省份营商环境指标数据及排名

单位：个

排名	省份	数据	排名	省份	数据
1	北京	21	17	山东	3
2	广东	18	18	贵州	3
3	安徽	16	19	浙江	2
4	福建	13	20	河南	2
5	江苏	12	21	湖南	2
6	广西	12	22	重庆	2
7	内蒙古	8	23	四川	2
8	吉林	8	24	青海	2
9	陕西	7	25	新疆	2
10	辽宁	7	26	云南	1
11	宁夏	6	27	河北	0
12	黑龙江	6	28	海南	0
13	天津	5	29	山西	0
14	上海	5	30	西藏	0
15	江西	5	31	甘肃	0
16	湖北	4			

②区域比较

由四大区域营商环境数据的对比分析可知，从平均值来看，东部地区最大，西部地区最小，表明东部地区在该指标方面较其他地区表现良好，而西部地区表现欠佳。从标准差来看，东部地区最大，表明东部地区各省份之间在该指标方面的相对差距较大，而东北地区最小，表明东北地区各省份之间在该指标方面的发展相对均衡（见表 109）。东部地区持续深化简政放权、放管结合，推动服务改革，营商环境改革力度较大；而西部地区相比东部地区，营商环境改革力度较小。

表 109　营商环境指标区域比较

单位：个

指标	东部地区	中部地区	西部地区	东北地区
最大值	21	16	12	8
最小值	0	0	0	6
中位数	5	3	2	7
平均值	7. 90	4. 83	3. 75	7. 00
标准差	7. 58	5. 74	3. 70	1. 00

（3）公众决策机制

①省份排名

由 31 个省份公众决策机制的数据及排名可知，有 17 个（54. 8%）省份该指标的数据大于或等于平均值，14 个（45. 2%）省份的数据低于平均值。2020 年，贵州和新疆的公众决策机制指标数据为 4. 46，居全国第 1 位，而广西的公众决策机制指标数据为 3. 86，居全国最后 1 位（见表 110）。贵州为健全科学、民主、依法决策机制，规范重大行政决策程序，提高决策质量和效率，明确决策责任，实施《贵州省重大行政决策程序实施办法》，完善公众决策机制；而广西公众决策机制完善程度较低。

表 110　31 个省份公众决策机制指标数据及排名

排名	省份	数据	排名	省份	数据
1	贵州	4. 46	7	山东	4. 36
2	新疆	4. 46	8	上海	4. 33
3	天津	4. 43	9	湖南	4. 32
4	吉林	4. 42	10	内蒙古	4. 32
5	重庆	4. 39	11	北京	4. 31
6	安徽	4. 38	12	黑龙江	4. 31

续表

排名	省份	数据	排名	省份	数据
13	山西	4.28	23	江西	4.10
14	辽宁	4.28	24	河南	4.09
15	宁夏	4.24	25	海南	4.08
16	云南	4.24	26	河北	4.06
17	西藏	4.22	27	福建	4.04
18	江苏	4.21	28	青海	4.02
19	广东	4.20	29	陕西	3.92
20	湖北	4.16	30	四川	3.88
21	浙江	4.15	31	广西	3.86
22	甘肃	4.11			

②区域比较

由四大区域公众决策机制数据对比分析可知，从平均值来看，东北地区最大，西部地区最小，表明东北地区在该指标方面比其他地区表现好，而西部地区表现最差。从标准差来看，西部地区最大，表明西部地区各省份之间在该指标方面的相对差距较大，而东北地区最小，表明东北地区各省份之间在该指标方面的发展相对均衡（见表111）。东北地区不断改革完善政府内部的决策机制，同时完善公众决策机制，提高决策的科学性，降低风险性，克服随意性，保持连贯性；而西部地区由于人口分散，公众决策机制不完善。

表111　公众决策机制指标区域比较

指标	东部地区	中部地区	西部地区	东北地区
最大值	4.43	4.38	4.46	4.42
最小值	4.04	4.09	3.86	4.28
中位数	4.20	4.22	4.23	4.31
平均值	4.22	4.22	4.18	4.33
标准差	0.14	0.12	0.22	0.08

（4）公众监督机制

①省份排名

由31个省份公众监督机制的数据及排名发现，16个（51.6%）省份该指标的数据大于或等于平均值，15 个（48.4%）省份的数据低于平均值。2020 年，北京的公众监督机制指标数据为 4.35，居全国第 1 位，而广西的公众监督机制指标数据为 3.71，居全国最后 1 位（见表 112）。北京建立了信用监管制度，创新信用监管体系，交通领域已建立信用评价和分级分类的监管制度，形成了北京监管模式，不断促进信用服务业的发展；而广西由于监督主体不到位、多重监督、监督人员素质不高以及公众监督意识淡薄等原因，公众监督机制指标数据较低。

表 112　31 个省份公众监督机制指标数据及排名

排名	省份	数据	排名	省份	数据
1	北京	4.35	17	宁夏	4.01
2	云南	4.29	18	海南	4.00
3	贵州	4.27	19	西藏	3.97
4	山东	4.23	20	广东	3.97
5	天津	4.21	21	江西	3.96
6	上海	4.21	22	甘肃	3.94
7	辽宁	4.18	23	湖南	3.92
8	新疆	4.17	24	福建	3.91
9	黑龙江	4.15	25	青海	3.91
10	重庆	4.14	26	四川	3.90
11	江苏	4.13	27	河南	3.88
12	吉林	4.12	28	湖北	3.78
13	安徽	4.12	29	陕西	3.75
14	浙江	4.11	30	河北	3.74
15	内蒙古	4.10	31	广西	3.71
16	山西	4.04			

②区域比较

由四大区域公众监督机制数据的对比分析可知，从平均值来看，东北地区最大，西部地区和中部地区较小，表明东北地区在该指标方面较其他地区表现良好，而西部地区和中部地区表现欠佳。从标准差来看，西部地区最大，表明西部地区各省份之间在该指标方面的相对差距较大，而东北地区最小，表明东北地区各省份之间在该指标方面的发展相对均衡（见表 113）。

东北地区不断改革完善公众监督机制，提高监督的及时性；而西部地区由于交通网络过于分散，公众监督机制不完善。

表 113　公众监督机制指标区域比较

指标	东部地区	中部地区	西部地区	东北地区
最大值	4. 35	4. 12	4. 29	4. 18
最小值	3. 74	3. 78	3. 71	4. 12
中位数	4. 12	3. 94	3. 99	4. 15
平均值	4. 09	3. 95	4. 01	4. 15
标准差	0. 18	0. 12	0. 19	0. 03

（5）交通文化宣传

①省份排名

由 31 个省份交通文化宣传的数据及排名可知，有 17 个（54. 8%）省份交通文化宣传的数据高于平均值，14 个（45. 2%）省份的数据低于平均值。2020 年，新疆交通文化宣传力度居全国第 1 位，而陕西居全国最后 1 位（见表 114）。2020 年，新疆举行“全国交通安全日 · 新疆站”活动，交通文化宣传力度较大。

表 114　31 个省份交通文化宣传指标数据及排名

排名	省份	数据	排名	省份	数据
1	新疆	4. 19	17	宁夏	3. 90
2	内蒙古	4. 19	18	山西	3. 87
3	贵州	4. 17	19	广东	3. 82
4	云南	4. 13	20	西藏	3. 82
5	山东	4. 11	21	甘肃	3. 81
6	安徽	4. 11	22	海南	3. 78
7	重庆	4. 07	23	江西	3. 69
8	天津	4. 06	24	河北	3. 69
9	吉林	4. 06	25	湖北	3. 68
10	江苏	4. 06	26	河南	3. 66
11	北京	4. 05	27	福建	3. 65
12	辽宁	4. 02	28	四川	3. 63
13	浙江	4. 00	29	青海	3. 60
14	湖南	3. 92	30	广西	3. 52
15	上海	3. 91	31	陕西	3. 45
16	黑龙江	3. 91			

②区域比较

由四大区域交通文化宣传数据的对比分析发现，从平均值来看，东北地区最大，中部地区最小，表明东北地区在该指标方面较其他地区表现良好，而中部地区表现欠佳。从标准差来看，西部地区最大，表明西部地区各省份之间在该指标方面的相对差距较大，而东北地区最小，表明东北地区各省份之间在该指标方面的发展相对均衡（见表 115）。东北地区交通文化宣传力度较大，同时大力整治不文明交通行为，引导市民文明出行、安全出行；而中部地区交通网络发达，不文明行为相对较少，交通文化宣传力度较小。

表 115　交通文化宣传指标区域比较

指标	东部地区	中部地区	西部地区	东北地区
最大值	4. 11	4. 11	4. 19	4. 06
最小值	3. 65	3. 66	3. 45	3. 91
中位数	3. 95	3. 78	3. 86	4. 02
平均值	3. 91	3. 82	3. 87	4. 00
标准差	0. 17	0. 18	0. 28	0. 08

（6）文明交通环境

①省份排名

由 31 个省份文明交通环境的数据及排名可知，有 15 个（48. 4%）省份文明交通环境的数据高于或等于平均值，16 个（51. 6%）省份文明交通环境的数据低于平均值。2020 年，云南文明交通环境指标数据为 4. 28，居全国第 1 位，而湖北文明交通环境指标数据为 3. 60，居全国最后 1 位（见表 116）。2020 年，云南举行主题为“知危险会避险、安全文明出行”的“全国交通安全日”主题宣传活动，进一步改善文明交通环境；而湖北存在乱停车、乱变道、乱调头、闯红灯、闯禁行以及违法停车、非法占道等现象，文明交通环境相对较差。

表 116　31 个省份文明交通环境指标数据及排名

排名	省份	数据	排名	省份	数据
1	云南	4.28	17	湖南	3.87
2	贵州	4.22	18	陕西	3.86
3	重庆	4.19	19	江苏	3.84
4	吉林	4.10	20	海南	3.82
5	北京	4.08	21	天津	3.80
6	浙江	4.06	22	黑龙江	3.78
7	山东	4.03	23	西藏	3.77
8	上海	4.00	24	甘肃	3.76
9	江西	3.98	25	福建	3.73
10	宁夏	3.97	26	广西	3.73
11	内蒙古	3.96	27	广东	3.73
12	安徽	3.93	28	青海	3.72
13	山西	3.93	29	辽宁	3.70
14	河北	3.91	30	四川	3.62
15	河南	3.89	31	湖北	3.60
16	新疆	3.87			

②区域比较

由四大区域文明交通环境数据的对比分析可知，从平均值来看，西部地区最大，东北地区最小，表明西部地区在该指标方面较其他地区表现良好，而东北地区表现欠佳。从标准差来看，西部地区最大，表明西部地区各省份之间在该指标方面的相对差距较大，而东部地区和中部地区最小，表明东部地区和中部地区各省份之间在该指标方面的发展相对均衡（见表 117）。西部地区人口较少，交通不文明行为较少，故文明交通环境较好；而东北地区存在超员、超载等不文明交通行为，文明交通环境相对较差。

表 117　文明交通环境指标区域比较

指标	东部地区	中部地区	西部地区	东北地区
最大值	4.08	3.98	4.28	4.10
最小值	3.73	3.60	3.62	3.70
中位数	3.87	3.91	3.87	3.78
平均值	3.90	3.87	3.91	3.86
标准差	0.14	0.14	0.22	0.21

参考文献

吴政隆：《政府工作报告——2021 年 1 月 26 日在江苏省第十三届人民代表大会第四次会议上》，《江苏省人民政府公报》2021 年第 4 期。

B.4

中国交通强国指数分类指数比较研究

刘铁鹰　曲怡惠 *

摘　要：本报告分别测算九大指数，得出省份和区域指数情况，比较2020年与2019年各指数的变化情况，并对变化较大的典型省份进行分析。研究发现，基础设施指数排名靠前的城市主要集中于上海、北京等经济较发达的东部地区，西部地区基础设施指数增幅明显；交通装备指数的特征与之类似；运输服务指数方面，包括广东、浙江在内的东部地区处于领先地位，山东、吉林、西藏等省份获得大幅度发展；科技创新指数方面，北京、江苏仍保持领先位置，东部地区省份之间发展不均衡；交通安全指数方面，东部和西部地区交通安全水平较高，这些地区的应急救援满意度和交通安全法规满意度都较高；绿色发展指数方面，以江苏、广东为首的东部省份排名领先，且指数增幅较大；开放合作指数方面，仍然是江苏、浙江等东部省份排名靠前，内蒙古、新疆等西部省份开放合作指数提升较为明显；人才队伍指数方面，北京遥遥领先，除东部地区外，各地区内部发展较为均衡，北京和江苏人才队伍指数提升明显；治理水平指数方面，东北地区发展较好，其次为东部和西部地区，以贵州、安徽为代表的西部省份治理水平正在提高。

* 刘铁鹰，博士，北京交通大学经济管理学院副教授，硕士生导师，主要研究方向为区域经济、产业经济；曲怡惠，北京交通大学经济管理学院硕士研究生，主要研究方向为技术经济。

关键词： 交通强国指数 分类指数 省际差异

一 基础设施指数

（一）2020年基础设施指数测算结果分析

基础设施指数指的是交通固定资产投资比重、铁路运营密度、高铁运营密度、高速公路网密度、内河航道运营密度、通航机场密度以及城市群交通网一体化指标的可拓学分析与模糊综合评价加权平均的结果。表 1 为 31 个省份基础设施指数及排名。

表 1 31 个省份基础设施指数及排名

排名	省份	基础设施指数	排名	省份	基础设施指数
1	上海	78.07	17	海南	34.03
2	天津	70.18	18	西藏	34.01
3	北京	67.19	19	湖南	33.92
4	江苏	50.99	20	宁夏	32.96
5	浙江	44.15	21	江西	32.68
6	山东	43.54	22	河北	31.72
7	贵州	41.06	23	新疆	31.28
8	安徽	41.04	24	湖北	31.19
9	辽宁	40.04	25	黑龙江	30.20
10	广东	39.50	26	内蒙古	30.06
11	山西	39.01	27	青海	29.96
12	河南	38.34	28	甘肃	28.95
13	重庆	37.36	29	陕西	25.22
14	福建	36.87	30	广西	24.35
15	吉林	35.65	31	四川	22.90
16	云南	34.07			

由表 1 可知，上海的基础设施指数达到 78.07，排名第一；60 分以上的另外 2 个省份为天津和北京，分别为 70.18 和 67.19；50 到 60 之间的省份

只有江苏；40 到 50 之间的省份共有 5 个；30 到 40 之间的省份数量最多，共 17 个，且省份之间差距不大；20 到 30 之间的省份共有 5 个，分别是青海、甘肃、陕西、广西、四川。

接下来对排名最高和最低的省份进行分析。上海的基础设施指数排名第一，其在对外和区域间的公路、铁路、高速铁路、内河航道和通航机场方面均具有显著优势，城市群交通网一体化程度高。上海经济实力雄厚，长期处于经济发展前列，交通基础设施发展较早，而且上海地理位置优越，水网密布，具有发展航运的天然优势。“十三五”期间，上海高等级内河航道达标里程超过 280 公里，国际航运中心建设成效显著，《2020 新华 · 波罗的海国际航运中心发展指数报告》显示，上海在全球航运中心城市综合实力排名中居第三位，国际集装箱枢纽港地位进一步巩固。上海亚太门户航空枢纽的地位基本确立，在此基础上上海不断完善具有国际竞争力的航空枢纽网络，航空运输服务水平不断提高，机场交通集疏运系统不断优化。上海积极促进长江航运高质量发展，进一步完善内河集疏运网络。2020 年，上海交通网络更加完善，路网规模持续扩大，年末铁路营业里程达到 0. 05 万公里，公路里程达到 1. 29 万公里。高快速路网、跨“一江一河”通道布局进一步完善；重点地区路网配套工程持续推进；“十三五”期间累计建成 94 条区区对接（断头）路，持续推进“四好农村路”建设；区域交通基础设施建设持续推进，长三角互联互通水平提高。①

四川的基础设施指数最低，表明其在交通基础设施建设方面存在不足之处。缺乏时速 350 公里的高铁出川大通道；存在城际断头路、瓶颈路；综合交通枢纽统筹衔接能力有待提升，公路、铁路、水路、航空运输方式融合处于起步阶段，各种运输方式间信息和资源共享不足；区域发展不平衡，城市

① 《【交通】“十三五”期间，上海城市交通、对外交通取得了这些突破!》，“上海发布”微信公众号，2021 年 2 月 19 日，https：//mp. weixin. qq. com/s？ src = 11×tamp = 1649224088&ver = 3721&signature = Mcpm9UY1Y * nilAuvR3wsPlicYu2uFMLXLg86YJJK1i4iBVb29xmUekFUTt1MJq0D9nzV2apexZ1iIGCArstXVkhnCPxStp1Fd9A2 - 84aKVFaSQJj - JsAwNlVivPlbjIL&new = 1。

群交通网一体化程度较低，城际直达性差；公路密度不平均，川西北生态示范区和攀西经济区路网密度与川南、川东北经济区路网密度存在较大差异；路网结构上，仍有人口较多的县和城市未通铁路和高速公路；干线公路短板明显，普通省道整体通行能力不高，高等级公路比例偏低，农村公路的覆盖深度和广度有待进一步提高。此外，基础设施资金投入不足也是影响交通基础设施发展的重要因素。

31 个省份基础设施指数的平均值为 38. 40，中位数为 34. 07，低于平均值。最大值和最小值分别为 78. 07 和 22. 90，标准差为 12. 51。共有 11 个省份的基础设施指数高于平均值，除 40 以上的 9 个省份外，还有广东和山西，分别为 39. 50 和 39. 01，其余 20 个省份的基础设施指数均在平均值以下。

按照区域划分，31 个省份可以分为东部地区、中部地区、西部地区和东北地区，表 2 为四大区域基础设施指数特征统计情况。

表 2　四大区域基础设施指数特征统计情况

指标	东部地区	中部地区	西部地区	东北地区
最大值	78. 07	41. 04	41. 06	40. 04
最小值	31. 72	31. 19	22. 90	30. 20
中位数	43. 84	36. 13	30. 67	35. 65
平均值	49. 62	36. 03	31. 01	35. 30
标准差	15. 61	3. 61	5. 11	4. 02

由表 2 可知，将四大区域的基础设施指数平均值从高到低排列，结果依次为东部地区（49. 62）、中部地区（36. 03）、东北地区（35. 30）和西部地区（31. 01）。区域基础设施指数平均值高于 31 个省份基础设施指数平均值（38. 40）的是东部地区，另外三个地区的基础设施指数平均值均低于此平均值。相比于其他地区，东部地区目前的经济发展状况最好，这对交通基础设施建设起着一定的积极影响，经济发达地区的交通固定资产投资比重、铁路运营密度、高铁运营密度、高速公路网密度、内河航道运营密度及通航机场密度均较高，其省份内城市与城市之间的交通网也比较通畅。

东部地区的10个省份中，4个省份的基础设施指数在区域平均值以上，占比为40%，7个省份超过全国基础设施指数平均值，占比达到70%，说明东部地区交通基础设施建设的不断完善与该地区雄厚的经济基础有关。中部地区的6个省份中，3个省份的基础设施指数在区域平均值以上，占比为50%，2个省份超过全国基础设施指数平均值，占比为33.33%，低于全国平均水平。西部地区的12个省份中，6个省份的基础设施指数在区域平均值以上，占比为50%，其中只有贵州的基础设施指数超过全国平均值，说明西部地区与其他地区相比，在交通基础设施建设方面仍存在较大差距。东北地区的3个省份中，2个省份的基础设施指数在区域平均值以上，占比达到66.67%，其中唯一超过全国基础设施指数平均值的省份是辽宁，说明东北地区的交通基础设施建设水平与全国平均水平相比存在一定差距。

（二）2020年与2019年基础设施指数比较分析

与2019年相比，2020年31个省份基础设施指数的平均值有所提高，达到38.40（2019年为35.62），增长7.81%，基础设施指数排名前三的省份仍然是上海、天津、北京。

基础设施指数增幅较大的省份为吉林、西藏、贵州、宁夏、新疆，增幅分别为50.83%、46.48%、36.06%、29.04%、25.36%。基础设施指数降幅较大的省份为广西、海南、陕西、四川、湖北，降幅分别为24.85%、17.38%、17.33%、14.79%、14.67%。

分析变化幅度较大的省份时，首先将31个省份基础设施指数所包含的各分指标进行综合比较，以分析不同省份在基础设施指数方面的优劣势（见表3）。

将基础设施指数包含的各分指标的平均值作为界限，通过计算各分指标相对于平均值的变化幅度，可以直观地反映某个省份的基础设施指数变化受哪些分指标影响更大，具体计算公式如下：

$$f_{ij} = k\frac{x_{ij} - \bar{x}_j}{\bar{x}_j}$$

其中，f_{ij}表示 i 省份的第 j 个指标相对于 31 个省份第 j 个指标平均值的变化幅度。x_{ij}代表 i 省份的第 j 个指标的具体数值，$\bar{x}_j$表示 31 个省份第 j 个指标的平均值。其中，$i=1$，2，3，…，31，$j=1$，2，3，…，7。$j=1$，2，3，4，5，6，7 分别表示交通固定资产投资比重、铁路运营密度、高铁运营密度、高速公路网密度、通航机场密度、内河航道运营密度以及城市群交通网一体化。7 个指标均与基础设施指数存在正相关关系，所以 $k=1$。

表 3 显示了 31 个省份的基础设施指数及各分指标变化幅度，反映了基础设施指数发生变化的具体原因，现以变化明显的省份为例进行分析。基础设施指数变化幅度较大的省份是吉林、西藏、贵州，普遍特征是交通固定资产投资比重和城市群交通网一体化的变化幅度较大。这些省份属于发展水平相对较低的省份，近年来在交通基础设施方面的投资增多，随着地区经济的发展，对城市群交通网一体化的要求越来越高，反映出地区发展对交通基础设施有着更高的要求。

表 3　31 个省份的基础设施指数及各分指标变化幅度

排名	省份	基础设施指数	变化幅度(%)						
			交通固定资产投资比重	铁路运营密度	高铁运营密度	高速公路网密度	通航机场密度	内河航道运营密度	城市群交通网一体化
1	上海	78.07	-0.58	1.40	1.13	2.76	8.50	7.96	0.05
2	天津	70.18	-0.82	2.22	1.70	1.84	1.85	-0.80	0.03
3	北京	67.19	-0.64	1.76	1.24	0.88	4.21	-1.00	0.05
4	江苏	50.99	-0.61	0.20	0.94	0.21	0.99	5.33	0.02
5	浙江	44.15	0.05	-0.06	0.52	0.32	0.60	1.67	0.01
6	山东	43.54	-0.39	0.44	0.30	0.24	-0.30	-0.80	0.04
7	贵州	41.06	0.29	-0.27	-0.13	0.14	-0.95	-0.41	0.04
8	安徽	41.04	-0.51	0.19	0.68	-0.08	-0.88	0.12	0.02
9	辽宁	40.04	-0.61	0.35	0.44	-0.23	-0.42	-0.92	0.02
10	广东	39.50	-0.12	-0.10	0.23	0.54	0.33	0.88	-0.01
11	山西	39.01	0.93	0.25	-0.27	-0.04	-0.84	-0.92	0.00
12	河南	38.34	-0.72	0.19	0.22	0.12	-0.59	-0.77	0.00

续表

排名	省份	基础设施指数	变化幅度(%)						
			交通固定资产投资比重	铁路运营密度	高铁运营密度	高速公路网密度	通航机场密度	内河航道运营密度	城市群交通网一体化
13	重庆	37.36	-0.30	-0.06	0.11	0.09	-0.69	0.47	0.03
14	福建	36.87	-0.49	0.00	0.60	0.30	-0.79	-0.26	-0.02
15	吉林	35.65	-0.61	-0.15	-0.60	-0.40	-0.82	-0.78	0.04
16	云南	34.07	1.53	-0.65	-0.72	-0.40	-0.89	-0.70	0.01
17	海南	34.03	0.00	-0.06	0.89	-0.07	-0.28	-0.73	-0.05
18	西藏	34.01	2.92	-0.98	-1.00	-0.99	-1.00	-1.00	0.00
19	湖南	33.92	-0.65	-0.14	-0.09	-0.14	-0.52	0.51	-0.01
20	宁夏	32.96	0.18	-0.21	-0.52	-0.17	-0.48	-0.95	0.00
21	江西	32.68	-0.34	-0.04	0.19	-0.02	-0.64	-0.06	-0.03
22	河北	31.72	-0.47	0.38	-0.09	0.09	-0.23	-1.00	-0.04
23	新疆	31.28	0.39	-0.86	-0.96	-0.91	-0.93	-1.00	0.03
24	湖北	31.19	-0.29	-0.10	-0.10	0.02	-0.72	0.27	-0.04
25	黑龙江	30.20	-0.39	-0.51	-0.76	-0.75	0.59	-0.70	0.02
26	内蒙古	30.06	-0.09	-0.64	-0.95	-0.84	-0.88	-0.94	0.03
27	青海	29.96	0.38	-0.86	-0.96	-0.85	-1.00	-0.97	0.01
28	甘肃	28.95	2.34	-0.63	-0.64	-0.63	-0.92	-0.94	-0.05
29	陕西	25.22	-0.51	-0.12	-0.49	-0.22	-0.63	-0.84	-0.06
30	广西	24.35	0.13	-0.29	-0.24	-0.25	-0.93	-0.33	-0.09
31	四川	22.90	-0.01	-0.65	-0.67	-0.56	-0.77	-0.38	-0.06

以变化幅度较大的贵州、西藏为例，“十三五”期间，贵州交通运输事业取得历史性成就，交通基础设施投融资力度加大，西南陆路交通枢纽更加巩固，农村交通出行条件发生根本变化，内河航运通航能力大幅提升。2020年，贵州全省固定资产投资较上年增长3.2%，交通运输、仓储和邮政业较上年增长3.2%，固定资产在交通运输这一重点领域的投资呈增长趋势。截至2020年末，贵州铁路营业里程为0.17万公里，增长6.25%；全省公路通车里程为20.67万公里，较上年末增长9.6%，其中，高速公路通车里程突

破7600公里，增长8.6%，保持全国前列。[①] 贵州的路网更加畅通，尤其是农村公路畅通对当地发展带来的积极作用越发明显。交通枢纽的构建使贵州在西南地区的区位优势进一步凸显，例如2019年底平塘至罗甸高速公路的开通，使贵州南部地区形成了横向连接的运输大通道。2020年末，贵州内河航道里程为3957.80公里，其中高等级航道突破1000公里，较上年末增长5.4%，千里乌江全面复航，居全国14个非水网省份第1位。水运项目建设成效显著，共建成水运项目18个，在建项目6个，北入长江、南下珠江的水运大动脉正加快形成。全省机场布局形成了多层次、立体化的"一枢十支"格局。无论是公路、水路还是航空，交通基础设施建设的不断加快，已成为贵州实现跨越发展的突破口和新机遇。

西藏在"十三五"期间持续进行交通基础设施建设，完成的交通运输固定资产投资在西藏全部固定资产投资中占1/3。2020年，西藏在统筹交通运输行业发展上持续发力，公路交通固定资产投资完成435.14亿元，全年货物运输周转量为158.18亿吨公里，较上年增长1.3%。其中，铁路运输39.80亿吨公里；公路运输116.73亿吨公里，增长2.0%；民航运输0.43亿吨公里；管道运输1.22亿吨公里，增长9.3%。年末公路总通车里程为11.88万公里，较上年增加1.49万公里，高等级公路通车里程超过688公里，乡镇和建制村通畅率分别达到94%和76%，铁路营业里程为0.08万公里。[②] 交通基础设施建设持续加快，现已基本形成以公路运输为主，航空、铁路、管道运输为辅的综合大交通运输格局。在机场建设方面，西藏稳步推进"3+1"机场建设项目，已拥有5个通航机场，形成较为完整的航线网络，不断完善区域综合交通运输体系，使西藏的航空服务范围扩大，机场作用凸显。西藏地区高速公路建设取得重大突破，公路交通建设持续推进，公路建设项目开复工862个，复工率达100%，通车里程快速增长。农村公路

① 《贵州省2020年国民经济和社会发展统计公报》，贵州省统计局网站，2021年4月2日，http://stjj.guizhou.gov.cn/tjsj_35719/tjfx_35729/202104/t20210402_67686687.html。

② 《2020年西藏国民经济和社会发展统计公报》，中国经济网，2021年4月12日，http://district.ce.cn/newarea/roll/202104/12/t20210412_36463944.shtml。

建设实现高速发展，2020 年底，已完成建制村通客车目标，全区乡镇和建制村通达率接近 100%。

二　交通装备指数

（一）2020年交通装备指数测算结果分析

交通装备指数是指载客汽车保有量、公路货运车辆保有量、机场起降架次以及交通装备专利数指标的可拓学分析与模糊综合评价加权平均的结果。表 4 为 31 个省份的交通装备指数及排名。

表 4　31 个省份交通装备指数及排名

排名	省份	交通装备指数	排名	省份	交通装备指数
1	北京	53. 43	17	广东	29. 56
2	黑龙江	49. 27	18	辽宁	29. 43
3	山东	47. 01	19	浙江	29. 12
4	天津	41. 56	20	新疆	29. 08
5	河北	41. 26	21	云南	26. 80
6	江苏	41. 05	22	青海	26. 26
7	上海	34. 58	23	西藏	25. 86
8	河南	33. 57	24	江西	24. 92
9	山西	32. 74	25	吉林	24. 74
10	陕西	32. 63	26	湖北	24. 27
11	内蒙古	32. 03	27	福建	23. 95
12	海南	31. 56	28	甘肃	22. 95
13	安徽	30. 92	29	广西	22. 88
14	宁夏	30. 85	30	湖南	21. 66
15	四川	29. 84	31	贵州	20. 87
16	重庆	29. 83			

由表 4 可知，北京的交通装备指数达到 53. 43，排名第一，其余省份的交通装备指数均在 50 以下。40 到 50 之间的省份共有 5 个，黑龙江和山东

的交通装备指数较高，分别为49.27和47.01，其余3个省份是天津、河北、江苏。30到40之间的省份有8个，20到30之间的省份最多，达到17个。

接下来对排名最高和最低的省份进行分析。北京的交通装备指数仍保持全国第一，在载客汽车保有量、机场起降架次和交通装备专利数上保持全国领先。与2019年相比，2020年末全市机动车保有量为657万辆，增加20.5万辆，民用汽车为600.3万辆，增加9.5万辆，其中，私人汽车为507.9万辆，增加10.5万辆，私人汽车中轿车为297.8万辆。[①] 北京实行交通综合治理行动计划，为交通发展营造良好环境。区域综合交通运输体系建设取得显著成效，轨道、公路、机场等设施不断建成，“十三五”期间，北京大兴国际机场、京张高铁、延崇高速公路陆续建成投用。京津冀核心区1小时交通圈、相邻城市间1.5小时交通圈基本形成，区域交通便捷可达，是北京交通装备指数提升的强大推动力。除此之外，北京的人才优势也使其交通装备水平保持高位。

贵州的交通装备指数最低，载客汽车保有量、公路货运车辆保有量和交通装备专利数在全国处于较低水平。地处云贵高原东麓的贵州，是全国唯一没有平原支撑的省份，受地理因素限制，经济基础差，交通发展落后，在公路路网、综合枢纽和水上运输三大方面存在短板，综合交通运输网络体系不完善。机场方面，受疫情影响，出行人数特别是旅游人数减少，2020年贵州民航机场旅客吞吐量为2253.2万人次，比上年下降25.7%。[②] 此外，部分机场面临产能提升困难、空域限制、机场设施容量趋于饱和等问题。对于边远地区的机场而言，面临着地理位置偏远、人口相对较少、经济基础薄弱、城镇化水平不高、自身市场容量小的问题，对旅客吞吐量造成一定影响。科技创新和人才队伍是提升交通装备水平的强大支撑，贵州科技创新底子薄、基础弱、水平低的状况尚未改善，交通人才数量不足、质量不高、结

① 《北京市2020年国民经济和社会发展统计公报》，北京市统计局网站，2021年3月12日，http：//tjj.beijing.gov.cn/zxfbu/202103/t20210311_2304370.html。

② 《贵州省2020年国民经济和社会发展统计公报》，贵州省统计局网站，2021年4月2日，http：//stjj.guizhou.gov.cn/tjsj_35719/tjfx_35729/202104/t20210402_67686687.html。

构性缺失严重，均制约贵州交通装备水平的进一步提升。

31 个省份交通装备指数的平均值为 31. 34，中位数为 29. 83，略低于平均值。最大值和最小值分别为 53. 43 和 20. 87，标准差为 8. 04。有 12 个省份的交通装备指数高于平均值，除高于 40 的 6 个省份外，还有上海、河南、山西、陕西、内蒙古和海南，依次为 34. 58、33. 57、32. 74、32. 63、32. 03 和 31. 56。其余 19 个省份的交通装备指数均在平均值以下。

按照区域划分，31 个省份可以分为东部地区、中部地区、西部地区和东北地区，表 5 为四大区域交通装备指数特征统计情况。

表 5　四大区域交通装备指数特征统计情况

指标	东部地区	中部地区	西部地区	东北地区
最大值	53. 43	33. 57	32. 63	49. 27
最小值	34. 58	21. 66	29. 08	24. 74
中位数	37. 82	27. 92	30. 35	29. 43
平均值	37. 31	28. 01	30. 71	34. 48
标准差	8. 65	4. 58	3. 68	10. 63

由表 5 可知，将四大区域的交通装备指数平均值从高到低排列，结果依次为东部地区（37. 31）、东北地区（34. 48）、西部地区（30. 71）和中部地区（28. 01）。区域交通装备指数平均值高于 31 个省份交通装备指数平均值（31. 43）的是东部地区和东北地区，另外两个地区的交通装备指数平均值均低于此平均值。东部地区和东北地区拥有较高的载客汽车保有量、公路货运车辆保有量、机场起降架次以及交通装备专利数。

东部地区的 10 个省份中，5 个省份的交通装备指数在区域平均值以上，占比达到 50%，7 个省份超过全国交通装备指数平均值，占比达到 70%，说明东部地区的交通装备建设在全国处于较高水平。中部地区的 6 个省份中，3 个省份的交通装备指数在区域平均值以上，占比达到 50%，超过全国交通装备指数平均值的有 2 个，占比为 33. 33%。西部地区 12 个省份中，交通装备指数在区域平均值以上的有 6 个，占比达到 50%，超过全国交通装备指数平均值的有 2 个，占比为 16.67%，与全国交通装备平均水平还有一定差距。东北地区 3 个省份中，只有黑龙江的交通装备指数在区域平均值以上，同时也超过了全国平均值，辽宁和吉林均未达到区域平均值和全国平均值。

（二）2020年与2019年交通装备指数比较分析

与 2019 年相比，2020 年 31 个省份交通装备指数的平均值有所提高，达到 31.43（2019 年为 31.03），增长 1.29%。基础设施指数排在前三位的省份仍然是北京、黑龙江、山东。

交通装备指数增幅较大的省份为江苏、贵州、宁夏、重庆、山东，分别增长 24.54%、20.56%、16.11%、13.45%、12.50%；交通装备指数降幅较大的省份为北京、海南、上海、陕西、新疆，分别下降 22.27%、18.10%、13.11%、10.08%、4.58%。

表 6 显示了 31 个省份的交通装备指数及各分指标变化幅度，反映了交通装备指数发生变化的具体原因，现以变化明显的省份为例进行分析。江苏、宁夏、重庆的变化幅度较大，具有载客汽车保有量、机场起降架次和交通装备专利数的变化幅度较大的普遍特征。

表 6　31 个省份的交通装备指数及各分指标变化幅度

排名	省份	交通装备指数	变化幅度(%)			
			载客汽车保有量	公路货运车辆保有量	机场起降架次	交通装备专利数
1	北京	53.43	0.34	-6.00	1.29	4.32
2	黑龙江	49.27	-0.09	-0.57	-0.47	6.49
3	山东	47.01	0.45	16.42	-0.41	0.95
4	天津	41.56	0.16	-5.45	-0.01	3.74
5	河北	41.26	0.26	15.79	-0.77	-0.81
6	江苏	41.05	0.19	9.55	-0.38	0.76
7	上海	34.58	-0.15	-1.97	1.59	-0.48
8	河南	33.57	-0.06	9.14	-0.51	-0.94
9	山西	32.74	0.14	3.22	-0.51	0.39

续表

排名	省份	交通装备指数	变化幅度(%)			
			载客汽车保有量	公路货运车辆保有量	机场起降架次	交通装备专利数
10	陕西	32.63	-0.11	-2.93	0.08	1.41
11	内蒙古	32.03	0.40	-2.02	0.41	-1.00
12	海南	31.56	-0.26	-6.74	1.94	-1.00
13	安徽	30.92	-0.17	7.31	-0.81	-0.10
14	宁夏	30.85	0.16	-4.68	1.02	-1.00
15	四川	29.84	-0.21	3.50	-0.10	-0.60
16	重庆	29.83	0.26	-1.57	0.09	-1.00
17	广东	29.56	0.01	1.98	-0.19	-0.85
18	辽宁	29.43	0.12	1.07	-0.25	-0.16
19	浙江	29.12	0.31	-1.02	-0.19	-0.50
20	新疆	29.08	-0.12	-1.08	0.39	-0.70
21	云南	26.80	-0.09	-2.14	0.12	-1.00
22	青海	26.26	0.06	-5.51	0.33	-1.00
23	西藏	25.86	-0.21	-5.99	0.61	-1.00
24	江西	24.92	-0.15	0.13	-0.67	-1.00
25	吉林	24.74	0.05	-3.31	-0.33	-0.11
26	湖北	24.27	-0.23	-0.68	-0.47	-0.21
27	福建	23.95	-0.12	-2.96	-0.20	-1.00
28	甘肃	22.95	-0.22	-2.51	-0.37	-1.00
29	广西	22.88	-0.21	-2.32	-0.42	-0.90
30	湖南	21.66	-0.23	-3.05	-0.50	-0.71
31	贵州	20.87	-0.27	-5.61	-0.31	-1.00

以变化幅度较大的江苏、宁夏为例，与2019年相比，2020年江苏交通装备指数大幅提升。“十三五”期间，江苏的水运、航空、铁路均成为全国典范，交通基础设施不断完善，推动交通装备蓬勃发展，此外，2020年江苏优秀的经济表现也影响着交通装备的发展。2020年末，江苏民用汽车保有量为2044.4万辆，增长6.5%；年末私人汽车保有量为1748万辆，增长6.2%，其中，私人轿车保有量为1187.7万辆，增长5.0%。公路营运汽车

拥有量为 78.93 万辆，民用机动运输船数为 29122 艘，民航在运输规模、保障能力、洲际客运、通航发展等方面获得显著提升。[①] 铁路建设、综合客运枢纽建设、公路网络建设以及过江通道建设加快，省内 9 个运输机场新一轮改扩建有序开展，洲际客运航线总数达 8 条，国际及地区定期通航点达 50 个，基本形成了通达全国、连接四大洲的航线网络。全省通用机场数量居全国第二位，在华东地区排名第一。2020 年 8 月以来，江苏机场国内航班量首现正增长，国内航线运营水平持续提升。同时，江苏深化交通科技研发与应用，统筹推进重点研发平台建设，高起点谋划“水下隧道智能设计建造与养护技术与装备”“自动驾驶及车路协同关键技术”两个行业研发中心，交通装备专利数在全国处于领先水平。

宁夏回族自治区的统计数据显示，2020 年末，全区民用汽车保有量为 171.50 万辆，较 2019 年增长 8.1%，私人汽车保有量为 155.60 万辆，增长 8.2%。民用轿车保有量为 81.07 万辆，私人轿车保有量为 77.52 万辆，分别增长 6.4%和 6.9%。[②] 随着国内疫情防控形势逐步向好，宁夏各机场航班量及旅客吞吐量逐步恢复，并呈现明显增长态势。宁夏积极支持新能源汽车产业高质量发展，营运载货汽车逐步向新能源和清洁能源车辆转化，同时不断进行新能源汽车推广应用工作，完善相关财政补贴政策，促进新能源汽车消费。宁夏不仅积极引进新能源汽车生产企业，同时也引进新能源汽车关键零部件及配套产业，加快建设各类充电设施，推动能源转型，满足市场需求。

宁夏积极推进交通基础设施重大项目建设，铁路新建、改造步伐加快；“三环四纵六横”的高速公路网络基本形成；银川国际航空港综合交通枢纽已建成并投入使用，同时对现有机场进行改造提升。此外，宁夏在智慧交通方面获得发展，交通运输向信息化迈进，大数据应用能力显著提高，对智能交通系统、云服务平台等进行建设完善。

---

① 《2020 年江苏省国民经济和社会发展统计公报》，江苏省统计局网站，2021 年 3 月 10 日，http://tj.jiangsu.gov.cn/art/2021/3/10/art_4031_9698925.html。

② 《宁夏回族自治区 2020 年国民经济和社会发展统计公报》，宁夏回族自治区统计局网站，2021 年 5 月 24 日，http://tj.nx.gov.cn/tjsj_htr/tjgb_htr/202105/t20210524_2852265.html。

三 运输服务指数

（一）2020年运输服务指数测算结果分析

运输服务指数指的是铁路客运周转量、航空旅客吞吐量、货物运输结构比值、公路货运周转量、航空货邮吞吐量、快递业务量、汽车自驾运动营地数量和数字化转型指标的可拓学分析与模糊综合评价加权平均的结果。表7为31个省份的运输服务指数及排名。

表7 31个省份运输服务指数及排名

排名	省份	运输服务指数	排名	省份	运输服务指数
1	广东	70.80	17	山西	32.05
2	浙江	60.29	18	湖南	31.65
3	山东	57.69	19	海南	30.84
4	江苏	45.21	20	江西	30.82
5	辽宁	42.72	21	新疆	30.70
6	安徽	41.27	22	吉林	30.47
7	河北	37.18	23	重庆	29.38
8	内蒙古	36.43	24	黑龙江	29.31
9	河南	35.42	25	福建	28.28
10	陕西	34.62	26	四川	26.62
11	天津	34.47	27	甘肃	26.07
12	上海	34.33	28	青海	25.64
13	贵州	34.12	29	宁夏	25.17
14	北京	33.57	30	西藏	23.15
15	湖北	32.79	31	广西	21.85
16	云南	32.78			

由表7可知，广东的运输服务指数达到70.80，排名第一，50及以上的省份共3个，除广东外还有浙江和山东，其余省份均在50以下；40到50之间的省份共有3个，分别是江苏、辽宁和安徽；30到40之间的省份有16

个，数量最多；20 到 30 之间的省份有 9 个。

接下来对排名最高和最低的省份进行分析。广东的运输服务指数排名最高，其铁路客运周转量、航空旅客吞吐量、航空货邮吞吐量在全国处于领先水平，快递业务量较 2019 年增长 31.4%，汽车自动驾驶发展较好，物流业智慧化水平高。2020 年，广东全力推动交通邮政运输行业复工、复产、复业，交通经济运行加速回归正常轨道，邮政业务总量、多式联运和运输代理业营收等主要指标好于预期。交通基础设施建设不断完善，统筹推进一批重点城市道路项目建设，顺利完成当年"四好农村路"建设任务，道路网实现更高水平、更高能级的互联互通、内联外通。道路综合治理加强，从道路养护、道路路政管理、交通拥堵治理方面改善道路交通出行环境。对物流园区进行整治提升，实施运输结构调整，推动道路客货运行业高质量发展，积极推动道路运输转型升级。广东紧跟国家物流高质量发展战略要求，有序开展全国性物流枢纽网络建设，加速研发应用物流新技术，物流企业向平台化、智能化转型，为公众提供更加智能便捷的运输服务。

广西的运输服务指数最低，客货运输周转量总体呈下降趋势，尤其是 2020 年上半年，广西交通运输业受疫情影响较大，公路客运和货运需求下降，民航、铁路客运量呈断崖式下降，货运恢复增长压力较大。交通基础设施不完善也是广西运输服务水平低的原因之一，广西尚未实现"市市通高铁""县县通高速"，布局合理、便捷通畅、互联互通的现代化综合交通体系仍在建设之中，铁路多式联运发展存在联运基础设施不完善、各运输方式间协同水平较低和分工不够合理的问题，市场综合竞争力有待提高。"十三五"期间，广西铁路货运量占比为 4.9%，水路货运量占比为 17.5%，公路货运量占比为 77.5%，公路货运占比过高的问题依然突出，运输结构亟待优化。此外，截至 2020 年，广西仍没有汽车自驾运动营地，公众对物流业智能服务满意度不高。①

---

① 《广西壮族自治区人民政府关于印发广西综合交通运输发展"十四五"规划的通知》，广西壮族自治区人民政府网站，2021 年 11 月 12 日，http：//www.gxzf.gov.cn/html/zwgk/fzgh/zxgh/t11034366.shtml。

31 个省份运输服务指数的平均值为 35.02，中位数为 32.78，略低于平均值。最大值和最小值分别为 70.80 和 21.85，标准差为 10.64。运输服务指数高于平均值的省份共有 9 个，除 3 个 50 及以上的省份外，还有江苏、辽宁、安徽、河北、内蒙古、河南，依次为 45.21、42.72、41.27、37.18、36.43、35.42，其余 22 个省份的运输服务指数均在平均值以下。

按照区域划分，31 个省份可以分为东部地区、中部地区、西部地区和东北地区，表 8 为四大区域运输服务指数特征统计情况。

表 8　四大区域运输服务指数特征统计情况

指标	东部地区	中部地区	西部地区	东北地区
最大值	70.80	41.27	36.43	42.72
最小值	28.28	30.82	36.43	29.31
中位数	35.82	32.42	33.45	30.47
平均值	43.27	34.00	28.88	34.17
标准差	13.88	3.55	2.38	6.06

由表 8 可知，将四大区域的运输服务指数平均值从高到低排列，结果依次为东部地区（43.27）、东北地区（34.17）、中部地区（34.00）和西部地区（28.88）。区域运输服务指数平均值高于 31 个省份运输服务指数平均值（35.02）的只有东部地区，另外 3 个地区的运输服务指数平均值均低于此平均值。我国东部地区经济发展较好，人口密度较大，具有较高的流动性，该地区拥有较大的铁路客运周转量和航空旅客吞吐量，也带来了较高的航空货邮吞吐量和快递业务量。

东部地区的 10 个省份中，4 个省份的运输服务指数在区域平均值以上，占比达到 40%，5 个省份的运输服务指数超过该指数的全国平均值，占比达到 50%，与其他地区相比，东部地区的运输服务整体处于较高水平。中部地区的 6 个省份中，2 个省份的运输服务指数在区域平均值以上，占比为 33.33%，超过全国运输服务指数平均值的省份有 2 个，占比达到 33.33%。西部地区的 12 个省份中，6 个省份的运输服务指数在区域平均值以上，占比达到50%，仅有内蒙古的运输服务指数超过全国运输服务指数的平均值，这说明西部地区与全国运输服务平均水平相比存在一定差距。东北地区的3个省份中，只有辽宁的运输服务指数超过区域平均值和全国平均值，占比为33.33%，与全国平均水平相比存在一定差距。

（二）2020年与2019年运输服务指数比较分析

与2019年相比，2020年31个省份运输服务指数的平均值有所提高，达到35.02（2019年为32.62），增长7.36%。运输服务指数排名前三的省份是广东、浙江、山东。

运输服务指数增幅较大的省份为山东、西藏、吉林、贵州、广东，增幅分别为47.44%、41.21%、39.10%、39.03%、33.10%；降幅较大的省份为广西、上海、河北、湖南、福建，降幅分别为34.93%、21.56%、14.83%、10.11%、10.11%。

表9为各省份的运输服务指数及各分指标变化幅度，反映了运输服务指数发生变化的具体原因，现以变化明显的省份为例进行分析。运输服务指数变化幅度较大的省份是山东、西藏、吉林、贵州、广东、辽宁，普遍特征是铁路客运周转量、航空旅客吞吐量、公路货运周转量、快递业务量较大，数字化转型程度较高。

表9　31个省份的运输服务指数及各分指标变化幅度

排名	省份	运输服务指数	变化幅度(%)							
			铁路客运周转量	航空旅客吞吐量	货物运输结构比值	公路货运周转量	航空货邮吞吐量	快递业务量	汽车自驾运动营地数量	数字化转型
1	广东	70.80	1.11	0.81	-0.75	0.12	0.96	5.67	0.50	0.02
2	浙江	60.29	0.55	0.39	-0.49	2.43	-0.08	0.54	-1.00	0.04
3	山东	57.69	0.44	0.42	-0.77	0.78	0.29	1.59	5.50	0.02
4	江苏	45.21	0.73	-0.19	0.03	0.29	-0.43	-0.58	-1.00	0.04
5	辽宁	42.72	0.94	-0.63	-0.80	0.73	-0.82	-0.18	-0.50	0.04

续表

排名	省份	运输服务指数	变化幅度(%)							
			铁路客运周转量	航空旅客吞吐量	货物运输结构比值	公路货运周转量	航空货邮吞吐量	快递业务量	汽车自驾运动营地数量	数字化转型
6	安徽	41.27	0.76	-0.62	-0.13	3.10	-0.83	0.38	1.50	-0.04
7	河北	37.18	0.74	-0.39	2.36	-0.04	-0.87	-0.93	0.00	0.01
8	内蒙古	36.43	-0.61	-0.13	-0.68	1.82	0.23	0.15	3.00	-0.03
9	河南	35.42	0.97	0.21	1.52	0.48	-0.24	-0.66	0.50	-0.03
10	陕西	34.62	0.01	-0.52	1.05	-0.68	-0.64	-0.66	-1.00	0.06
11	天津	34.47	-0.33	1.23	-0.94	-0.66	6.75	0.25	-1.00	0.03
12	上海	34.33	-0.60	-0.19	-0.57	-0.69	-0.77	-0.90	-1.00	0.03
13	贵州	34.12	-0.25	0.83	-0.90	-0.87	1.48	-0.11	3.00	0.07
14	北京	33.57	-0.76	-0.36	-0.76	-0.17	-0.62	-0.34	-1.00	-0.03
15	湖北	32.79	0.60	0.80	-0.27	-0.44	-0.29	-0.77	1.00	0.03
16	云南	32.78	-0.61	-0.53	4.57	0.41	-0.89	-0.80	1.50	0.00
17	山西	32.05	-0.55	-0.15	-0.85	-0.32	-0.59	-0.45	0.00	0.00
18	湖南	31.65	1.03	0.17	0.21	-0.98	-0.59	-0.96	-0.50	-0.04
19	海南	30.84	0.33	-0.54	-0.78	0.64	-0.64	-0.58	-1.00	-0.05
20	江西	30.82	0.50	-0.31	1.58	-0.75	-0.69	-0.96	-1.00	0.04
21	新疆	30.70	-0.49	-0.62	-0.04	-0.34	-0.83	-0.83	0.50	0.03
22	吉林	30.47	-0.10	0.32	-0.89	-0.47	-0.20	-0.73	-1.00	0.02
23	重庆	29.38	-0.57	-0.41	1.11	-0.65	-0.78	-0.83	-0.50	0.01
24	黑龙江	29.31	-0.59	0.15	-0.76	-0.48	-0.08	0.28	-0.50	-0.03
25	福建	28.28	-0.25	0.81	-0.70	-0.18	0.24	-0.20	-1.00	-0.07
26	四川	26.62	-0.15	-0.51	-0.42	-0.48	-0.86	-0.95	-1.00	-0.04
27	甘肃	26.07	-0.21	-0.76	0.90	-0.94	-0.91	-0.99	0.00	-0.02
28	青海	25.64	-0.84	-0.73	0.44	-0.76	-0.90	-0.97	-1.00	-0.01
29	宁夏	25.17	-0.87	-0.81	-0.85	-0.94	-0.91	-1.00	-1.00	-0.02
30	西藏	23.15	-0.96	-0.35	-0.63	-0.25	-0.74	-0.71	-1.00	-0.11
31	广西	21.85	0.01	-1.00	-1.00	-1.00	-1.00	-1.00	-1.00	-1.00

以变化较大的山东、辽宁为例，山东运输服务能力不断增强，交通运输量平稳回升。2020 年全年铁路旅客周转量为 432.97 亿人公里，铁路货物周

转量为 1602.86 亿吨公里，较 2019 年末增长 5.13%，公路货物周转量为 6784.40 亿吨公里，增长 0.57%，沿海港口货物吞吐量为 16.9 亿吨，增长 4.9%。2020 年末机动车保有量为 3085.6 万辆，增长 9.8%，其中，汽车保有量为 2552.4 万辆，增长 8.6%；新能源机动车保有量为 41.9 万辆，增长 22.3%。[①] 山东加快运输结构调整，在“十三五”期间已完成运输结构调整的目标。在从 2018 年开始的 3 年“四增四减”行动中，山东对公路货物运输量进行压缩，实施公路运输绿色化改造，大力发展多式联运，公路运输效率和铁路货运能力得到提升，并在控制移动污染源上取得成效，2020 年铁路货运周转量占比提升，公路货运周转量占比降低。山东的交通基础设施建设为运输服务高质量发展提供支撑，现代化综合交通体系不断完善，拥有高水平的综合交通网络密度和通行能力。“123 客运通达网”和“123 物流网”的完善使客运和货运的运输服务能力获得巨大提升。山东推动传统物流向现代物流迈进，以 5G 赋能“智慧物流”，积极与 5G 产业深度合作，努力打造高效、绿色、安全的智慧物流体系。以临沂市为例，临沂市的现代大型智慧物流园项目融合了物联网、大数据、云计算和人工智能等技术，实现快递的高效、准确分拣。山东已形成县、乡、村三级农村物流网络体系，2020 年快递业务量达 41.5 亿件，增长 43.7%，物流业发展迅速。

另一个运输服务水平增长幅度较大的省份为辽宁。“十三五”期间，辽宁实施运输服务水平提升工程，交通运输转型升级加速，运输服务供给扩大，运输服务保障能力不断增强。辽宁以提升客运和物流服务质量为核心，高效推动综合交通运输体系发展。在公共交通方面，落实城市优先发展公共交通战略，省内 4 市被列入“公交都市”建设示范城市。2020 年辽宁省经济指标平稳运行，交通运输、仓储和邮政业增加值为 1962 亿元，较 2019 年增长 6.0%。由于承担重要的进出关客运和货运运输任务，辽宁铁路客货运稳定发展，全年铁路货运量为 23956.7 万吨，增长 13.09%，货物运输周转

① 《2020 年山东省国民经济和社会发展统计公报》，山东省统计局网站，2021 年 2 月 28 日，http://tjj.shandong.gov.cn/art/2021/2/28/art_6196_10285382.html。

量为 5422.0 亿吨公里，全年旅客运输周转量为 580.7 亿人公里，全年港口货物吞吐量为 8.2 亿吨，港口集装箱吞吐量为 1310.8 万标准箱。2020 年末，民用汽车保有量为 934.3 万辆，较 2019 年末增长 8.1%，私人汽车保有量为 821.6 万辆，增长 9.1%。快递量达到 111978.01 万件，较上年增长 40.83%。[①] 随着数字经济和“互联网+”的发展，智慧物流建设不断推进，公众对所在城市物流业的智能收投服务和网络服务平台的满意度较高。作为首批交通强国建设试点省份之一，辽宁贯彻落实《关于推进运输结构调整三年行动计划（2018—2020 年）的实施方案》，积极促进“公转铁”、“公转水”和公路货运转型升级，发展多式联运，畅通物流组织，调整交通运输结构。

四　科技创新指数

（一）2020年科技创新指数测算结果分析

科技创新指数指的是交通发明专利数量、车联网企业数量、ETC 车道建设改造力度、交通运输行业重点实验室和研发中心数量以及智慧交通系统建设指标的可拓学分析与模糊综合评价加权平均的结果。表 10 为 31 个省份科技创新指数。

表 10　31 个省份科技创新指数

排名	省份	科技创新指数	排名	省份	科技创新指数
1	江苏	58.79	5	河南	36.69
2	北京	57.21	6	重庆	35.69
3	广东	37.21	7	吉林	33.67
4	贵州	37.07	8	天津	33.58

① 《二〇二〇年辽宁省国民经济和社会发展统计公报》，辽宁省人民政府网站，2021 年 3 月 17 日，http：//tjj.ln.gov.cn/tjsj/tjgb/ndtjgb/202103/t20210317_ 4100861.html。

续表

排名	省份	科技创新指数	排名	省份	科技创新指数
9	辽宁	33.38	21	内蒙古	27.50
10	新疆	32.07	22	云南	26.86
11	上海	32.04	23	海南	26.17
12	山东	31.84	24	陕西	26.06
13	湖北	31.52	25	宁夏	25.59
14	湖南	31.45	26	山西	25.02
15	黑龙江	30.01	27	河北	24.76
16	浙江	29.98	28	四川	23.64
17	福建	29.89	29	西藏	22.14
18	甘肃	29.82	30	江西	21.26
19	安徽	29.42	31	广西	17.45
20	青海	28.63			

由表 10 可知，江苏的科技创新指数达到 58.79，排名第一，50 以上的还有北京，其余均在 50 以下；没有 40 到 50 之间的省份；30 到 40 之间的省份有 13 个；20 到 30 之间的省份有 15 个；仅有广西在 20 以下，为 17.45。

接下来对排名最高和最低的省份进行分析。江苏的科技创新指数最高，2020 年，江苏全省交通运输行业深入实施创新驱动发展战略，以打造创新驱动发展样板工程为重点，加强高水准的智慧交通和高层次的创新发展体系建设。江苏交通运输行业在科技成果上收获颇丰，在科技创新过程中不断对关键技术进行攻关，加快交通运输领域的信息化建设、高新技术融合应用和绿色智能交通发展，优化科技创新组织推进体系，加强“产学研用”协同创新体系建设，建设交通运输行业研发中心和科技平台，加快构建由高校院所、行业研究单位和成果应用单位等组成的“创新链”，为交通科技创新提供智力支持，科技成果落地应用和转化力度加强。①

① 《省交通运输厅关于 2020 年全省交通运输科技创新、信息化和绿色交通工作要点的通知》，江苏省交通运输厅网站，2020 年 2 月 14 日，http：//jtyst. jiangsu. gov. cn/art/2020/2/14/art_41780_ 8972573. html。

广西的科技创新指数最低，作为西部后发展欠发达地区，广西的科技创新水平较弱。在交通运输行业重点实验室和研发中心建设上存在明显短板，区内智慧交通系统不够完善，公众满意度不高。与其他发达省份相比，广西交通运输的科技创新、信息化发展水平仍然较为落后，主要表现在突破性的技术创新较少，国际化创新型人才匮乏，企业的创新、创造积极性较低；公路、水路、规划、运管、安监等各类数据分散，缺乏统一规划，存在重复建设问题，在数据的挖掘和应用上效果不明显。科技创新离不开科技人才，广西在人才队伍建设上面临发展不平衡的问题，这是影响科技创新能力的瓶颈，主要表现在人才总量偏少；创新能力不足，人才整体素质偏低，高端领军人才匮乏；人才结构不完善，产业和区域人才分布不均衡，存在人才断档的现象。

31 个省份科技创新指数的平均值为 31. 17，中位数为 29. 98，低于平均值。最大值和最小值分别为 58. 79 和 17. 45，标准差为 8. 45。共有 14 个省份的科技创新指数高于平均值，除 2 个 50 以上的省份外，还有广东、贵州、河南、重庆、吉林、天津、辽宁、新疆、上海、山东、湖北和湖南，依次为 37. 21、37. 07、36. 69、35. 69、33. 67、33. 58、33. 38、32. 07、32. 04、31. 84、31. 52 和 31. 45，其余 17 个省份的科技创新指数均在平均值以下。

按照区域划分，31 个省份可以分为东部地区、中部地区、西部地区和东北地区，表 11 为四大区域科技创新指数特征统计情况。

表 11　四大区域科技创新指数特征统计情况

指标	东部地区	中部地区	西部地区	东北地区
最大值	58. 79	36. 69	37. 07	33. 67
最小值	24. 76	21. 26	17. 45	30. 01
中位数	31. 94	30. 44	27. 18	33. 38
平均值	36. 15	29. 23	27. 71	32. 35
标准差	11. 43	4. 95	5. 29	1. 66

由表 11 可知，将四大区域的科技创新指数平均值从高到低排列，结果依次为东部地区（36. 15）、东北地区（32. 35）、中部地区（29. 23）和西部

地区（27.71）。区域科技创新指数平均值高于31个省份科技创新指数平均值（31.17）的是东部地区和东北地区，另外2个地区的科技创新指数平均值均低于此平均值。在国家创新驱动发展战略的推动下，科技等核心要素的关注度大幅提升，与科技相关的企业逐渐发展起来。东部地区经济相对发达，企业和人才密集，对科技创新的投入较多，国家相关政策的实施力度较大。随着国家对东北地区的政策和资源倾斜，东北地区创新能力不断提高。因此，这两个地区的交通发明专利数量、车联网企业数量相对较多，智慧交通系统建设能力和水平较高。

东部地区的10个省份中，科技创新指数在区域平均值以上的有3个，占比为30%，有6个省份的科技创新指数超过该指数的全国平均值，占比为60%，表明东部地区的经济发展对交通科技创新产生影响。中部地区的6个省份中，4个省份的科技创新指数在区域平均值以上，占比达到66.67%，超过全国科技创新指数平均值的省份有3个，占比为50%。西部地区的12个省份中，科技创新指数在区域平均值以上的有5个，占比为41.67%，有3个省份超过全国科技创新指数平均值，占比为25%，西部地区省份与全国平均水平相比存在较大差距。东北地区的3个省份中，2个省份的科技创新指数在区域平均值以上，占比达到66.67%，同样是这2个省份超过全国科技创新指数平均值，说明东北地区省份的交通科技创新水平相对较高。

（二）2020年与2019年科技创新指数比较分析

与2019年相比，2020年31个省份科技创新指数的平均值有所提高，达到31.17（2019年为28.94），增长7.71%。科技创新指数排名前三的省份是江苏、北京和广东，广东从第10名上升到第3名。运输服务指数增幅较大的省份为吉林、河南、新疆、安徽、黑龙江，增幅分别为68.49%、58.80%、44.51%、44.06%、39.59%；降幅较大的省份为广西、云南、上海、河北、浙江，降幅分别为44.57%、15.79%、15.71%、15.51%、14.34%。

表12显示了31个省份的科技创新指数及各分指标变化幅度，反映了科技创新指数产生变化的具体原因，现以变化明显的省份为例进行分析。科技创新指数变化幅度较大的省份是吉林、河南、新疆、黑龙江、贵州、辽宁，普遍特征是交通发明专利数量多，交通运输行业重点实验室和研发中心数量也较多，智慧交通系统建设完善，公民对所在城市的智慧交通系统满意度较高。

表12　31个省份的科技创新指数及各分指标变化幅度

排名	省份	科技创新指数	变化幅度(%)				
			交通发明专利数量	车联网企业数量	ETC车道建设改造力度	交通运输行业重点实验室和研发中心数量	智慧交通系统建设
1	江苏	58.79	2.78	1.38	4.64	1.25	0.01
2	北京	57.21	0.30	-0.68	-0.87	8.00	0.04
3	广东	37.21	1.66	5.23	-0.54	0.25	-0.01
4	贵州	37.07	-0.31	-0.58	1.33	-0.75	0.04
5	河南	36.69	3.13	-0.15	1.90	0.00	-0.02
6	重庆	35.69	4.11	0.24	-0.74	0.50	0.01
7	吉林	33.67	-0.84	-0.74	0.29	-0.75	0.04
8	天津	33.58	-0.22	-0.54	0.05	0.00	0.05
9	辽宁	33.38	-0.74	-0.35	0.35	0.75	0.02
10	新疆	32.07	-0.89	-0.61	-0.96	-0.75	0.05
11	上海	32.04	0.13	-0.13	-0.29	1.00	0.03
12	山东	31.84	-0.39	1.32	-0.59	-0.25	0.03
13	湖北	31.52	-0.47	-0.31	0.44	1.00	-0.01
14	湖南	31.45	-0.10	0.07	0.85	-0.25	0.00
15	黑龙江	30.01	-0.80	-0.67	-0.96	-0.25	0.03
16	浙江	29.98	-0.16	1.17	-0.84	-0.25	0.00
17	福建	29.89	-0.62	0.66	1.01	-0.75	-0.03
18	甘肃	29.82	-0.77	-0.62	3.26	-0.75	-0.04
19	安徽	29.42	-0.45	-0.04	-0.09	-0.50	0.02
20	青海	28.63	-0.33	-0.95	0.58	-0.75	-0.01
21	内蒙古	27.50	-0.82	-0.11	-1.00	-0.75	0.02
22	云南	26.86	-0.69	-0.60	-0.54	-0.75	0.01
23	海南	26.17	-0.92	0.15	-1.00	-1.00	-0.01
24	陕西	26.06	0.32	0.19	-1.00	0.75	-0.05
25	宁夏	25.59	-0.62	-0.85	-0.89	-1.00	0.00

续表

排名	省份	科技创新指数	变化幅度(%)				
			交通发明专利数量	车联网企业数量	ETC 车道建设改造力度	交通运输行业重点实验室和研发中心数量	智慧交通系统建设
26	山西	25.02	-0.55	-0.66	-1.00	-0.75	0.00
27	河北	24.76	-0.38	-0.55	-1.00	-0.50	-0.02
28	四川	23.64	1.09	0.42	-0.33	-0.50	-0.06
29	西藏	22.14	-1.00	-0.98	-1.00	-0.75	-0.03
30	江西	21.26	-0.75	-0.51	-0.93	-0.75	-0.04
31	广西	17.45	-0.69	-0.22	-0.12	-0.75	-0.08

以变化幅度较大的吉林和河南为例，吉林重视科技的引领作用，积极推动交通运输领域与大数据、互联网、人工智能、区块链等新技术深度融合。按照交通运输部关于“新一代国家交通控制网与智慧公路试点项目”要求，吉林省积极推动项目进展，利用“互联网+”技术，开展“互联网+”路网综合服务，在交通服务方面发挥科技创新的作用，如不停车移动支付技术、服务区停车位和充电设施引导服务、新能源汽车动/静态充电等。[①] 2020 年基本完成“吉林省高速公路智能化示范工程”建设和云联网一期工程，实现了部、省联网及视频共享，吉林境内珲乌高速智能化示范工程进入试运行阶段，包含应用系统、数据资源、智慧云平台、智能基础设施、网络系统、安全系统在内的信息化基础设施建设加强。与企业联合，建设和改造自动驾驶、无人驾驶公路通道。吉林车联网企业数量达 281 个，汽车产业在吉林创新政策的引领下不断发展，汽车智能网联领域的创新研发不断推进。“旗智春城”智能网联示范项目落地，“车路协同”联合解决方案发布，吉林在汽车产业变革中积累技术优势，全力打造交通强国建设“吉林样板”，实现交通强国战略目标，促进交通高质量发展。目前，公众对所在城市的智慧交通

① 《交通运输部办公厅关于加快推进新一代国家交通控制网和智慧公路试点的通知》，交通运输部网站，2018 年 2 月 27 日，https：//xxgk.mot.gov.cn/jigou/zhghs/201803/t20180307_2996718.html。

系统满意度高，“智慧交通”建设取得显著成效。

河南经过“十三五”阶段的努力，科技创新实力提升显著。河南被列入“新一代国家交通控制网及智慧公路试点”建设行列，以基础设施数字化和基于大数据的路网综合管理为重点，加速交通运输数字化、智能化、网络化转型。在交通运输基础设施数字化方面，对公路、水路、邮政、铁路、民航及客货运枢纽开展数字化采集、管理与应用，应用人工智能、北斗导航、5G 等技术，提升基础设施、运载工具、运行信息等要素资源在线化水平。河南在数字经济发展过程中，以创新能力建设为重点，在交通领域推广智慧化应用，推动“互联网+”和人工智能创新发展等试点工程的实施，深入推进交通物流、车路协同与大数据融合发展。将优势企业、高校和科研院所的力量联合起来，推动新一代人工智能、5G、网联汽车等领域研发中心、重点实验室等创新平台的建设，使国家、省级、行业优势突出的创新平台体系落地。《2020 年河南省数字经济发展工作方案》指出，要在交通领域实施智慧化示范工程，推动 5G 等新技术与交通基础设施融合，已投入使用 5G 智能网联公交，建成 5G 智慧共享出行系统；在智慧交通方面深入实施“5G+”计划，加强“5G+”智慧交通融合应用创新，在“5G+”自动驾驶应用中取得巨大突破，大力推进 5G、大数据、人工智能等新技术与交通行业的深度融合。①

五　交通安全指数

（一）2020年交通安全指数测算结果分析

交通安全指数指的是交通安全法规数、交通安全专利数、交通安全行政处罚数以及应急救援满意度、交通安全法规满意度指标的可拓学分析与模糊综合评价加权平均的结果。表 13 为 31 个省份的交通安全指数及排名。

---

① 《河南省发展和改革委员会关于印发 2020 年河南省数字经济发展工作方案的通知》，河南省发展和改革委员会网站，2020 年 6 月 1 日，http：//fgw. henan. gov. cn/2020/06 - 11/1548484. html。

表 13　31 个省份交通安全指数及排名

排名	省份	交通安全指数	排名	省份	交通安全指数
1	贵州	63.67	17	宁夏	52.45
2	云南	63.34	18	山西	47.43
3	安徽	63.23	19	河南	46.99
4	山东	63.12	20	湖南	43.45
5	广东	62.96	21	福建	41.68
6	重庆	61.69	22	湖北	39.98
7	江苏	58.41	23	海南	39.20
8	上海	58.00	24	青海	36.13
9	北京	57.99	25	西藏	36.03
10	吉林	57.56	26	河北	34.38
11	浙江	57.34	27	甘肃	30.73
12	天津	56.34	28	陕西	25.46
13	辽宁	55.95	29	四川	24.42
14	黑龙江	55.16	30	江西	23.46
15	新疆	54.50	31	广西	20.98
16	内蒙古	53.78			

由表 13 可知，贵州的交通安全指数达到 63.67，排名第一，60 分以上的还有云南、安徽、山东、广东和重庆。50 到 60 之间的省份有 11 个；40 到 50 之间的省份有 4 个，分别为山西、河南、湖南和福建；30 到 40 之间的省份有 6 个；20 到 30 之间的省份有 4 个，分别为陕西、四川、江西和广西。

接下来对排名最高和最低的省份进行分析。贵州的交通安全指数最高，这与贵州深化治理提效、全力推进平安交通建设的交通运输建设主要目标有关。贵州以道路交通安全大整治为抓手，重视道路交通安全，开展一系列交通违法行为整治行动，取得显著成效。贵州具有较高的应急救援满意度和交通安全法规满意度，交通应急救援方面，贵州积极推动应急救援体系建设，已初步搭建具有贵州山地特色的应急救援体系，并将大数据与应急管理深度融合，建设贵州应急管理综合指挥调度平台。2020 年底，应急系统航空救

援正式开航，贵州应急救援力量由单一的陆地救援向空地一体化方向转变，航空应急救援事业迈上新征程。

广西的交通安全指数最低，公众对省内城市的应急救援能力、交通安全法规的满意度较低，交通安全专利数较少。广西仍存在“两客一危”、重型载货、农村客运等方面的安全隐患，以及水路客运、水路危险货物运输方面的违法违规行为，铁路线路安全保护区内仍有违法施工、私搭乱建、乱排乱放等现象。由于广西的科技创新能力较弱，人才队伍建设不完善，交通安全产品研发方面存在弱势。

31 个省份交通安全指数的平均值为 47. 93，中位数为 53. 78，高于平均值。最大值和最小值分别为 63. 67 和 20. 98，标准差为 13. 30。交通安全指数高于平均值的省份共有 17 个，均在 50 分以上，除 60 以上的 6 个省份外，还有江苏、上海、北京、吉林、浙江、天津、辽宁、黑龙江、新疆、内蒙古和宁夏，依次为 58. 41、58. 00、57. 99、57. 56、57. 34、56. 34、55. 95、55. 16、54. 50、53. 78 和 52. 45。其余 14 个省份的交通安全指数在平均值以下。

按照区域划分，31 个省份可以分为东部地区、中部地区、西部地区和东北地区，表 14 为四大区域交通安全指数特征统计情况。

表 14　四大区域交通安全指数特征统计情况

指标	东部地区	中部地区	西部地区	东北地区
最大值	63. 12	63. 23	63. 67	57. 56
最小值	34. 38	23. 46	20. 98	55. 16
中位数	57. 66	45. 22	44. 29	55. 95
平均值	52. 94	44. 09	43. 60	56. 23
标准差	9. 88	11. 75	15. 57	1. 00

由表 14 可知，将四大区域的交通安全指数平均值从高到低排列，结果依次为东北地区（56. 23）、东部地区（52. 94）、中部地区（44. 09）和西部

地区（43.60）。区域交通安全指数平均值高于31个省份交通安全指数平均值（47.93）的是东北地区和东部地区，另外2个地区的交通安全指数平均值均低于此平均值。东部地区经济发达、人才集聚，多种交通运输方式均较为发达，交通安全专利数和交通安全行政处罚数较多。东北地区近年不断探索“平安交通”建设，交通安全保障能力显著增强，其交通安全行政处罚数明显低于其他地区。

东部地区的10个省份中，7个省份的交通安全指数在区域平均值以上，并超过全国交通安全指数平均值，占比达到70%，说明东部地区省份交通安全建设水平较高。中部地区的6个省份中，3个省份的交通安全指数在区域平均值以上，占比为50%，只有安徽的交通安全指数超过全国交通安全指数平均值，说明中部地区省份交通安全建设水平相对较低。西部地区的12个省份中，6个省份的交通安全指数在区域平均值以上，并超过全国交通安全指数平均值，占比为50%。东北地区的3个省份中，只有吉林的交通安全指数在区域平均值以上，但是3个省份的交通安全指数均超过全国交通安全指数平均值，说明东北地区的交通安全水平在全国处于领先位置。

（二）2020年与2019年交通安全指数比较分析

与2019年相比，2020年31个省份交通安全指数的平均值显著提高，达到47.93（2019年为32.04），增长49.59%。科技创新指数排名前三的省份是贵州、云南、安徽，贵州和安徽为2020年新进入前三名的省份。运输服务指数增幅较大的省份为贵州、吉林、上海、重庆、黑龙江，增幅分别为159.12%、147.71%、130.67%、127.88%、126.58%；降幅较大的省份为广西、甘肃、四川、青海、福建，降幅分别为47.53%、22.25%、17.12%、16.65%、13.17%。

表15显示了31个省份的交通安全指数及各分指标变化幅度，反映了交通安全指数发生变化的具体原因，现以变化明显的省份为例进行分析。

表 15　31 个省份的交通安全指数及各分指标变化幅度

排名	省份	交通安全指数	变化幅度(%)				
			交通安全法规数	交通安全专利数	交通安全行政处罚数	应急救援满意度	交通安全法规满意度
1	贵州	63.67	0.31	-0.63	-0.99	0.02	0.02
2	云南	63.34	0.16	-0.57	-1.00	0.04	0.03
3	安徽	63.23	0.47	0.19	0.31	0.03	0.02
4	山东	63.12	0.41	0.84	0.36	0.05	0.04
5	广东	62.96	0.09	1.58	13.40	-0.02	0.02
6	重庆	61.69	0.00	-0.34	-0.97	0.03	0.02
7	江苏	58.41	0.20	3.56	1.45	0.00	0.02
8	上海	58.00	-0.57	1.15	-0.06	0.03	0.03
9	北京	57.99	-0.49	1.59	-0.16	0.04	0.04
10	吉林	57.56	-0.46	-0.30	-0.85	0.03	0.03
11	浙江	57.34	0.09	1.67	-0.12	0.02	0.00
12	天津	56.34	-0.63	-0.26	-0.76	0.05	0.03
13	辽宁	55.95	-0.20	0.11	-0.99	0.03	0.01
14	黑龙江	55.16	-0.38	-0.49	-0.98	0.02	0.03
15	新疆	54.50	-0.49	-0.90	-0.99	0.04	0.02
16	内蒙古	53.78	-0.21	-0.84	-0.96	0.00	0.03
17	宁夏	52.45	-0.55	-0.94	-1.00	0.02	0.02
18	山西	47.43	0.38	-0.49	-0.95	-0.02	0.01
19	河南	46.99	0.17	-0.05	4.89	-0.02	0.00
20	湖南	43.45	0.21	-0.40	-0.89	0.00	-0.01
21	福建	41.68	3.09	-0.33	0.44	-0.07	-0.04
22	湖北	39.98	0.03	0.39	-0.98	-0.02	-0.01
23	海南	39.20	-0.66	-0.93	-1.00	-0.01	0.00
24	青海	36.13	-0.60	-0.93	-1.00	-0.01	-0.01
25	西藏	36.03	-0.90	-0.96	-1.00	0.00	-0.02
26	河北	34.38	-0.43	-0.38	-0.93	-0.03	-0.01
27	甘肃	30.73	-0.23	-0.91	-1.00	-0.01	-0.05
28	陕西	25.46	0.48	0.23	-1.00	-0.05	-0.07
29	四川	24.42	0.67	0.47	-0.64	-0.07	-0.06
30	江西	23.46	-0.18	-0.46	-1.00	-0.03	-0.07
31	广西	20.98	0.20	-0.69	-0.64	-0.08	-0.07

交通安全指数变化幅度较大的省份是贵州、吉林、上海、重庆，其共同特征是在应急救援满意度方面表现较好，公众对本地交通安全法规的满意度

较高，并且交通安全专利数较多。

以变化较大的贵州和山东为例，2020 年，贵州大力推进“平安交通”建设，进行道路交通安全大整治行动，提升治理效能，安全生产事故数和死亡数、万车死亡率、严重交通违法发生率、城市拥堵率均显著下降。在安全整治过程中，贵州全省严查、严管城市道路交通违法行为、高速公路交通违法行为和农村道路交通违法行为，对客运市场和新型交通出行业态进行整治，从交通违法隐患源头实现“清零”。[①] 此外，进行道路基础设施优化，排查整治危险路段；节假日切实落实交通安全检查工作和交通运输安全保畅服务工作，尤其是对汛期的水上交通安全问题进行督察；对交通施工现场和重点旅客运输企业进行安全生产检查。应急救援方面，加强交通应急救援体系和应急救援协同机制建设，在重要时间节点进行交通应急演练，未雨绸缪保平安。积极参与“全国交通安全日”宣传活动，贵州各地交管部门以“知危险会避险，安全文明出行”为主题开展交通安全宣传活动，增强群众的交通出行规则意识、法治意识和文明意识，形成文明交通风尚。

山东 2020 年着力提升事故防控、科技兴安、管理创新、文化引领和应急处置能力，建设“平安交通”强省。对安全生产风险进行分级管控，建设隐患排查治理双重预防体系，针对不同重点领域出台相应实施指南并指导相关企业。以科技赋能交通安全，2020 年山东交通安全专利数为 407 个，不断推动大数据、云计算、人工智能等技术与综合交通运输安全监管深度融合；研发交通运输安全生产监管监察信息系统，打造“智慧交通安监”；加强车船桥隧智能监控监测系统、车辆自动避险、电子运单等技术手段的推广应用。构建以信用为核心的安全监管机制，加大安全生产违法违规行为惩戒力度。借助各类媒体深入基层和企业，开展交通安全宣传和培训活动，提高公众安全文明出行意识。应急管理体制机制不断健全，制定突发事件应急工作规范，稳步建设省级综合交通运输调度和应急指挥系统，并定期开展应急

---

① 《省人民政府办公厅关于开展全省道路交通安全大整治的通知》，贵州省人民政府网站，2019 年 12 月 4 日，https：//www. guizhou. gov. cn/zwgk/zcfg/szfwj/qfbh/201912/t20191204_70474904. html。

演练，提高应急救援能力。山东的应急救援满意度和交通安全法规满意度均处于全国领先水平。此外，对交通运输领域的涉黑涉恶行为实行严厉打击，整治“黑车”和非法“超限超载”现象，力图为公众营造安全的交通出行环境。①

六　绿色发展指数

（一）2020年绿色发展指数测算结果分析

绿色发展指数指的是新能源汽车政策数量、绿色交通专利数、快递包装绿色化政策数、公共充电桩数和交通噪声处理满意度指标的可拓学分析与模糊综合评价加权平均的结果。表16为31个省份绿色发展指数及排名。

表16　31个省份绿色发展指数及排名

排名	省份	绿色发展指数	排名	省份	绿色发展指数
1	江苏	74.29	17	河北	24.85
2	广东	62.56	18	云南	24.66
3	浙江	42.85	19	辽宁	24.54
4	上海	39.60	20	吉林	23.65
5	福建	36.48	21	内蒙古	23.25
6	山东	35.89	22	天津	22.80
7	北京	34.92	23	黑龙江	22.32
8	安徽	33.50	24	贵州	22.19
9	河南	28.13	25	山西	21.98
10	陕西	27.25	26	广西	21.50
11	湖北	27.20	27	青海	20.61
12	四川	26.86	28	新疆	19.33
13	湖南	26.13	29	宁夏	19.08
14	江西	26.02	30	西藏	18.09
15	海南	25.53	31	甘肃	17.09
16	重庆	25.01			

① 《履职尽责　奋发有为　全面开启交通强省建设新征程　江成厅长在2021年全省交通运输工作会议上的讲话（摘要）》，《山东交通科技》2021年第1期。

由表 16 可知，江苏的绿色发展指数达到 74.29，排名第一，50 以上有 2 个省份，另一个省份是广东，其余均在 50 以下；40 到 50 之间的省份只有 1 个，为浙江；30 到 40 之间的省份有 5 个；20 到 30 之间的省份最多，达到 19 个；20 以下的省份有 4 个，分别是新疆、宁夏、西藏和甘肃。

接下来对排名最高和最低的省份进行分析。江苏在绿色发展指数上仍保持第一，构建高水平的绿色交通体系是江苏交通强省建设的 8 项重点任务之一，围绕构建高水平的绿色交通体系、促进资源集约循环利用、强化节能减排和污染防治、推进生态保护、打造交通绿色廊道和提升绿色发展保障能力展开工作，同时推进邮政行业生态环保工作，完成 2020 年生态环保"9991"工程，在快递包装绿色化方面取得成效。2020 年江苏在运输结构调整和污染防治方面效果显著。调整运输结构，取得显著的节能降碳成效，相比于 2019 年，营运货车能耗下降 3.9%，碳排放强度下降 1.3%；港口生产能耗下降 8.7%，碳排放强度下降 11.8%。调整能源消费结构，新能源营运车辆和清洁能源营运车辆数量明显增长，主要港口、船闸和水上服务区的岸电供应能力基本具备。绿色生态航段、绿色现代航运示范区先导段建成，港口和机场获评"绿色港口"和"全国首个绿色运行机场"，江苏绿色交通示范项目落地效果较好。水污染和大气污染防治工作取得成效，处理船舶和港口污染问题，解决货船、港口的垃圾和污水问题。运输结构调整取得成果，大宗货物运输积极实行"公转铁""公转水"，持续完善综合运输网络。绿色交通治理能力逐步提升，出台一系列相关标准和文件，针对目前存在的难题，开展绿色交通方向的相关科研课题研究。①

甘肃的绿色发展指数最低，在新能源汽车政策数量、公共充电桩数、绿色交通专利数、快递包装绿色化政策数方面与全国平均水平存在差距，公众对居民区周边交通噪声处理的满意度不高。甘肃生态基础恶劣，存在大量环境敏感区和生态脆弱区，在交通发展中需要一直注重绿色环保，成本高，难

① 《2020 年度江苏绿色交通发展报告出炉》，江苏省交通运输厅网站，2021 年 2 月 20 日，http：//jtyst. jiangsu. gov. cn/art/2021/2/20/art_ 41904_ 9676244. html。

度大，且省内经济支撑薄弱，绿色发展面临多种挑战。甘肃充电设施网络化布局不完善，新能源汽车配套设施如公共充电桩存在覆盖不全面、规模不足、使用率较低的问题；充电基础设施建设协调难度大；既有充电桩功率标准过低，充电较慢；受资金限制，充电基础设施发展缓慢。[①] 同时，甘肃整体创新能力不足，缺少绿色交通方面的科技成果，以上因素制约了甘肃绿色交通发展进程。

31 个省份绿色发展指数的平均值为 28.97，中位数为 25.01，低于平均值。最大值和最小值分别为 74.29 和 17.09，标准差为 12.15。共有 8 个省份的绿色发展指数高于平均值，除 50 以上的 2 个省份外，还有浙江、上海、福建、山东、北京和安徽，依次为 42.85、39.60、36.48、35.89、34.92 和 33.50。其余 23 个省份的绿色发展指数均在平均值以下。

按照区域划分，31 个省份可以分为东部地区、中部地区、西部地区和东北地区，表 17 为四大区域绿色发展指数特征统计情况。

表 17　四大区域绿色发展指数特征统计情况

指标	东部地区	中部地区	西部地区	东北地区
最大值	74.29	33.50	27.25	24.54
最小值	22.80	21.98	17.09	22.32
中位数	36.18	26.66	21.84	23.65
平均值	39.98	27.16	22.08	23.50
标准差	15.76	3.42	3.24	0.91

由表 17 可知，将四大区域的绿色发展指数平均值从高到低排列，结果依次为东部地区（39.98）、中部地区（27.16）、东北地区（23.50）和西部地区（22.08）。区域绿色发展指数平均值高于 31 个省份绿色发展指数平均值（28.97）的只有东部地区，另外 3 个地区的绿色发展指数平均值均低于此平均值。全国大力推进生态文明建设，交通运输行业需贯彻落实绿色发展

① 左勇翔：《甘肃省普通干线服务区新能源汽车充电基础设施发展现状及对策分析》，《质量与市场》2021 年第 6 期。

理念。2019年发布的《交通强国建设纲要》中确定了绿色发展节约集约、低碳环保的重点任务，推进交通资源循环利用产业发展、优化交通能源结构，推进新能源、清洁能源应用，强化交通生态环境保护，建设绿色廊道。东部地区新能源汽车政策数量、绿色交通专利数、快递包装绿色化政策数、公共充电桩数等指标均优于其他地区，公众对交通噪声的处理较满意。

东部地区的10个省份中，3个省份的绿色发展指数在区域平均值以上，占比为30%，7个省份的绿色发展指数超过全国绿色发展指数平均值，占比达到70%，东部地区在交通绿色发展方面具有优势。中部地区的6个省份中，3个省份的绿色发展指数在区域平均值以上，占比达到50%，只有安徽的绿色发展指数超过全国绿色发展指数平均值，说明中部地区省份在交通绿色发展方面与全国平均水平仍有一定差距。西部地区的12个省份中，6个省份的绿色发展指数在区域平均值以上，占比为50%，西部地区没有省份的绿色发展指数超过全国平均值，与全国平均水平有明显差距。东北地区的3个省份中，2个省份的绿色发展指数在区域平均值以上，占比达到66.67%，各省份的绿色发展指数均没有超过全国平均值，与全国平均水平存在较大差距。

（二）2020年与2019年绿色发展指数比较分析

与2019年相比，2020年31个省份绿色发展指数的平均值略有降低，为28.97（2019年为32.54），下降10.97%。绿色发展指数排名前三的省份是江苏、广东、浙江，广东为2020年新进入前3名的省份。绿色发展指数增幅较大的省份为广东、江苏、山东，增幅为48.25%、24.53%、20.82%；降幅较大的省份为新疆、上海、天津、西藏、福建，降幅分别为33.22%、32.47%、28.14%、27.01%、25.52%。

表18显示了31个省份的绿色发展指数及各分指标变化幅度，反映了绿色发展指数发生变化的具体原因，现以变化明显的省份为例进行分析。绿色发展指数变化幅度较大的省份是广东、山东、四川、湖南，普遍特征是新能源汽车政策数量较多，绿色交通专利数也较多，这有利于当地进行能源转型和运输结构转型，同时这四个省份的公众对交通噪声处理满意度较高。

表 18　31 个省份绿色发展指数及各分指标变化幅度

排名	省份	绿色发展指数	变化幅度(%)				
			新能源汽车政策数量	绿色交通专利数	快递包装绿色化政策数	公共充电桩数	交通噪声处理满意度
1	江苏	74. 29	2. 93	4. 92	0. 71	-0. 11	0. 03
2	广东	62. 56	2. 22	2. 71	-0. 15	-0. 67	0. 00
3	浙江	42. 85	1. 32	1. 03	-0. 15	-0. 22	0. 04
4	上海	39. 60	-0. 14	0. 24	0. 42	15. 77	0. 05
5	福建	36. 48	1. 83	-0. 21	0. 99	-0. 72	-0. 06
6	山东	35. 89	0. 45	0. 85	-0. 43	-0. 60	0. 04
7	北京	34. 92	-0. 84	1. 38	0. 42	5. 24	0. 07
8	安徽	33. 50	0. 38	0. 24	0. 42	-0. 63	0. 03
9	河南	28. 13	0. 30	0. 06	-0. 15	-0. 76	-0. 06
10	陕西	27. 25	0. 38	-0. 12	-0. 43	-0. 84	-0. 05
11	湖北	27. 20	-0. 21	0. 50	0. 14	-0. 74	-0. 07
12	四川	26. 86	-0. 21	0. 41	-0. 15	-0. 94	-0. 05
13	湖南	26. 13	-0. 49	0. 32	-0. 15	-0. 88	0. 00
14	江西	26. 02	0. 22	-0. 56	0. 99	-0. 91	-0. 06
15	海南	25. 53	0. 06	-1. 00	-0. 43	-0. 67	0. 01
16	重庆	25. 01	-0. 02	-0. 47	-0. 15	-0. 73	-0. 01
17	河北	24. 85	-0. 17	-0. 21	-0. 15	-0. 80	-0. 02
18	云南	24. 66	-0. 21	-0. 91	2. 70	-0. 97	0. 03
19	辽宁	24. 54	-0. 45	-0. 21	0. 14	-0. 93	0. 02
20	吉林	23. 65	-0. 29	-0. 47	-0. 43	-0. 98	0. 04
21	内蒙古	23. 25	-0. 45	-0. 82	0. 71	-1. 00	0. 04
22	天津	22. 80	-0. 69	-0. 56	-0. 72	1. 75	0. 09
23	黑龙江	22. 32	-0. 72	-0. 74	0. 71	-0. 99	0. 03
24	贵州	22. 19	-0. 14	-1. 00	-1. 00	-0. 95	0. 06
25	山西	21. 98	-0. 37	-0. 56	-1. 00	-0. 84	0. 01
26	广西	21. 50	-0. 14	-0. 29	-0. 15	-0. 95	-0. 12
27	青海	20. 61	-0. 88	-1. 00	0. 14	-1. 00	0. 02
28	新疆	19. 33	-0. 92	-0. 91	-1. 00	-1. 00	0. 02
29	宁夏	19. 08	-0. 88	-0. 91	-0. 43	-0. 97	-0. 02
30	西藏	18. 09	-1. 00	-1. 00	-1. 00	-1. 00	-0. 02
31	甘肃	17. 09	-0. 84	-0. 74	-0. 43	-0. 99	-0. 08

以变化幅度较大的广东和山东为例，广东印发《绿色交通三年行动计划2020年工作任务》，提出柴油货车污染防治、运输结构调整优化、绿色交通标准体系建设等任务。对柴油货车进行安全达标检查，从源头防范污染；推进以大宗货物运输“公路转铁路、公路转水路”为主攻方向的运输结构调整，城市出行实行公交优先战略；加强绿色技术创新，健全成果转化标准化流程。此外，大力推广新能源车船，加强包括环保监管和绿色公路建设在内的交通建设生态环保工作。[①] 广东在绿色公路、港口岸电、新能源汽车方面表现出色，拥有成熟经验和技术。“十三五”期间，广东共组织实施8个绿色公路示范项目，目前绿色公路建设正全面深入开展。水运方面，广东加快“绿色港口”建设，率先在全国实现内河港口岸电省级全覆盖，为减少大气污染物排放做出贡献。广东在新能源汽车方面一直处于国内领先地位，积极推广应用新能源公交，实现公交电动化，2020年广东新能源汽车产量同比增长27.6%，为全国平均增速的3.68倍，这得益于产业布局不断优化和产业集聚的优势。广东依托传统汽车巨头和行业新势力，不断加速新能源汽车布局。广东新能源汽车的发展也离不开政策支持，2020年广东省出台新能源汽车政策82项，政策出台数量在全国名列前茅。新能源汽车补贴方面，2020年3月至12月底，按照规定在使用环节对个人消费者的新能源汽车购买给予补贴，从需求端进行新能源汽车的推广。公共交通方面，到2020年，广东新能源公交车占全部公交车的比重超过75%，珠三角新增的巡游出租汽车全部为新能源汽车。2020年9月，广东积极开展绿色出行宣传月和宣传周活动，营造低碳生活、绿色出行的良好氛围。

作为交通运输部确定的4个绿色交通示范省之一，山东大力发展绿色交通，以生态文明建设为指导，构建绿色低碳循环交通体系，做到能源的节约和高效利用。山东在绿色交通示范省建设方面取得显著成就，在交通基础设施、运输装备、先进运输组织的绿色发展方面以及积极推行绿色出行方式上

---

① 《三大重点工作！2020年广东将这样推进绿色交通建设》，广东省交通运输厅网站，2020年7月13日，http：//td. gd. gov. cn/dtxw_ n/tpxw/content/post_ 3042732. html。

起到示范作用。山东绿色科技转化应用效果明显，绿色公路建设取得良好进展，济青高速改扩建正引领国家公路建设转型升级，京沪高速莱芜至临沂段改扩建为绿色公路，为品牌打造提供标准；绿色铁路、港口和机场的建设，取得了明显的节能环保效果，也为经济发展做出了贡献。为实现交通能源减排，对交通运输行业能源消费结构进行优化，以新能源和清洁能源运输装备代替老旧及高耗能运载工具。截至 2020 年底，山东省内公交车全部更换为新能源车辆，超额完成国家下达的淘汰“国三”及以下排放标准营运柴油货车的任务，提前完成内河船舶和港口污染专项整治，并继续实施内河船型标准化。此外，山东积极推进联程联运、多式联运的先进运输组织，调整客货运输结构，推动其向低耗能、低排放方向发展。绿色交通宣传工作中，通过“节能周”“低碳日”等宣传活动，向市民传达低碳绿色出行理念，增强各行业节能减排理念与环保意识。① 2020 年山东出台新能源政策 37 项，获得绿色交通专利 21 个，在全国处于领先水平，说明山东重视新能源发展和绿色交通创新，并取得较好成果，同时在交通噪声处理方面获得的公众满意度较高。

七　开放合作指数

（一）2020年开放合作指数测算结果分析

开放合作指数指的是否为“一带一路”敲定省份、中国 500 强企业中交通运输企业的个数、是否为中欧班列运输协调委员会成员、国际机场数量指标的可拓学分析与模糊综合评价加权平均的结果。表 19 为 31 个省份的开放合作指数及排名。

---

① 高立晓、路一飞：《山东省绿色交通发展现状分析与思考》，《山东交通科技》2020 年第 2 期。

表 19　31 个省份开放合作指数及排名

排名	省份	开放合作指数	排名	省份	开放合作指数
1	江苏	76.53	17	北京	25.19
2	浙江	62.15	18	上海	24.30
3	广东	47.39	19	海南	20.78
4	内蒙古	42.48	20	吉林	20.78
5	山东	40.44	21	甘肃	20.72
6	福建	36.64	22	辽宁	20.72
7	云南	33.88	23	西藏	18.91
8	黑龙江	33.88	24	青海	18.91
9	重庆	33.37	25	宁夏	18.91
10	陕西	33.06	26	安徽	18.07
11	湖北	29.19	27	湖南	17.88
12	河南	28.68	28	贵州	17.88
13	四川	27.95	29	江西	14.40
14	新疆	27.39	30	天津	13.89
15	广西	27.28	31	河北	13.89
16	山西	25.43			

由表 19 可知，江苏的开放合作指数达到 76.53，排名第一，50 以上共有 2 个省份，另一个省份是浙江，其余均在 50 以下；40 到 50 之间的省份共有 3 个，依次为广东、内蒙古和山东。30 到 40 之间的省份有 5 个；20 到 30 之间的省份数量最多，达到 12 个；20 以下的省份有 9 个，分别为西藏、青海、宁夏、安徽、湖南、贵州、江西、天津和河北，依次为 18.91、18.91、18.91、18.07、17.88、17.88、14.40、13.89 和 13.89。

接下来对排名最高和最低的省份进行分析。江苏的开放合作指数排名第一，得益于其全国领先的国际机场数量以及中欧班列的快速发展。江苏 13 个地级市中有 9 个拥有国际机场，机场密度较大，且 9 家机场均为一类航空口岸，吞吐量全部突破百万人次，对外开放能力不断提高。江苏高质量支撑国家战略实施，确保一批重大项目全面建成，积极参与共建“一带一路”，致力打造“一带一路”交通标杆示范项目样板，升级一批国际枢纽港、物流基地、航空货运枢纽等，重点建设连霍新亚欧陆海联运通道，完善与亚太、欧洲联系的国际海陆联运网络，提升徐州的铁路枢纽功能和淮安涟水机场的货运服务功能，培育包括中哈物流合作基地在内的国际合作载体。2020 年，江苏中欧班列实现逆势增长，班列线路同比增长 30% 以上。中欧班列整合优化和提质增效后，其运行和服务水平获得极大提高，同时，加快组建国际货运班列公司，构建境外揽货服务体系，扶持品牌班列、特色班列发展，巩固提升江苏的综合交通枢纽地位，扩大其对外开放的影响力。

河北和天津的开放合作指数最低，这两个省份既不属于“一带一路”敲定省份，也不属于中欧班列运输协调委员会成员，仅拥有 1 个国际机场，省内中国 500 强企业中没有交通运输企业，使得河北和天津的对外开放能力较弱。2014 年以来，交通一体化成为京津冀协同发展的先行领域，以快速、便捷、高效、安全、大容量、低成本为特点的综合交通网络加速构建，河北和天津在综合交通运输体系建设方面成效显著，京津冀协同发展机制不断健全和完善。将京津冀视作整体来看，其开放合作水平较高，但单个省份能力一般，在交通基础设施方面仍存在短板，在一定程度上阻碍了对外开放的步伐，如港口集装箱承载能力有待提升，智慧港口、绿色港口建设刚刚起步，机场保障能力有待增强，公路网络畅通度有待提升。

31 个省份开放合作指数的平均值为 28.74，中位数为 25.43，低于平均值。最大值和最小值分别为 76.53 和 13.89，标准差为 13.70。开放合作指数高于平均值的省份共有 11 个，除 50 以上的 2 个省份外，还有广东、内蒙古、山东、福建、云南、黑龙江、重庆、陕西和湖北，依次为 47.39、42.48、40.44、36.64、33.88、33.88、33.37、33.06 和 29.19。其余 20 个省份的开放合作指数均在平均值以下。

按照区域划分，31 个省份可以分为东部地区、中部地区、西部地区和东北地区，表 20 为四大区域开放合作指数特征统计情况。

表 20　四大区域开放合作指数特征统计情况

指标	东部地区	中部地区	西部地区	东北地区
最大值	76.53	29.19	42.48	33.88
最小值	13.89	14.40	17.88	20.72
中位数	30.91	21.75	27.34	20.78
平均值	36.12	22.27	26.73	25.13
标准差	19.85	5.74	7.55	6.19

由表 20 可知，四大区域的开放合作指数平均值从高到低依次为东部地区、西部地区、东北地区和中部地区，对应的开放合作指数平均值依次为 36.12、26.73、25.13 和 22.27。区域开放合作指数平均值高于 31 个省份开放合作指数平均值（28.74）的只有东部地区，另外 3 个地区的开放合作指数平均值均低于此平均值。

东部地区的 10 个省份中，5 个省份的开放合作指数既在区域开放合作指数平均值以上，又在全国开放合作指数平均值以上，占比达到 50%，说明东部地区的交通开放合作程度较高。中部地区的 6 个省份中，3 个省份的开放合作指数在区域平均值以上，占比为 50%，只有湖北的开放合作指数超出全国平均值，说明中部地区的交通开放合作水平与全国平均水平相比存在较大差距。西部地区的 12 个省份中，7 个省份的开放合作指数在区域平均值以上，占比达到 58.33%，超过全国开放合作指数平均值的省份有 4 个，占比为 33.33%。东北地区的 3 个省份中，只有黑龙江的开放合作指数超过区域平均值，同时也超过全国平均值，说明东北地区的交通开放合作水平较低。

（二）2020年与2019年开放合作指数比较分析

与 2019 年相比，2020 年 31 个省份开放合作指数的平均值略有降低，为 28.74（2019 年为 31.07），下降 7.50%。开放合作指数排名前三的省份是江苏、浙江、广东，广东为 2020 年新进入前三行列的省份。开放合作指数增幅较大的省份为内蒙古、山西、新疆、浙江、黑龙江，增幅分别

为44.55%、32.97%、26.59%、21.04%、15.29%；降幅较大的省份为上海、湖南、安徽、辽宁、海南，降幅分别为34.96%、34.47%、33.76%、29.59%、29.38%。

表21显示了31个省份的开放合作指数及各分指标变化幅度，反映了开放合作指数发生变化的具体原因，现以变化明显的省份为例进行分析。开放合作指数变化幅度较大的省份有内蒙古、新疆、浙江和黑龙江，这些省份的“一带一路”发展和国际机场建设为其开放合作提供了良好的契机。

表21　31个省份的开放合作指数及各分指标变化幅度

排名	省份	开放合作指数	变化幅度(%)			
			是否为“一带一路”敲定省份	中国500强企业中交通运输企业的个数	是否为中欧班列运输协调委员会成员	国际机场数量
1	江苏	76.53	-1.00	-1.00	3.43	2.44
2	浙江	62.15	0.72	3.17	3.43	0.91
3	广东	47.39	0.72	2.58	-1.00	0.91
4	内蒙古	42.48	0.72	-1.00	-1.00	0.91
5	山东	40.44	-1.00	0.79	-1.00	0.91
6	福建	36.64	0.72	1.38	-1.00	0.53
7	云南	33.88	0.72	-1.00	-1.00	0.53
8	黑龙江	33.88	0.72	-1.00	-1.00	0.53
9	重庆	33.37	0.72	0.19	3.43	-0.62
10	陕西	33.06	0.72	-1.00	3.43	-0.62
11	湖北	29.19	-1.00	0.19	3.43	-0.23
12	河南	28.68	-1.00	-0.40	3.43	-0.23
13	四川	27.95	-1.00	-0.40	3.43	-0.62
14	新疆	27.39	0.72	-0.40	-1.00	0.15
15	广西	27.28	0.72	-1.00	-1.00	0.15
16	山西	25.43	-1.00	-0.40	-1.00	0.15
17	北京	25.19	-1.00	6.75	-1.00	-0.23
18	上海	24.30	0.72	3.17	-1.00	-0.23
19	吉林	20.78	0.72	-0.40	-1.00	-0.23

续表

排名	省份	开放合作指数	变化幅度(%)			
			是否为“一带一路”敲定省份	中国500强企业中交通运输企业的个数	是否为中欧班列运输协调委员会成员	国际机场数量
20	海南	20.78	0.72	-0.40	-1.00	-0.23
21	辽宁	20.72	0.72	-1.00	-1.00	-0.23
22	甘肃	20.72	0.72	-1.00	-1.00	-0.23
23	西藏	18.91	0.72	-1.00	-1.00	-0.62
24	青海	18.91	0.72	-1.00	-1.00	-0.62
25	宁夏	18.91	0.72	-1.00	-1.00	-0.62
26	安徽	18.07	-1.00	-0.40	-1.00	-0.23
27	湖南	17.88	-1.00	-1.00	-1.00	-0.23
28	贵州	17.88	-1.00	-1.00	-1.00	-0.23
29	江西	14.40	-1.00	-0.40	-1.00	-0.62
30	天津	13.89	-1.00	-1.00	-1.00	-0.62
31	河北	13.89	-1.00	-1.00	-1.00	-0.62

以变化幅度较大的内蒙古和黑龙江为例，内蒙古是“一带一路”建设的重要一环，在区位、经济、人文、资源方面具有明显优势，是我国向北开放的重要窗口，在建设中蒙俄经济走廊中起着重要作用，加上其在民族、文化、历史方面的特征，内蒙古的对外开放水平不断提升。内蒙古凭借优越的地理位置，对外交流实现多方面突破。设置了主要对俄和对蒙的边境口岸，建设满洲里和二连浩特国家重点开发开放试验区以及呼伦贝尔中俄蒙合作先导区等平台，为对外合作做出贡献。此外，包括京津冀协同发展、西部大开发、新一轮东北振兴及扩大沿边内陆地区开发开放在内的国家战略的实施，也为内蒙古的全方位开放带来机遇。内蒙古作为中欧班列的重要节点，在疫情期间具有抢眼的表现，成为对外开放的前沿阵地。在共建“一带一路”过程中，全面参与中蒙俄经济走廊建设，推进与合作国家基础设施的互联互通，不断开展与沿线国家的人文交流和经贸合作，继续依托多种开放载体，

形成由口岸带动，腹地支撑、边腹互动的开放新格局，通过扩大开放促进改革发展。交通基础设施建设在对外开放中发挥着巨大作用，2020 年内蒙古的国际机场数量为 5 个，机场的建设能带来更多的旅客吞吐量、货邮吞吐量，不仅提高了城市的知名度和竞争力，完善综合交通运输体系，而且为对外开放提供了便利的条件。

黑龙江也是“一带一路”建设的重点省份，地处东北亚中心地带，同样具有区位优势，在对外开放过程中以对俄沿边开放为重点，不断拓展多元化国际市场。“十三五”期间，黑龙江按照“一窗四区”的发展定位，构建对外开放新格局，对外开放步伐明显加快。在开放型经济的发展过程中，黑龙江与众多国家和地区建立了贸易往来，在对外贸易规模、贸易结构、对外投资覆盖范围、跨境电商等方面取得发展，随着自由贸易试验区的获批，高水平开放合作高地建设快速推进。自 2019 年黑龙江自贸试验区正式获得国务院批复开始，经过不断的实践探索，黑龙江自贸试验区开放理念明显增强，创新活力持续迸发，主动融入“双循环”新发展格局，并在投资贸易自由化便利化、建设开放合作高地等方面出台了一系列支持政策。同时，政府也在财政、人才、要素供给方面提供支持。黑龙江不断完善跨境基础设施建设，为对外开放奠定良好基础。2020 年黑龙江国际机场数量为 5 个，在全国处于较高水平，并持续加大与“一带一路”沿线国家和地区的互联力度，使其服务于黑龙江的对外开放。

八　人才队伍指数

（一）2020年人才队伍指数测算结果分析

人才队伍指数指的是交通运输科技机构数量、交通运输青年科技英才人数和交通业就业人员比例指标的可拓学分析与模糊综合评价加权平均的结果。表 22 为 31 个省份的人才队伍指数及排名。

表 22　31 个省份人才队伍指数及排名

排名	省份	人才队伍指数	排名	省份	人才队伍指数
1	北京	90.24	17	山东	20.03
2	江苏	40.09	18	新疆	19.46
3	上海	39.41	19	黑龙江	19.37
4	湖北	34.72	20	江西	19.30
5	广东	29.66	21	福建	19.08
6	陕西	26.90	22	四川	19.00
7	广西	26.35	23	安徽	18.86
8	重庆	24.70	24	贵州	18.83
9	天津	24.25	25	山西	18.78
10	云南	22.52	26	青海	18.77
11	辽宁	21.80	27	河北	18.58
12	吉林	21.45	28	河南	17.24
13	湖南	21.19	29	海南	16.97
14	内蒙古	20.65	30	甘肃	16.85
15	西藏	20.41	31	宁夏	16.56
16	浙江	20.41			

由表 22 可知，北京的人才队伍指数达到 90.24，排名第一，远远高于其他省份，形成指数断层。除北京外，没有高于 50 的省份；40 到 50 之间的省份有一个，为江苏。30 到 40 之间的省份有 2 个，为上海和湖北。20 到 30 之间的省份有 13 个，其余 14 个省份均在 20 以下。

接下来对排名最高和最低的省份进行分析。北京的人才队伍指数一直保持领先地位，近年北京坚持创新驱动和高端引领，现代化经济体系建设不断加快。中关村科学城、怀柔科学城、未来科学城和北京经济技术开发区“三城一区”，是北京加强全国科技创新中心建设的主平台，取得了积极进展；科技成果转化条例、知识产权保护行动方案、国际高端人才吸引政策等的出台推动科技创新生态不断优化。

宁夏的人才队伍指数最低，其交通运输科技机构数量、交通运输青年科技英才人数和交通业就业人员比例均低于全国平均水平。宁夏位于我国

西部地区，地处西南内陆，经济发展相对落后，由于自然环境、历史、经济等条件的限制，地区人才发展存在一系列问题，在人才引进、培养、选拔、评价、激励和保障等方面存在不足。宁夏高校数量少，且高校综合实力较弱，与东部沿海一线城市的高校相比有较大差距，面临人才匮乏、人才流失、人才结构不合理等问题。上述因素不仅制约了宁夏的经济社会发展，也影响着宁夏的交通发展。①

31 个省份人才队伍指数的平均值为 24.59，中位数为 20.41，低于平均值。最大值和最小值分别为 90.24 和 16.56，标准差为 13.39。人才队伍指数高于平均值的省份共有 8 个，除北京外，还有江苏、上海、湖北、广东、陕西、广西和重庆，依次为 40.09、39.41、34.72、29.66、26.90、26.35 和 24.70。其余 23 个省份的人才队伍指数均在平均值以下。

按照区域划分，31 个省份可以划分为东部地区、中部地区、西部地区和东北地区，表 23 为四大区域人才队伍指数特征统计情况。

表 23　四大区域人才队伍指数特征统计情况

指标	东部地区	中部地区	西部地区	东北地区
最大值	90.24	34.72	26.90	21.80
最小值	16.97	17.24	16.56	19.37
中位数	22.33	19.08	19.94	21.45
平均值	31.87	21.68	20.92	20.87
标准差	21.04	5.95	3.33	1.07

由表 23 可知，将四大区域的人才队伍指数平均值从高到低排列，结果依次为东部地区（31.87）、中部地区（21.68）、西部地区（20.92）和东北地区（20.87）。区域人才队伍指数平均值高于 31 个省份人才队伍指数平均值（24.59）的只有东部地区，另外 3 个地区的人才队伍指数平均值均低于此平均值。东部地区的交通运输科技机构数量和交通运输青年科

① 张颖：《习近平人才观视域下宁夏人才发展研究》，硕士学位论文，宁夏大学，2021。

技英才人数较多，发达的经济和完善的政策对人才和企业机构有较大的吸引力。

东部地区的 10 个省份中，3 个省份的人才队伍指数在区域平均值以上，占比为 30%，有 4 个省份的人才队伍指数超过全国人才队伍指数平均值，占比为 40%。中部地区的 6 个省份中，仅有湖北 1 个省份的人才队伍指数在区域平均值以上，占比为 16.67%，人才队伍指数超过全国人才队伍指数平均值的省份也只有湖北，说明中部地区的交通人才队伍建设落后于全国平均水平。西部地区的 12 个省份中，4 个省份的人才队伍指数在区域平均值以上，占比为 33.33%，3 个省份超过全国人才队伍指数平均值，占比为 25%。东北地区的 3 个省份中，2 个省份的人才队伍指数在区域平均值以上，占比达到 66.67%，各省份的人才队伍指数均未达到全国平均值，说明东北地区的交通人才队伍发展程度较低，这可能与其所在的地理位置和发展政策有关。

（二）2020年与2019年人才队伍指数比较分析

与 2019 年相比，2020 年 31 个省份人才队伍指数的平均值略有下降，为 24.59（2019 年为 44.06），下降 44.28%。人才队伍指数排名前三的省份是北京、江苏、上海，江苏和上海为 2020 年新进入前 3 名的省份。人才队伍指数增幅较大的省份为北京和江苏，增幅为 37.89% 和 0.29%；降幅较大的省份为四川、甘肃、辽宁、新疆、海南，降幅分别为 71.37%、70.97%、69.31%、61.31%、61.27%。

表 24 显示了 31 个省份的人才队伍指数及各分指标变化幅度，反映了人才队伍指数发生变化的具体原因，现以变化明显的省份为例，对其变化原因进行分析。人才队伍指数变化幅度较大的省份是江苏、北京和广东，其普遍特征为交通运输科技机构数量、交通运输青年科技英才人数较多，交通业就业人员比例较高，尤其是北京的交通运输科技机构数量和交通运输青年科技英才人数远高于其他省份。

表 24　31 个省份的人才队伍指数及各分指标变化幅度

排名	省份	人才队伍指数	变化幅度（%）		
			交通运输科技机构数量	交通运输青年科技英才人数	交通业就业人员比例
1	北京	90.24	4.01	7.73	1.74
2	江苏	40.09	1.60	1.18	0.24
3	上海	39.41	0.86	0.96	1.62
4	湖北	34.72	1.60	0.31	0.06
5	广东	29.66	1.04	0.09	-0.05
6	陕西	26.90	0.11	0.31	0.28
7	广西	26.35	0.86	-0.56	-0.28
8	重庆	24.70	-0.07	0.31	0.07
9	天津	24.25	0.30	-0.13	-0.10
10	云南	22.52	0.30	-0.56	-0.55
11	辽宁	21.80	-0.44	0.09	0.25
12	吉林	21.45	-0.63	-0.56	0.56
13	湖南	21.19	-0.26	0.31	-0.49
14	内蒙古	20.65	-0.26	-1.00	0.05
15	西藏	20.41	-0.81	-1.00	0.52
16	浙江	20.41	-0.26	-0.56	-0.07
17	山东	20.03	-0.26	-0.13	-0.20
18	新疆	19.46	-0.26	-0.56	-0.25
19	黑龙江	19.37	-0.63	-0.13	0.03
20	江西	19.30	-0.26	-0.13	-0.36
21	福建	19.08	-0.44	-0.35	-0.11
22	四川	19.00	-0.26	-0.13	-0.55
23	安徽	18.86	-0.26	-0.56	-0.44
24	贵州	18.83	-0.26	-0.56	-0.45
25	山西	18.78	-0.63	-0.78	0.03
26	青海	18.77	-0.81	-0.78	0.10
27	河北	18.58	-0.81	0.09	-0.30
28	河南	17.24	-0.44	-0.78	-0.47
29	海南	16.97	-1.00	-1.00	-0.12
30	甘肃	16.85	-0.81	-0.35	-0.45
31	宁夏	16.56	-0.81	-0.78	-0.32

以变化幅度较大的江苏和北京为例。江苏作为全国交通发达的省份，围绕高质量打造现代化综合交通运输体系，深入贯彻落实《交通强国建设纲要》，制定《交通强国江苏方案》，在基础设施、客货运输、绿色安全、智慧创新、行业管理等方面对现代化高素质交通技能人才提出了更高的要求。目前，江苏拥有交通运输科技机构 14 家，交通运输青年科技英才约 10 万人，具有较强的人才力量。近年来，人才工作成为交通工作的重点之一，江苏制定相关政策文件，依托交通重点工程，加大对交通学科带头人和青年人才的培养力度，开展多层次、多形式、多途径的高层次人才培训，使江苏的交通人才数和交通科研机构数量提高。2020 年江苏的人才培养力度持续加大，一批优秀科技人才被选入国家百千万人才工程、享受国务院政府特殊津贴专家、交通运输青年科技英才、省级“333 人才工程”和省级有突出贡献的中青年专家等高层次人才计划，培养遴选 50 名交通运输行业高层次领军人才和 2 个创新团队，为建成比较完善的现代综合交通运输体系提供了强有力的人才支撑。[①] 未来一段时间内，江苏交通运输领域将有大量新增岗位，对交通运输人才，尤其是高质量人才的需求将会增加，这既为交通运输职业教育的规划改革发展指明了方向，也为交通运输行业未来从业者的成长提供了广阔的发展空间。

北京交通行业高速发展，带来对人才的旺盛需求。北京高校众多，科教资源丰富，交通相关学校数量较多，有助于培育交通方面的人才。随着新能源、自动驾驶、共享模式在北京的蓬勃发展，北京交通运输领域对相关人才的需求大大提高。北京不断完善人才发展政策，2018 年印发的《北京市引进人才管理办法》中提出，要服务于北京“四个中心”战略定位和城市总体规划布局，通过多种方式，满足各类创新主体的多样化人才需求，引进紧缺急需人才。北京持续深化科技领域“放管服”改革，探索实行“五新”机制，包括新的运行体制、财政支持政策、绩效评价机制、知识产权激励和

---

① 《【中国交通报】高质量建设交通强省　江苏在行动》，江苏省交通运输厅网站，2020 年 12 月 24 日，http：//jtyst. jiangsu. gov. cn/art/2020/12/24/art_ 41651_ 9614379. html。

固定资产管理方式等，鼓励研发机构高质量发展，更大力度推动“三城一区”融合。许多推动科技创新的法律政策及措施陆续出台，为科研单位、高校、企业等创新主体提供政策支持。2020 年，北京的交通运输科技机构数量为 27 个，交通运输青年科技英才人数达到 40 万，交通业就业人员比例为全国最高。

九　治理水平指数

（一）2020年治理水平指数测算结果分析

治理水平指数指的是综合交通法规体系、优化营商环境政策数量、交通决策机制的公众参与度、交通领域监督机制的透明度、交通精神宣传力度和“车让人”发生频率指标的可拓学分析与模糊综合评价加权平均的结果。表 25 显示了 31 个省份的治理水平指数及排名。

表 25　31 个省份治理水平指数及排名

排名	省份	治理水平指数	排名	省份	治理水平指数
1	北京	81.40	17	山西	49.83
2	贵州	78.66	18	广东	46.32
3	山东	73.79	19	湖南	44.20
4	云南	72.82	20	江西	41.59
5	安徽	71.05	21	西藏	39.45
6	吉林	70.07	22	福建	37.79
7	重庆	69.93	23	海南	37.62
8	天津	65.31	24	甘肃	35.13
9	内蒙古	64.57	25	河南	33.75
10	上海	64.36	26	河北	30.80
11	新疆	64.31	27	湖北	27.80
12	江苏	61.05	28	青海	27.32
13	辽宁	57.68	29	陕西	24.82
14	浙江	56.74	30	广西	23.93
15	黑龙江	54.21	31	四川	23.91
16	宁夏	51.55			

由表 25 可知，北京的治理水平指数达到 81.40，排名第一，共有 16 个省份在 50 以上，其余均在 50 以下。40 到 50 之间的省份有 4 个，分别为山西、广东、湖南和江西；30 到 40 之间的省份有 6 个，分别为西藏、福建、海南、甘肃、河南和河北；20 到 30 之间的省份有 5 个，分别为湖北、青海、陕西、广西和四川。

接下来对排名最高和最低的省份进行分析。北京坚持以人民为中心，其交通治理水平最高。2020 年北京出台交通综合治理行动计划，提出本年度的重点工作为优化供给、调控需求和强化治理，提出 36 项措施，推动首都交通综合治理能力和治理水平提升。同时，交通运输行业积极进行简政放权、放管结合、优化服务等措施，持续进行营商环境改革，促进服务工作提质增效，群众的获得感、幸福感和满意度进一步提升，也为首都功能建设、服务水平提升和京津冀协同发展提供坚固支撑。在监督方面，北京市交通运输综合执法总队于 2020 年 9 月挂牌成立，进行职能整合并新增内设机构，为首都交通事业健康有序发展提供良好的运输市场环境。北京交通运输服务监督电话接通率高达 90%以上，为市民提供畅通的监督途径。各类交通政策、法规、计划等的颁布以及机构的设置，都有助于北京交通治理水平的提高。

对于治理水平最低的四川而言，其在综合交通法规体系和优化营商环境政策数量方面有所欠缺，公众决策和监督机制尚未完善，交通文明和文化宣传活动影响较小。交通运输执法方面，存在职责不清、机制不顺、保障不足的问题，以及“钓鱼执法”“选择性执法”“执法一刀切”等社会反响较大的违规执法行为，执法能力不足，与其他部门协调衔接不畅。长期以来，由于四川、重庆省域交界地城市对交通政策的理解程度不同，存在执法取证难、调查难的问题，不法分子利用此类政策和管理漏洞从事违法行为，对当地交通运输安全带来隐患。2020 年，四川开展了交通运输综合行政执法改革，但各地行政执法改革落实不统一，执法职责不清、机制不健全、保障不足等问题仍比较突出。

31 个省份治理水平指数的平均值为 51.02，中位数为 51.55，高于平均值。最大值和最小值分别为 81.40 和 23.91，标准差为 17.59。治理水平指数高于平均值的省份共有 16 个。其余 15 个省份的治理水平指数均在平均值以下。

按照区域划分，31 个省份可以划分为东部地区、中部地区、西部地区和东北地区，表 26 为四大区域治理水平指数特征统计情况。

表 26　四大区域治理水平指数特征统计情况

指标	东部地区	中部地区	西部地区	东北地区
最大值	81.40	71.05	78.66	70.07
最小值	30.80	27.80	23.91	54.21
中位数	58.90	42.90	45.50	57.68
平均值	55.52	44.70	48.03	60.65
标准差	15.94	13.76	20.32	6.81

由表 26 可知，四大区域的治理水平指数平均值从高到低依次为东北地区、东部地区、西部地区和中部地区，对应的治理水平指数平均值依次为 60.65、55.52、48.03 和 44.70。区域治理水平指数平均值高于 31 个省份治理水平指数平均值（51.02）的是东北地区和东部地区，另外 2 个地区的治理水平指数平均值均低于此平均值。东北地区和东部地区优化营商环境政策数量较多，综合交通法规体系较为完善，交通决策和监督机制的公众参与度较高，交通文化宣传力度较大，拥有较好的交通文明环境。

东部地区的 10 个省份中，6 个省份的治理水平指数在区域平均值和全国平均值以上，占比达到 60%，说明东部地区的交通治理水平表现较好。中部地区的 6 个省份中，2 个省份的治理水平指数在区域平均值以上，占比为 33.33%，1 个省份超过全国治理水平指数平均值，为安徽，说明中部地区的交通治理水平与全国平均水平相比存在较大差距。西部地区的 12 个省份中，6 个省份的治理水平指数在区域平均值和全国平均值以上，占比达到 50%。东北地区的 3 个省份中，只有吉林的治理水平指数超过区域平均值，但是 3 个省份的治理水平指数均超过全国平均值，说明东北地区省份的交通治理水平较高。

（二）2020年与2019年治理水平指数比较分析

与2019年相比，2020年31个省份治理水平指数的平均值有所提升，达到51.02（2019年为41.43），增长23.15%。治理水平指数排名前三的省份是北京、贵州、山东。

治理水平指数增幅较大的省份为贵州、安徽、山东、黑龙江、吉林，增幅分别为187.54%、136.61%、118.34%、116.37%、99.41%；降幅较大的省份为广西、青海、陕西、湖北、四川，降幅分别为59.66%、56.43%、31.74%、27.19%、24.81%。

表27显示了31个省份的治理水平指数及各分指标变化幅度，反映了治理水平指数发生变化的具体原因，现以变化明显的省份为例进行分析。对于治理水平指数变化幅度较大的贵州、安徽、山东、黑龙江和吉林而言，这些省份在交通决策机制的公众参与度以及交通领域监督机制的透明度方面表现较好，“车让人”的发生频率较高，从侧面反映出当地交通精神宣传力度较大，拥有良好的交通文明环境。

表27　31个省份的治理水平指数及各分指标变化幅度

排名	省份	治理水平指数	变化幅度(%)					
			综合交通法规体系	优化营商环境政策数量	交通决策机制的公众参与度	交通领域监督机制的透明度	交通精神宣传力度	“车让人”发生频率
1	北京	81.40	2.28	2.74	0.02	0.08	0.04	0.05
2	贵州	78.66	-0.04	-0.47	0.06	0.06	0.07	0.08
3	山东	73.79	-0.11	-0.47	0.04	0.05	0.06	0.04
4	云南	72.82	-0.82	-0.82	0.01	0.06	0.06	0.10
5	安徽	71.05	0.55	1.85	0.04	0.02	0.06	0.01
6	吉林	70.07	0.37	0.43	0.05	0.02	0.04	0.05
7	重庆	69.93	-0.43	-0.64	0.04	0.03	0.05	0.07
8	天津	65.31	1.05	-0.11	0.05	0.04	0.05	-0.02
9	内蒙古	64.57	-0.48	0.43	0.03	0.02	0.08	0.02
10	上海	64.36	-0.66	-0.11	0.03	0.04	0.01	0.03

续表

排名	省份	治理水平指数	变化幅度(%)					
			综合交通法规体系	优化营商环境政策数量	交通决策机制的公众参与度	交通领域监督机制的透明度	交通精神宣传力度	“车让人”发生频率
11	新疆	64.31	-0.75	-0.64	0.06	0.03	0.08	-0.01
12	江苏	61.05	0.46	1.14	0.00	0.02	0.04	-0.01
13	辽宁	57.68	-0.61	0.25	0.01	0.04	0.03	-0.05
14	浙江	56.74	-0.27	-0.64	-0.01	0.02	0.03	0.04
15	黑龙江	54.21	-0.11	0.07	0.02	0.03	0.01	-0.03
16	宁夏	51.55	-0.02	0.07	0.01	-0.01	0.00	0.02
17	山西	49.83	-0.27	-1.00	0.01	0.00	-0.01	0.01
18	广东	46.32	-0.25	2.21	0.00	-0.02	-0.02	-0.04
19	湖南	44.20	0.07	-0.64	0.03	-0.03	0.01	-0.01
20	江西	41.59	0.21	-0.11	-0.03	-0.02	-0.05	0.02
21	西藏	39.45	-0.82	-1.00	0.00	-0.02	-0.02	-0.03
22	福建	37.79	2.76	1.32	-0.04	-0.03	-0.06	-0.04
23	海南	37.62	-0.64	-1.00	-0.03	-0.01	-0.03	-0.02
24	甘肃	35.13	-0.48	-1.00	-0.03	-0.03	-0.02	-0.03
25	河南	33.75	0.03	-0.64	-0.03	-0.04	-0.06	0.00
26	河北	30.80	0.30	-1.00	-0.04	-0.07	-0.05	0.00
27	湖北	27.80	-0.06	-0.29	-0.01	-0.06	-0.05	-0.08
28	青海	27.32	-0.59	-0.64	-0.05	-0.03	-0.07	-0.05
29	陕西	24.82	-0.22	0.25	-0.07	-0.07	-0.11	-0.01
30	广西	23.93	-0.18	1.14	-0.08	-0.08	-0.09	-0.04
31	四川	23.91	-0.29	-0.64	-0.08	-0.03	-0.07	-0.07

以变化较大的贵州和安徽为例。贵州从2019年底开始持续进行道路交通安全大整治，在交通安全文明意识和交通综合治理方面取得成效，整治内容主要聚焦于安全教育、道路交通环境、交通隐患排查治理和推进治理体系与治理能力现代化等方面。贵州在交通运输行业法制建设工作方面取得成果，城市交通与农村道路交通治理工作同步推进，交通治理水平整体提高。在交通领域的决策和监督方面，依法规范决策程序，制定重大行政决策程序

规定、“两公开一监督”制度等30多个行政决策程序制度和办法，发布《贵州省交通运输厅重大行政决策程序规定（试行）》和《贵州省交通运输厅“两公开一监督”制度（试行）》，进一步提高了交通运输工作的透明度和党员群众的参与度，在全社会形成良好的参与和监督风尚。坚持公正文明执法，全面推行行政执法公示制度，及时公布投诉举报电话和邮箱，为交通运输执法领域突出问题的监督提供渠道。同时，深化“放管服”改革，提高服务效率，一系列措施使贵州交通法治建设成果丰硕，依法行政基础不断夯实。2020年，贵州全省开展“路政宣传月”活动，在全社会营造了解公路、关心公路、爱护公路、支持治超的良好氛围，打造社会共治的良好环境。

2020年，为实现全省营商环境的持续优化，安徽发布《安徽省实施〈优化营商环境条例〉办法》。“智慧政务”模式不断完善，着力打造并推广全省政务服务“皖事通办”平台，以实际行动推动营商环境持续优化。进一步为实体经济的做实、做强、做优提出改革举措，加快打造市场化、法治化、国际化营商环境。安徽发布的《安徽省交通运输厅2020年交通运输依法行政和法制工作要点》，对交通运输依法行政和法制重点工作进行细化明确，从健全完善法治交通建设工作机制、制定法治交通建设规划计划、提升行政决策水平、完成法治政府部门建设年度任务四个方面，对法治政府部门建设提出明确要求。加快推进交通运输综合行政执法改革，完善法治监督保障体系，持续开展交通法制教育，安徽的交通治理水平获得提升。重点关注全省车辆的“超限超载”问题，提升路面治超联合执法水平，完善治超监管网络，打造治超综合应用平台，提升大件运输许可服务质量，以此推进车辆“超限超载”治理体系和治理能力现代化。

B.5

中国交通强国指数区域比较研究

刘铁鹰　贾心雨*

摘　要：　本报告以区域为视角，对各指数按照东部地区、中部地区、西部地区和东北地区进行对比分析。分析发现，东部地区、中部地区、东北地区交通强国指数综合得分较2020年均有所提高，而西部地区交通强国指数综合得分略有下降。在交通强国发展的进程中，东部地区在人才队伍建设方面仍有待提高，须加强人才队伍建设；中部地区需要加快绿色交通建设，提升交通治理水平；西部地区应推动交通现代化治理，注重交通安全建设；东北地区应加快推动交通装备现代化。

关键词：　交通运输业　交通强国指数　区域比较

一　东部地区

（一）东部地区省份指数基本分析

由东部地区各省份的交通强国指数综合得分及排名可知，东部地区省份的交通发展水平整体较高。东部地区综合得分平均值为41.6282，标准差为

* 刘铁鹰，博士，北京交通大学经济管理学院副教授，硕士生导师，主要研究方向为区域经济、产业经济；贾心雨，北京交通大学经济管理学院硕士研究生，主要研究方向为产业经济、运输经济。

8.5525，说明东部地区各省份之间交通发展差距较大。在东部地区10个省份中，江苏的综合得分最高，得分最低的省份是河北（见表1）。2020年，江苏铁路、水路承担的大宗货物运输量显著增加，与2017年相比，全省多式联运货运量、重点港口集装箱铁水联运量增长30%以上，内河集装箱运输量达到50万标准箱，运输结构调整取得显著成效。打造交通引领城市群发展样板，基本实现沿江各设区市1.5小时至上海、南京，城市群内各市县之间2小时通达，江苏已成为交通强国建设的“领头羊”。

表1　东部地区各省份交通强国指数综合得分及排名

排名	东部地区	综合得分	排名	东部地区	综合得分
1	江苏	55.5698	8	海南	31.2762
2	北京	47.2459	9	福建	31.0699
3	山东	47.2459	10	河北	29.3691
4	广东	46.3847	平均值		41.6282
5	上海	43.8388	最大值		55.5698
6	浙江	43.5296	最小值		29.3691
7	天津	40.7522	标准差		8.5525

由表2可知，在东部地区省份中，上海的基础设施指数最高，河北的基础设施指数最低。为使新型基础设施建设和创新能力向国际一流水平靠近，2020年，上海推进新型基础设施建设行动方案，提出了具体的政策规划，以保障基础设施建设顺利落实。①

表2　东部地区各省份基础设施指数及排名

排名	东部地区	基础设施指数	排名	东部地区	基础设施指数
1	上海	78.0654	3	北京	67.1859
2	天津	70.1784	4	江苏	50.9910

① 《上海市人民政府关于印发〈上海市推进新型基础设施建设行动方案（2020—2022年）〉的通知》，上海市人民政府网站，2020年5月8日，https：//www.shanghai.gov.cn/nw48504/20200825/0001-48504_ 64893.html。

续表

排名	东部地区	基础设施指数	排名	东部地区	基础设施指数
5	浙江	44. 1477	10	河北	31. 7209
6	山东	43. 5412	最大值		78. 0654
7	广东	39. 4992	平均值		49. 6226
8	福建	36. 8672	最小值		31. 7209
9	海南	34. 0294	标准差		16. 4575

由表 3 可知，在东部地区省份中，北京的交通装备指数最高，福建的交通装备指数最低。北京作为中国集聚轨道交通装备重点企业最密集的区域之一，其轨道交通装备产业链条已经较为完善，企业覆盖了整个产业链环节，北京的中国中车是中国轨道交通装备的重点龙头企业。2020 年，北京私人汽车保有量为 657 万辆，较上年末增加 20. 5 万辆。北京交通配置不断提高，交通装备指数也随之提高。

表 3　东部地区各省份交通装备指数及排名

排名	东部地区	交通装备指数	排名	东部地区	交通装备指数
1	北京	53. 4318	8	广东	29. 5607
2	山东	47. 0141	9	浙江	29. 1203
3	天津	41. 5586	10	福建	23. 9480
4	河北	41. 2554	平均值		37. 3075
5	江苏	41. 0462	最大值		53. 4318
6	上海	34. 5839	最小值		23. 9480
7	海南	31. 5555	标准差		9. 1157

由表 4 可知，在东部地区省份中，广东和福建分别为运输服务指数最高和最低的省份。2020 年，广东省交通运输厅继续落实“互联网+综合运输服务”行动，牢牢把握“六个一”发展思路，有效提高广东运输服务水平。

表 4　东部地区各省份运输服务指数及排名

排名	东部地区	运输服务指数	排名	东部地区	运输服务指数
1	广东	70. 8038	8	北京	33. 5678
2	浙江	60. 2853	9	海南	30. 8363
3	山东	57. 6937	10	福建	28. 2787
4	江苏	45. 2109	平均值		43. 2656
5	河北	37. 1774	最大值		70. 8038
6	天津	34. 4700	最小值		28. 2787
7	上海	34. 3322	标准差		14. 6339

由表 5 可知，在东部地区省份中，江苏的科技创新指数最高，河北的科技创新指数最低。2020 年，江苏交通运输行业深入实施创新驱动发展战略，获省科技进步奖 8 项，获中国公路学会、中国航海学会、中国水运建设行业协会科学技术奖 22 项，入选交通运输部行业重点科技清单项目 6 项，拥有交通运输重大科技创新成果库入库成果 13 项，[①] 有力推进了江苏科技创新的进程。

表 5　东部地区各省份科技创新指数及排名

排名	东部地区	科技创新指数	排名	东部地区	科技创新指数
1	江苏	58. 7892	8	福建	29. 8928
2	北京	57. 2103	9	海南	26. 1652
3	广东	37. 2064	10	河北	24. 7555
4	天津	33. 5774	平均值		36. 1462
5	上海	32. 0414	最大值		58. 7892
6	山东	31. 8439	最小值		24. 7555
7	浙江	29. 9800	标准差		12. 0461

① 《2020 年度江苏交通运输科技发展报告出炉》，江苏省交通运输厅网站，2021 年 1 月 29 日，http：//jtyst. jiangsu. gov. cn/art/2021/1/29/art_ 41904_ 9660587. html。

由表 6 可知，在东部地区省份中，山东的交通安全指数最高，河北的交通安全指数最低。2020 年，山东着力提升事故防控能力、科技兴安能力、管理创新能力、文化引领能力和应急处置能力，建设“平安交通”强省。以科技赋能交通安全，2020 年山东交通安全专利数为 407 个；严厉打击交通运输领域涉黑涉恶势力的犯罪行为，打击“黑车”，整治非法“超限超载”，为公众营造安全的交通出行环境，以上措施有力保障了山东的交通安全。

表 6　东部地区各省份交通安全指数及排名

排名	东部地区	交通安全指数	排名	东部地区	交通安全指数
1	山东	63. 1174	8	福建	41. 6794
2	广东	62. 9617	9	海南	39. 1999
3	江苏	58. 4057	10	河北	34. 3839
4	上海	57. 9974	平均值		52. 9404
5	北京	57. 9873	最大值		63. 1174
6	浙江	57. 3351	最小值		34. 3839
7	天津	56. 3358	标准差		10. 4121

由表 7 可知，在东部地区省份中，江苏的绿色发展指数最高，天津的绿色发展指数最低。2020 年，江苏大力发展绿色货运和绿色港口，火车和港口节能降效取得显著成效，与 2019 年相比，火车能耗和碳排放强度分别下降 3. 9%和 1. 3%，港口生产能耗和碳排放强度分别下降 8. 7%和 11. 8%。同时，推广应用新能源营运车辆 5. 5 万辆、清洁能源营运车辆 7. 5 万辆，完成 24 艘 LNG 动力船舶建造和 68 艘大吨位船舶 LNG 动力更新改造，[①] 进一步优化了交通运输行业能源消费结构，提高了江苏绿色发展水平。

① 《2020 年度江苏交通运输科技发展报告出炉》，江苏省交通运输厅网站，2021 年 1 月 29 日，http：//jtyst. jiangsu. gov. cn/art/2021/1/29/art_ 41904_ 9660587. html。

表 7　东部地区各省份绿色发展指数及排名

排名	东部地区	绿色发展指数	排名	东部地区	绿色发展指数
1	江苏	74. 2853	8	海南	25. 5313
2	广东	62. 5630	9	河北	24. 8487
3	浙江	42. 8528	10	天津	22. 7991
4	上海	39. 5986	平均值		39. 9765
5	福建	36. 4755	最大值		74. 2853
6	山东	35. 8884	最小值		22. 7991
7	北京	34. 9225	标准差		16. 6091

由表 8 可知，在东部地区省份中，江苏的开放合作指数最高，天津和河北的开放合作指数最低。2020 年上半年，江苏中欧（亚）班列共开行 742 列，同比增长 52. 9%，开行总体情况高于全国平均水平，江苏有较多发达的外向型经济，贸易增长潜力巨大。① 此外，江苏为“一带一路”的交汇点，有助于其自身开放水平的提升。

表 8　东部地区各省份开放合作指数及排名

排名	东部地区	开放合作指数	排名	东部地区	开放合作指数
1	江苏	76. 5272	8	海南	20. 7811
2	浙江	62. 1454	9	天津	13. 8889
3	广东	47. 3934	9	河北	13. 8889
4	山东	40. 4427	平均值		36. 1199
5	福建	36. 6365	最大值		76. 5272
6	北京	25. 1916	最小值		13. 8889
7	上海	24. 3034	标准差		20. 9202

由表 9 可知，在东部地区省份中，北京的人才队伍指数最高，海南的人才队伍指数最低。北京一直深入推进产教融合，加强交通人才队伍建设，同时颁布一系列人才引进政策，加快了本地人才队伍建设。

① 《上半年中欧班列逆势增长》，江苏省交通运输厅网站，2020 年 7 月 17 日，http://jtyst.jiangsu.gov.cn/art/2020/7/17/art_41904_9311617.html。

表 9　东部地区各省份人才队伍指数及排名

排名	东部地区	人才队伍指数	排名	东部地区	人才队伍指数
1	北京	90. 2370	8	福建	19. 0826
2	江苏	40. 0858	9	河北	18. 5766
3	上海	39. 4060	10	海南	16. 9684
4	广东	29. 6633	平均值		31. 8702
5	天津	24. 2461	最大值		90. 2370
6	浙江	20. 4064	最小值		16. 9684
7	山东	20. 0294	标准差		22. 1808

由表 10 可知，在东部地区省份中，北京的治理水平指数最高，河北的治理水平指数最低。2020 年，北京实施交通综合治理行动计划，提出要将中心城区绿色出行比例提高到 75%，路网交通指数控制在 5. 6 左右，① 推动北京交通综合治理水平不断提升。

表 10　东部地区各省份治理水平指数及排名

排名	东部地区	治理水平指数	排名	东部地区	治理水平指数
1	北京	81. 4006	8	福建	37. 7902
2	山东	73. 7946	9	海南	37. 6221
3	天津	65. 3107	10	河北	30. 7987
4	上海	64. 3569	平均值		55. 5187
5	江苏	61. 0527	最大值		81. 4006
6	浙江	56. 7448	最小值		30. 7987
7	广东	46. 3162	标准差		16. 8006

① 《北京市人民政府办公厅关于印发〈2020 年北京市交通综合治理行动计划〉的通知》，中国政府网，2020 年 2 月 18 日，http：//www. gov. cn/xinwen/2020-02/18/content_ 5480348. htm。

（二）2020年与2019年东部地区省份指数比较分析

与2019年相比，2020年东部地区省份的交通强国指数综合得分平均值由37.7889增加到41.6282，说明东部地区的交通发展整体水平不断提高，标准差由6.6143增加到8.5525，说明东部地区各省份之间的交通发展差距不断扩大。江苏仍为综合得分最高的省份，且综合得分由50.8978增加到55.5698，但得分最低的省份由海南省变成河北省。江苏交通强国指数在东部地区排名第一的原因有以下几点。2020年，江苏制定并贯彻落实《交通强国江苏方案》，水路和铁路的大宗货物运输量显著增加，多式联运货运量显著增加，运输结构调整取得显著成效，内河集装箱运输量达到50万标准箱。打造交通引领城市群发展样板，基本实现沿江各设区市1.5小时至上海、南京，城市群内各市县之间2小时通达，这些政策有力地保障了江苏交通强国建设的稳步前进。

与2019年相比，2020年东部地区省份的基础设施指数平均值由47.0446增加到49.6226，说明东部地区的基础设施建设整体水平提高，但标准差由11.9614增加到16.4575，说明东部地区各省份之间基础设施建设水平的差距不断扩大。上海仍为基础设施指数最高的省份，且该指数由69.4444增加到78.0654，指数最低的省份仍为河北。上海基础设施指数在东部地区排名第一的原因有以下几点。2020年，《上海市推进新型基础设施建设行动方案（2020—2022年）》正式发布，提出推进新型基础设施规模建设，将物联网、5G等新技术融入生产生活，大力发展数字经济，完善数字网络。[①] 为支持上述规划，上海提出相应的政策支持：枢纽全球化，不断增强国际开放枢纽门户功能；区域一体化，打造长三角更高质量的城际交通；市域畅达化，坚持以公共交通引导空间新格局；全龄友好化，构建便捷可靠有活力的城市交通等。这些政策有力地保证了上海交通基础设施建设水

---

① 《上海市人民政府关于印发〈上海市推进新型基础设施建设行动方案（2020—2022年）〉的通知》，上海市人民政府网站，2020年5月8日，https://www.shanghai.gov.cn/nw48504/20200825/0001-48504_64893.html。

平的提高。

与2019年相比，2020年东部地区省份的交通装备指数平均值由38.4267减小到37.3075，说明东部地区的交通装备水平整体下降，标准差由11.8456减小到9.1157，说明东部地区各省份之间的交通装备水平差距不断缩小。北京仍为交通装备指数最高的省份，但该指数由68.7358减小到53.4318，指数最低的省份仍为福建。北京的交通装备指数在东部地区排名第一，原因分析如下。北京作为中国集聚轨道交通装备重点企业最密集的区域之一，其轨道交通装备产业链条已经较为完善，企业覆盖了整个产业链环节，北京的中国中车是中国轨道交通装备的重点龙头企业。2020年，北京私人汽车保有量为657万辆，较上年末增加20.5万辆。北京交通配置不断提高。

与2019年相比，2020年东部地区省份的运输服务指数平均值由39.8929增加到43.2656，说明东部地区的运输服务水平整体提高，标准差由8.4225增加到14.6339，说明东部地区各省份之间的运输服务水平差距不断扩大。广东仍为运输服务指数最高的省份，且该指数由52.8676增加到70.8038，指数最低的省份由海南变为福建。广东的运输服务指数在东部地区排名第一的原因有以下几点。2020年，广东省交通运输厅仍继续贯彻“互联网+综合运输服务”行动，牢牢把握“六个一”发展思路，2020年底实现干线高速公路充电设施全覆盖。统筹考虑综合交通运行监测、安全应急、信息服务、统计决策等行业内外需求，按照“统筹规划、共建共享”的原则，建设覆盖交通基础设施、运载装备、重点物资的智能交通感知网络，为广东运输服务质量的提高提供了强有力的保障。

与2019年相比，2020年东部地区省份的科技创新指数平均值由36.9522减小到36.1462，说明东部地区的科技创新水平整体下降，标准差由13.1399减小到12.0461，说明东部地区各省份之间的科技创新水平差距不断缩小。科技创新指数最高的省份由北京变为江苏，该指数由66.7237减小到58.7892，指数最低的省份由山东变为河北。江苏的科技

创新指数在东部地区排名第一的原因有以下几点。2020 年，江苏坚持创新驱动发展战略，鼓励开展科学研究，取得一系列重大成果，其中江苏交通获省科技进步奖 8 项，入选交通运输部行业重点科技清单项目 6 项，拥有交通运输重大科技创新成果库入库成果13 项，[①] 有力推进了江苏科技创新的进程。

与 2019 年相比，2020 年东部地区各省份的交通安全指数平均值由 35. 0411 增加到 52. 9404，说明东部地区的交通安全水平整体提高，标准差由 10. 4386 减小到 10. 4121，说明东部地区各省份之间的交通安全水平差距不断缩小。交通安全指数最高的省份由江苏变为山东，且该指数由 55. 4735 增加到 63. 1174，指数最低的省份由海南变为河北。山东的交通安全指数在东部地区排名第一的原因有以下几点。2020 年，山东着力提升事故防控能力、科技兴安能力、管理创新能力、文化引领能力和应急处置能力，建设“平安交通”强省。具体表现为：建设安全生产风险分级管控和隐患排查治理双重预防体系，针对不同重点领域出台相应实施指南，指导企业建立风险隐患排查治理和防范化解重大风险机制。以科技赋能交通安全，2020 年山东交通安全专利数为 407 个，不断推动大数据、云计算、人工智能等技术与综合交通运输安全监管深度融合；研发交通运输安全生产监管监察信息系统，打造“智慧交通安监”；加强车船桥隧智能监控监测系统、车辆自动避险、电子运单等技术手段的推广应用。构建以信用为核心的安全监管机制，加大安全生产违法违规行为惩戒力度。借助各类媒体深入基层和企业，广泛开展交通安全宣传和培训活动，提高公众安全文明出行意识。不断健全应急管理体制机制，制定突发事件应急工作规范，稳步建设省级综合交通运输调度和应急指挥系统，并定期开展应急演练，全面提高应急救援能力。山东的应急救援满意度和安全法规满意度均处于全国领先水平。此外，严厉打击交通运输领域涉黑涉恶势力的犯罪行为，打击“黑车”，整治非法“超限超

① 《2020 年度江苏交通运输科技发展报告出炉》，江苏省交通运输厅网站，2021 年 1 月 29 日，http：//jtyst. jiangsu. gov. cn/art/2021/1/29/art_ 41904_ 9660587. html。

载”，为公众营造安全的交通出行环境，以上措施有力地保障了山东的交通安全。

与2019年相比，2020年东部地区各省份的绿色发展指数平均值由42.3794减小到39.9765，说明东部地区的绿色发展水平整体在下降，标准差由11.6820减小到16.6091，说明东部地区各省份之间的绿色发展水平差距不断缩小。江苏仍为绿色发展指数最高的省份，该指数由59.6508增加到74.2853，指数最低的省份由河北变为天津。江苏的绿色发展指数在东部地区排名第一的原因有以下几点。2020年，江苏发展绿色货运和绿色港口，与上年相比，营运火车能耗和碳排放强度分别下降3.9%和1.3%，港口生产能耗和碳排放强度分别下降8.7%和11.8%。[①] 优化交通运输行业能源消费结构，应用5.5万辆新能源营运车以及7.5万辆清洁能源营运车，建造24艘LNG动力船舶。同时，制定了《江苏省绿色公路建设指南》《绿色航道建设指南》《江苏省绿色港口评价指标体系》《江苏省绿色出行城市创建方案》等政策文件，全面开展绿色交通示范项目建设，提高了江苏绿色发展水平。

与2019年相比，2020年东部地区各省份的开放合作指数平均值由40.4992减小到36.1199，说明东部地区的开放合作水平整体在下降，标准差由16.2811增加到20.9202，说明东部地区各省份之间的开放合作水平差距在不断扩大。江苏仍为开放合作指数最高的省份，该指数由75.2007增加到76.5272，指数最低的省份由河北变为天津。江苏的开放合作指数在东部地区排名第一的原因有以下几点。2020年上半年江苏中欧（亚）班列共开行742列，同比增长52.9%。[②] 中铁集团统计数据表明，江苏中欧（亚）班列上半年开行总货值达到81.8亿元，高于全国平均水平，同比增长48.4%；江苏外向型经济发达，贸易增长潜力巨大，随着产

① 《2020年度江苏交通运输科技发展报告出炉》，江苏省交通运输厅网站，2021年1月29日，http：//jtyst.jiangsu.gov.cn/art/2021/1/29/art_41904_9660587.html。

② 《上半年中欧班列逆势增长》，江苏省交通运输厅网站，2020年7月17日，http：//jtyst.jiangsu.gov.cn/art/2020/7/17/art_41904_9311617.html。

业结构不断优化，中端产品的份额会随之增加；此外，江苏省作为“一带一路”的交汇点，有助于其提高自身的开放水平。

与2019年相比，2020年东部地区各省份的人才队伍指数平均值由42.6205减小到31.8702，说明东部地区的人才队伍水平整体在下降，标准差由10.5504增加到22.1808，说明东部地区各省份之间的人才队伍水平差距不断扩大。北京仍为人才队伍指数最高的省份，且该指数由65.4404增加到90.2370，指数最低的省份由福建变为海南。北京的人才队伍指数在东部地区排名第一的原因有以下几点。北京努力构建安全、便捷、高效、绿色、经济的现代化综合交通体系，为建设国际一流和谐宜居之都提供坚实人才支撑，深入推进产教融合，加强交通人才队伍建设。2020年北京出台相应的人才引进政策等，推动了北京人才队伍建设。

与2019年相比，2020年东部地区各省份的治理水平指数平均值由45.1829增加到55.5187，说明东部地区的治理水平整体提高，标准差由12.4972增加到16.8006，说明东部地区各省份之间的治理水平差距不断扩大。北京仍为治理水平指数最高的省份，且该指数由68.3071增加到81.4006，指数最低的省份仍为河北。北京的治理水平指数在东部地区排名第一的原因有以下几点。2020年，北京实施交通综合治理行动计划，按照“优供、控需、强治”总体思路，坚持“慢行优先、公交优先、绿色优先”理念，构建综合、绿色、安全、智能的现代化立体城市交通系统，实现中心城区绿色出行比例达75%、路网交通指数控制在5.6左右的目标①。提出要抓好工作落实，强化督查考评，为交通治理水平的提高提供了有力的保障。

（三）东部地区省份交通强国发展提升建议

1. 培养综合交通人才队伍，助力交通强国发展

由具备交通专业知识或技能，且能担负交通行业相应责任的人员构成

① 《北京市人民政府办公厅关于印发〈2020年北京市交通综合治理行动计划〉的通知》，中国政府网，2020年2月18日，http：//www.gov.cn/xinwen/2020-02/18/content_5480348.htm。

的现代化交通人才队伍，是推动交通运输行业不断发展的基石与动力源泉。首先，东部地区省份应制定适宜的人才队伍建设目标；其次，不断更新并完善人才引进制度，明确政策的具体要求和人才标准，引进高质量交通人才；最后，充分利用人才，定期进行人才培养、人才训练和人才开发等工作。

2. 开放、合作分别是交通行业的本质属性和必然要求

首先，东部地区省份应认识到交通层面开放合作的重要性和必要性；其次，凭借开放合作的意识，构建全方位、多层次、宽领域的对外开放格局；最后，不断提高本省的交通综合竞争力，促进交通网络的建设与完善，与国外建立友好的交通合作关系，以构建互联互通的全球交通网络。

3. 完善交通治理政策，提升交通治理水平

首先，东部地区应秉持“以人为本”的理念，在交通运输不断完善的过程中，注重交通治理水平的提升；其次，充分利用新兴科学技术，不断完善交通治理监督体系；最后，将定期的职业素养和技能培训作为交通人员的必修课，提高其执法检查能力，减少威胁交通运输安全的因素。

二　中部地区

（一）中部地区省份指数基本分析

由中部地区各省份的交通强国指数综合得分及排名可知，中部地区省份的交通发展水平整体较低。中部地区综合得分平均值为 33. 1540，标准差为 3. 7045，说明中部地区各省份之间交通发展差距较小（见表 11）。中部地区交通强国指数综合得分排名第一的是安徽。2020 年，安徽颁布《安徽省高速公路网规划修编（2020—2035 年）》，加快对建设“高速公路上的安徽”等“四上安徽”的部署，对高速公路支撑经济社会发展提出更高要求。为实现全省营商环境的持续优化，发布《安徽省交通运输厅 2020 年交通运输依法行政和法制工作要点》，对交通运输依法行政和法制重点工作进行细化

明确，推进立法、交通运输综合行政执法改革，完善法治监督保障体系，持续开展交通法制教育，提升安徽的交通治理水平。此外，安徽提出坚持规划指导、强化要素保障、加强实施管理、健全投融资体制等措施，保障交通强国的建设。

表 11　中部地区各省份交通强国指数综合得分及排名

排名	中部地区	综合得分	排名	中部地区	综合得分
1	安徽	36.8829	6	江西	26.6447
2	河南	35.9104	平均值		33.1540
3	山西	34.9301	最大值		36.8829
4	湖南	32.4427	最小值		26.6447
5	湖北	32.1131	标准差		3.7045

由表 12 可知，在中部地区省份中，安徽的基础设施指数最高，湖北的基础设施指数最低。2020 年，安徽纳入计划的均为亿元以上项目，总数达 6878 个，较 2019 年增长 13.4%，全年计划投资 13054.6 亿元，全年计划竣工项目 1389 个。①

表 12　中部地区各省份基础设施指数及排名

排名	中部地区	基础设施指数	排名	中部地区	基础设施指数
1	安徽	41.0404	6	湖北	31.1948
2	山西	39.0077	平均值		36.0308
3	河南	38.3422	最大值		41.0404
4	湖南	33.9212	最小值		31.1948
5	江西	32.6787	标准差		3.9592

① 《安徽省下达 2020 年重点项目投资计划》，安徽省发展和改革委员会网站，2020 年 4 月 2 日，http：//fzggw.ah.gov.cn/jgsz/jgcs/zdb/zhxx/139386851.html。

由表 13 可知，在中部地区省份中，河南的交通装备指数最高，湖南的交通装备指数最低。2020 年底，河南全省民用汽车保有量为 1759. 17 万辆，比上年末增长 8. 6%，交通装备数量不断增加。①

表 13 中部地区各省份交通装备指数及排名

排名	中部地区	交通装备指数	排名	中部地区	交通装备指数
1	河南	33. 5722	6	湖南	21. 6588
2	山西	32. 7410	平均值		28. 0140
3	安徽	30. 9199	最大值		33. 5722
4	江西	24. 9232	最小值		21. 6588
5	湖北	24. 2692	标准差		5. 0129

由表 14 可知，在中部地区省份中，安徽的运输服务指数最高，江西的运输服务指数最低。2020 年，安徽完成了 1. 1 万公里农村公路扩面延伸工程、4963 公里农村公路安全防护工程、199 座农村公路危桥改造，全面改善了农村通客车条件，建制村 100%通客车，同时改革农村公路管养体制，交通运输服务水平不断提升。②

表 14 中部地区各省份运输服务指数及排名

排名	中部地区	运输服务指数	排名	中部地区	运输服务指数
1	安徽	41. 2655	6	江西	30. 8225
2	河南	35. 4154	平均值		34. 0003
3	湖北	32. 7930	最大值		41. 2655
4	山西	32. 0539	最小值		30. 8225
5	湖南	31. 6514	标准差		3. 8896

由表 15 可知，在中部地区省份中，河南的科技创新指数最高，江西的科技创新指数最低。河南交通运输系统始终把科技创新作为行业发展的第一

① 《2020 年河南省国民经济和社会发展统计公报》，河南省人民政府网站，2021 年 3 月 8 日，http：//www. henan. gov. cn/2021/03-08/2104927. html。

② 《2020 年交通运输工作总结》，安徽省交通运输厅网站，2021 年 12 月 15 日，https：//jtt. ah. gov. cn/public/21701/120725621. html。

动力，打造了智慧高速、智慧工地、智慧客运，实现了多式联运“一单到底”，审批服务“一网通办”，智慧交通蓬勃发展。2020 年，河南工学院举办了交通科技大赛，以“面向智能、绿色、共享的综合交通”为主题，激发了大学生对绿色交通、智能交通、共享交通网络建设的关注，进一步提高了河南的科技创新水平。

表 15　中部地区各省份科技创新指数及排名

排名	中部地区	科技创新指数	排名	中部地区	科技创新指数
1	河南	36.6931	6	江西	21.2637
2	湖北	31.5237	平均值		29.2295
3	湖南	31.4506	最大值		36.6931
4	安徽	29.4241	最小值		21.2637
5	山西	25.0217	标准差		5.4240

由表 16 可知，在中部地区省份中，安徽的交通安全指数最高，江西的交通安全指数最低。2020 年，安徽人民群众安全感和对公安工作满意度分别达到 98.95%和 97.71%。处理 50 处重大火灾隐患、257 处道路交通隐患、90 处铁路专用线平交道口隐患，[①] 有效提高了公众的交通安全法规满意度和应急救援满意度。

表 16　中部地区各省份交通安全指数及排名

排名	中部地区	交通安全指数	排名	中部地区	交通安全指数
1	安徽	63.2350	6	江西	23.4626
2	山西	47.4278	平均值		44.0914
3	河南	46.9921	最大值		63.2350
4	湖南	43.4528	最小值		23.4626
5	湖北	39.9781	标准差		12.8755

① 《安徽省公安厅关于 2020 年法治政府建设工作情况的报告》，安徽省公安厅网站，2021 年 4 月 2 日，http：//gat.ah.gov.cn/public/7081/40421377.html。

由表 17 可知，在中部地区省份中，安徽的绿色发展指数最高，山西的绿色发展指数最低。2020 年，安徽加快落实《“十三五”长江经济带港口多式联运建设实施方案》，为切实推进长江经济带（安徽）绿色航运发展，在编制交通、水运中长期规划和专项规划时，充分考虑航道绿色发展，严格实施规划环境评价工作，为交通绿色发展水平的提高提供了坚实的保障。

表 17　中部地区各省份绿色发展指数及排名

排名	中部地区	绿色发展指数	排名	中部地区	绿色发展指数
1	安徽	33.4958	6	山西	21.9805
2	河南	28.1265	平均值		27.1581
3	湖北	27.1952	最大值		33.4958
4	湖南	26.1261	最小值		21.9805
5	江西	26.0243	标准差		3.7487

由表 18 可知，在中部地区省份中，湖北的开放合作指数最高，江西的开放合作指数最低。2020 年，湖北进行老挝国道北 13 号公路（西开至丰洪段道路）的升级与维护，该公路全长 58 公里，连接老挝首都万象和中国云南，承载了老挝货运、客运等多项交通运输任务，这项工作的完成有利于湖北提高对外开放水平。

表 18　中部地区各省份开放合作指数及排名

排名	中部地区	开放合作指数	排名	中部地区	开放合作指数
1	湖北	29.1864	6	江西	14.4005
2	河南	28.6761	平均值		22.2737
3	山西	25.4286	最大值		29.1864
4	安徽	18.0701	最小值		14.4005
5	湖南	17.8802	标准差		6.2879

由表 19 可知，在中部地区省份中，湖北的人才队伍指数最高，河南的人才队伍指数最低。2020 年是《湖北省中长期人才发展规划纲要（2010—

2020年）》的收官之年，湖北实现由人才大省向人才强省的转变，在中部地区率先建成人才强省，进入全国人才强省行列，交通运输科技机构数量、青年科技英才人数均有所增加，交通业就业人员比例也有所提高。

表19　中部地区各省份人才队伍指数及排名

排名	中部地区	人才队伍指数	排名	中部地区	人才队伍指数
1	湖北	34.7222	6	河南	17.2352
2	湖南	21.1949	平均值		21.6815
3	江西	19.3050	最大值		34.7222
4	安徽	18.8557	最小值		17.2352
5	山西	18.7759	标准差		6.5137

由表20可知，在中部地区省份中，安徽的治理水平指数最高，湖北的治理水平指数最低。2020年，安徽不断深化政事分开改革，“1+5+1+X”内部运行机制印发试行，制定出台行业治理体系和治理能力现代化实施意见。修订港口条例、道路运输管理条例。执法辅助人员管理、非现场执法程序以及执法司法衔接机制等配套政策日益完善。“科技创新助推执法规范”入选“法治政府建设单项示范创建项目”，综合执法检查考核位列全国第5，[①] 有效提高了安徽的治理水平。

表20　中部地区各省份治理水平指数及排名

排名	中部地区	治理水平指数	排名	中部地区	治理水平指数
1	安徽	71.0466	6	湖北	27.7992
2	山西	49.8337	平均值		44.7033
3	湖南	44.1984	最大值		71.0466
4	江西	41.5920	最小值		27.7992
5	河南	33.7498	标准差		15.0728

① 《省厅荣获2021年全国交通运输综合执法检查第五名》，安徽省交通运输厅网站，2022年1月5日，https：//jtt.ah.gov.cn/xwdt/xwbd/120786751.html。

（二）2020年与2019年中部地区省份指数比较分析

与 2019 年相比，2020 年中部地区各省份的交通强国指数综合得分平均值由 29.5329 增加到 33.1540，说明中部地区的交通发展水平整体提高，标准差由 2.0579 增加到 3.7045，说明中部地区各省份之间的交通发展差距不断扩大。综合得分最高的省份由湖北变为安徽，且安徽的综合得分由 32.7695 增加到 36.8829，得分最低的省份仍为江西。

安徽的交通强国指数在中部地区排名第一的原因有以下几点。2020 年，安徽颁布《安徽省高速公路网规划修编（2020—2035 年）》，加快对建设“高速公路上的安徽”等“四上安徽”的部署，对高速公路支撑经济社会发展提出更高要求。为实现全省营商环境的持续优化，自 2020 年 1 月 1 日起施行《安徽省实施〈优化营商环境条例〉办法》。“智慧政务”模式不断完善，着力打造全省政务服务“皖事通办”平台，推广“皖事通”移动端服务，以实际行动推动营商环境持续优化。发布《安徽省交通运输厅 2020 年交通运输依法行政和法制工作要点》，对交通运输依法行政和法制重点工作进行细化明确，推进立法、交通运输综合行政执法改革，完善法治监督保障体系，持续开展交通法制教育，有效提高了安徽的交通治理水平。此外，安徽提出坚持规划指导、强化要素保障、加强实施管理、健全投融资体制等措施，保障交通强国的建设。

与 2019 年相比，2020 年中部地区各省份的基础设施指数平均值由 34.2472 增加到 36.0308，说明中部地区的基础设施建设水平整体提高，标准差由 1.8143 增加到 3.9592，说明中部地区各省份之间的基础设施建设水平差距不断扩大。基础设施指数最高的省份由湖北变为安徽，安徽的指数由 36.5573 增加到 41.0404，指数最低的省份由湖南变为湖北，湖北从基础设施指数最高省份变为最低省份。安徽的基础设施指数在中部地区排名第一的原因有以下几点。安徽纳入计划的均为亿元以上项目，总数达 6878 个，较上年增长 13.4%，全年计划投资 13054.6 亿元，全年计划竣工项目 1389 个。[①] 铁路方面，安徽开通运营合杭高铁合肥以南段，合肥轨道交通 4 号线西段、5 号线南段具备运营条件。公路方面，建成滁州西环高速，开工建设合周高速寿县（保义）—颍上（南照）段、阜阳—淮滨高速安徽段、宣城—泾县高速（一期）、宁国—安吉高速安徽段、宁芜高速皖苏省界—芜湖枢纽段改扩建等。安徽交通基础设施保有量稳步提升。

与 2019 年相比，2020 年中部地区各省份的交通装备指数平均值由 27.3477 增加到 28.0140，说明中部地区的交通装备整体水平提高，标准差由 3.5901 增加到 5.0129，说明中部地区各省份之间的交通装备水平差距不断扩大。交通装备指数最高的省份由山西变为河南，河南的指数由 31.4548 增加到 33.5722，指数最低的省份仍为湖南。河南的交通装备指数在中部地区排名第一的原因有以下几点。2020 年底，河南民用汽车为 1759.17 万辆，同比增长 8.6%，私人汽车为 1609.65 万辆，增长 8.8%，私人轿车为 912.25 万辆，增长 9.5%；新能源汽车保有量为 33.6 万辆，新增 8.5 万辆，增长 62.5%，新建公共充电站 312 座，新增公共充电桩 7623 个。[②] 颁布《关于完善新能源汽车推广应用财政补贴政策》，有效促进河南交通装备水平的提升。

与 2019 年相比，2020 年中部地区各省份的运输服务指数平均值由 33.3659 增加到 34.0003，说明中部地区的运输服务水平整体提高，标准差由 1.7494 增加到 3.8896，说明中部地区各省份之间的运输服务水平差距不断扩大。运输服务指数最高的省份由湖北变为安徽，且安徽的指数由 35.2533 增加到 41.2655，指数最低的省份由山西变为江西。安徽的运输服务指数在中部地区排名第一的原因有以下几点。2020 年，安徽完成 1.1 万公里农村公路扩面延伸工程、4963 公里农村公路安全防护工程、199 座农村

---

① 《安徽省下达 2020 年重点项目投资计划》，安徽省发展和改革委员会网站，2020 年 4 月 2 日，http：//fzggw. ah. gov. cn/jgsz/jgcs/zdb/zhxx/139386851. html。

② 《2020 年河南省国民经济和社会发展统计公报》，河南省人民政府网站，2021 年 3 月 8 日，http：//www. henan. gov. cn/2021/03-08/2104927. html。

公路危桥改造；通客车条件全面改善，实现建制村 100%通客车；建设高质量“四好农村路”，改革农村公路管养体制，不断深化农村公路路长制、灾毁保险制度。[①] 同时，全面完善督导机制，加大宣传力度，充分利用电视、网络和相关媒体，宣传交通脱贫攻坚典型经验和案例，进一步提高运输服务水平。

与 2019 年相比，2020 年中部地区各省份的科技创新指数平均值由 24. 4540 增加到 29. 2295，说明中部地区的科技创新水平整体提高，标准差由 4. 4522 增加到 5. 4240，说明中部地区各省份之间的科技创新水平差距不断扩大。科技创新指数最高的省份由湖北变为河南，河南的指数由 31. 3424 增加到 36. 6931，指数最低的省份仍为江西。河南的科技创新指数在中部地区排名第一的原因有以下几点。首先，河南交通运输系统始终把科技创新作为行业发展的第一动力，打造了智慧高速、智慧工地、智慧客运，实现了多式联运“一单到底”，审批服务“一网通办”，智慧交通蓬勃发展。其次，为促进研究成果转化为现实生产力，河南省交通运输厅编制了“2020 年度河南省交通运输科技成果推广目录”。2020 年，河南工学院举办交通科技大赛，以“面向智能、绿色、共享的综合交通”为主题，激发了大学生对绿色交通、共享交通、智能交通建设的关注，吸引了各科技企业、科研院所和高校共同推进河南交通运输行业创新进程，促进新兴科学技术与交通运输行业的融合发展，从而增强交通运输核心竞争力，有力地提高了河南的科技创新能力。

与 2019 年相比，2020 年中部地区各省份的交通安全指数平均值由 26. 1617 增加到 44. 0914，说明中部地区的交通安全水平整体提高，标准差由 4. 6732 增加到 12. 8755，说明中部地区各省份之间的交通安全水平差距不断扩大。交通安全指数最高的省份由湖北变为安徽，安徽的指数由 31. 5372 增加到 63. 2350，指数最低的省份仍为江西。安徽的交通安全指数

---

① 《2020 年交通运输工作总结》，安徽省交通运输厅网站，2021 年 12 月 15 日，https：//jtt. ah. gov. cn/public/21701/120725621. html。

在中部地区排名第一的原因有以下几点。2020 年，安徽举行“五一”道路交通安全新闻发布会，介绍全省道路交通事故预防“减量控大”工作，以及配套组织的道路交通管理“固安行动”、高速公路交通安全整治“百日行动”和“一盔一带”安全守护行动的基本情况，警示曝光全省第一季度道路交通安全隐患，并对“五一”假期道路交通安全出行进行“两公布一提示”。安徽人民群众安全感和对公安工作满意度分别达到 98.95%和 97.71%。治理 50 处重大火灾隐患、257 处道路交通隐患、90 处铁路专用线平交道口隐患，[①] 有效提高了公众的交通安全法规满意度和应急救援满意度。

与 2019 年相比，2020 年中部地区各省份的绿色发展指数平均值由 30.0534 减小到 27.1581，说明中部地区的绿色发展水平整体降低，标准差由 5.3521 减小到 3.7487，说明中部地区各省份之间的绿色发展水平差距不断缩小。安徽仍为绿色发展指数最高的省份，该指数由 40.8466 减小到 33.4958，指数最低的省份仍为山西。安徽的绿色发展指数在中部地区排名第一的原因有以下几点。2020 年，安徽为切实推进长江经济带（安徽）绿色航运发展，在编制交通、水运中长期规划和专项规划时，充分考虑航道绿色发展的需求，严格实施规划环境评价工作，为安徽交通绿色发展水平的提高提供了坚实的保障。

与 2019 年相比，2020 年中部地区各省份的开放合作指数平均值由 25.3408 减小到 22.2737，说明中部地区的开放合作水平整体降低，标准差由 3.8729 增加到 6.2879，说明中部地区各省份之间的开放合作水平差距不断扩大。开放合作指数最高的省份由河南变为湖北，湖北的指数由 29.6143 减小到 29.1864，指数最低的省份由山西变为江西。湖北的合作开放指数在中部地区排名第一的原因有以下几点。湖北作为“长江经济带”的中心地区之一，向西与“丝绸之路经济带”、向东与“海上丝绸之路经济带”双向对接，连贯南北，是对外开放的重要节点。2020 年，湖北进行老挝国道北

① 《安徽省公安厅召开全省公安局处长会议》，安徽省公安厅网站，2021 年 2 月 7 日，http://gat.ah.gov.cn/public/7081/40404485.html。

13 号公路（西开至丰洪段道路）的升级与维护，该段公路全长 58 公里，连接老挝首都万象和中国云南，承载了老挝货运、客运等多项交通运输工作，是老挝最重要的国道，也是湖北交投践行“一带一路”倡议的重要举措，有利于湖北提高对外开放水平。

与 2019 年相比，2020 年中部地区各省份的人才队伍指数平均值由 38.7665 减小到 21.6815，说明中部地区的人才队伍水平整体降低，标准差由 4.4688 增加到 6.5137，说明中部地区各省份之间的人才队伍水平差距不断扩大。人才队伍指数最高的省份由湖南变为湖北，湖北的指数由 41.4500 减小到 34.7222，指数最低的省份由安徽变为河南。湖北的人才队伍指数在中部地区排名第一的原因有以下几点。2020 年是《湖北省中长期人才发展规划纲要（2010—2020 年）》的收官之年，湖北实现由人才大省向人才强省的转变，在中部地区率先建成人才强省，进入全国人才强省行列。此外，“我选湖北”计划、技能人才振兴计划以及海外优秀人才引进倍增计划等人才引进计划的实施，为交通运输领域注入活力，湖北交通运输科技机构、青年科技英才人数增加，交通业就业人员比例也有所提高。

与 2019 年相比，2020 年中部地区各省份的治理水平指数平均值由 31.1249 增加到 44.7033，说明中部地区的治理水平整体提高，标准差由 4.9932 增加到 15.0728，说明中部地区各省份之间的治理水平差距不断扩大。治理水平指数最高的省份由湖北变为安徽，安徽的指数由 38.1791 增加到 71.0466，指数最低的省份由江西变为湖北。湖北由治理水平指数最高的省份变为指数最低的省份。安徽的治理水平指数在中部地区排名第一的原因有以下几点。2020 年，安徽深化政事分开改革，“1+5+1+X”内部运行机制印发试行，制定出台行业治理体系和治理能力现代化实施意见。修订港口条例、道路运输管理条例。执法辅助人员管理、非现场执法程序以及执法司法衔接机制等配套政策日益完善。“科技创新助推执法规范”入选“法治政府建设单项示范创建项目”，综合执法检查考核位列全国第 5。行业营商环境持续优化，“放管服”改革进一步深化，80 个事项入驻“7×24 小时不打烊”服务地图，部分事项实现“掌上办”，6 类电子证照实现长三角互认共享，跨省大件运输审批入选“十大法治为民办实事项目”。事中事后监管深入开展，信用评价、“双随机一公开”、信息科技等新型监管方式综合发力，“信用交通省”创建考核名次大幅攀升。取消高速公路省界收费站，完成全国干线公路养护管理治理能力评价工作。国省道路况水平连续 5 年稳居全国第一方阵。6 对服务区入选全国百佳，8 个“司机之家”投入使用。而湖北在“十三五”期间，交通运输依然处于矛盾凸显期、改革攻坚期。湖北行业可持续发展能力有待提高，各类型任务衔接完成度不高，比如跨部门、跨领域、跨区域等任务衔接不能适应行业高质量发展的要求。

（三）中部地区省份交通强国发展提升建议

1. 推进绿色交通建设，提升交通治理水平

首先，中部地区应认识到绿色交通发展的重要性与必要性，将绿色交通、公共交通、共享交通作为重要发展方式；其次，充分利用现有的科学技术，建立交通治理监督体系，引导个人交通向公共交通转变；最后，加大执法检查力度，消除交通运输安全风险隐患。

2. 完善交通运输行业装备体系，提高交通安全保障

首先，中部地区应完善各类交通运输体系，不断提高新能源汽车保有量，推进新能源汽车的发展；其次，要秉持“以人为本”的发展理念，完善公共交通运输网络，实现各区域交通网络的无缝衔接；最后，在完善交通运输网络的同时，提高各部门安全意识，建立有效的安全监督体系，以实现行业的高质量发展。

3. 吸纳交通人才，增强人才队伍活力

首先，中部地区要认识到人才是发展之基、发展之源，交通运输行业的人才需具备完整的交通知识与相应的技能，应明确各部门对具体交通人才的素质和技能要求，制定完善的人才选拔计划；其次，建立人才培养计划与引进计划，全方位、多层次地引进人才；最后，充分利用交通人才队伍，使其不断壮大完善，发挥相应作用，以促进交通运输行业的快速发展。

三　西部地区

（一）西部地区省份指数基本分析

由西部地区各省份的交通强国指数综合得分及排名可知，西部地区的交通发展水平整体一般。西部地区综合得分平均值为 30.1207，标准差为 4.7049，说明西部地区各省份之间交通发展差距不大。在西部地区各省份中，综合得分最高的省份是贵州，广西得分最低（见表 21）。2020 年，贵州固定资产投资较上年增长 3.2%，交通运输行业的固定资产投资不断增加；铁路营业里程为 0.17 万公里，增长 6.25%；公路通车里程为 20.67 万公里，同比增长 9.6%。[①] 2020 年末内河航道里程为 3957.80 公里，其中高等级航道突破 1000 公里，较上年末增长 5.4%，千里乌江全面复航，居全国 14 个非水网省份第 1 位。水运项目建设成效显著，共建成水运项目 18 个，在建项目 6 个。全省机场布局形成了多层次、立体化的“一枢十支”格局。交通基础设施建设不断加快，推动贵州交通强国建设的进程。

表 21　西部地区各省份交通强国指数综合得分及排名

排名	西部地区	综合得分	排名	西部地区	综合得分
1	贵州	37.1307	9	青海	27.7957
2	云南	36.9490	10	甘肃	26.8057
3	重庆	34.7155	11	四川	24.6227
4	新疆	32.8359	12	广西	22.4047
5	内蒙古	31.9611	平均值		30.1207
6	宁夏	30.3748	最大值		37.1307
7	西藏	27.9937	最小值		22.4047
8	陕西	27.8588	标准差		4.7049

① 《贵州省 2020 年国民经济和社会发展统计公报》，贵州省统计局网站，2021 年 3 月 31 日，http：//stjj.guizhou.gov.cn/tjsj_35719/tjfx_35729/202104/t20210402_67686687.html。

由表 22 可知，在西部地区省份中，贵州的基础设施指数最高，四川的基础设施指数最低。“十三五”期间，贵州交通运输事业取得历史性成就，交通基础设施投融资力度空前，西南陆路交通枢纽地位日益巩固，农村交通出行条件得到根本改变，内河航运通航能力大幅提升。

表 22　西部地区各省份基础设施指数及排名

排名	西部地区	基础设施指数	排名	西部地区	基础设施指数
1	贵州	41.0556	9	甘肃	28.9491
2	重庆	37.3604	10	陕西	25.2167
3	云南	34.0726	11	广西	24.3528
4	西藏	34.0064	12	四川	22.8996
5	宁夏	32.9625	平均值		31.0143
6	新疆	31.2823	最大值		41.0556
7	内蒙古	30.0571	最小值		22.8996
8	青海	29.9569	标准差		5.3378

由表 23 可知，在西部地区省份中，陕西的交通装备指数最高，贵州的交通装备指数最低。2020 年是“十三五”规划的收官之年，陕西印发《交通强国建设陕西行动方案》，累计完成交通投资 666 亿元，其中公路、水路完成固定资产投资 626 亿元，全省高速公路通车里程突破 6000 公里，陕西基础设施水平得到提升。

表 23　西部地区各省份交通装备指数及排名

排名	西部地区	交通装备指数	排名	西部地区	交通装备指数
1	陕西	32.6315	9	西藏	25.8600
2	内蒙古	32.0293	10	甘肃	22.9476
3	宁夏	30.8455	11	广西	22.8804
4	四川	29.8447	12	贵州	20.8673
5	重庆	29.8273	平均值		27.4893
6	新疆	29.0826	最大值		32.6315
7	云南	26.7959	最小值		20.8673
8	青海	26.2588	标准差		3.8405

由表 24 可知，在西部地区省份中，内蒙古的运输服务指数最高，广西的运输服务指数最低。2020 年，内蒙古建设改造普通公路服务设施 59 处、

服务区公共卫生间44处，建成“司机之家”3个。高速公路联网收费系统运行稳定，收费站拥堵数量和拥堵时间实现“双降低”。9个城市、6个旗县实现全国交通一卡通互联互通。行业服务能力和服务水平实现“双提升”，内蒙古自治区的运输服务水平得到进一步提高。

表24　西部地区各省份运输服务指数及排名

排名	西部地区	运输服务指数	排名	西部地区	运输服务指数
1	内蒙古	36.4314	9	青海	25.6422
2	陕西	34.6184	10	宁夏	25.1667
3	贵州	34.1230	11	西藏	23.1496
4	云南	32.7832	12	广西	21.8500
5	新疆	30.7019	平均值		28.8780
6	重庆	29.3826	最大值		36.4314
7	四川	26.6160	最小值		21.8500
8	甘肃	26.0709	标准差		4.8222

由表25可知，在西部地区省份中，贵州的科技创新指数最高，广西的科技创新指数最低。2020年，贵州创新交通运输投融资模式，鼓励企业通过发行公司债、企业债、中期票据等方式，多渠道筹集高速公路建设资金；颁布《贵州省加强科技创新加快科技进步奖励补助办法实施细则》，加强研发专业人才队伍建设，营造科技创新的良好氛围，有效促进了专利研发和科技创新在交通运输领域的应用。

表25　西部地区各省份科技创新指数及排名

排名	西部地区	科技创新指数	排名	西部地区	科技创新指数
1	贵州	37.0668	9	宁夏	25.5854
2	重庆	35.6854	10	四川	23.6412
3	新疆	32.0653	11	西藏	22.1360
4	甘肃	29.8245	12	广西	17.4527
5	青海	28.6308	平均值		27.7094
6	内蒙古	27.5043	最大值		37.0668
7	云南	26.8649	最小值		17.4527
8	陕西	26.0557	标准差		5.5292

由表 26 可知，在西部地区省份中，贵州的交通安全指数最高，广西的交通安全指数最低。2020 年，贵州在全省开展“路政宣传月”活动，在全社会营造了解公路、关心公路、爱护公路、支持治超的良好氛围，打造社会共治的良好环境；城市“车让人”发生频率满意度为 4. 219，位居全国前列。此外，贵州颁布了《贵州省全面深化道路交通安全专项整治工作方案》，并提出切实抓好“最后一公里”责任落实，完善交通安全责任链条，为贵州交通安全水平的提高提供了有利的保障措施。

表 26　西部地区各省份交通安全指数及排名

排名	西部地区	交通安全指数	排名	西部地区	交通安全指数
1	贵州	63. 6746	9	甘肃	30. 7284
2	云南	63. 3364	10	陕西	25. 4617
3	重庆	61. 6913	11	四川	24. 4192
4	新疆	54. 5027	12	广西	20. 9767
5	内蒙古	53. 7806	平均值		43. 5977
6	宁夏	52. 4471	最大值		63. 6746
7	青海	36. 1273	最小值		20. 9767
8	西藏	36. 0259	标准差		16. 2598

由表 27 可知，在西部地区省份中，陕西的绿色发展指数最高，甘肃的绿色发展指数最低。2020 年，陕西发布《绿色公路建设实施方案》，大力推广建筑垃圾综合利用，有力保障了交通绿色发展水平的稳步提高。

表 27　西部地区各省份绿色发展指数及排名

排名	西部地区	绿色发展指数	排名	西部地区	绿色发展指数
1	陕西	27. 2508	9	新疆	19. 3346
2	四川	26. 8600	10	宁夏	19. 0823
3	重庆	25. 0105	11	西藏	18. 0863
4	云南	24. 6625	12	甘肃	17. 0896
5	内蒙古	23. 2468	平均值		22. 0770
6	贵州	22. 1883	最大值		27. 2508
7	广西	21. 5002	最小值		17. 0896
8	青海	20. 6114	标准差		3. 3856

由表 28 可知，在西部地区省份中，内蒙古的开放合作指数最高，贵州的开放合作指数最低。一方面，内蒙古是“一带一路”建设的重要枢纽，可以充分发挥联通俄蒙的区位优势；另一方面，作为中欧班列的重要节点，内蒙古成为对外开放的前沿阵地。2020 年，内蒙古的国际机场数量为 5 个，机场的建设提高了内蒙古的旅客吞吐量、货邮吞吐量，为对外开放提供了便利的条件，提高了内蒙古的开放合作水平。

表 28　西部地区各省份开放合作指数及排名

排名	西部地区	开放合作指数	排名	西部地区	开放合作指数
1	内蒙古	42.4822	9	西藏	18.9120
2	云南	33.8839	10	青海	18.9120
3	重庆	33.3699	11	宁夏	18.9120
4	陕西	33.0560	12	贵州	17.8802
5	四川	27.9500	平均值		26.7290
6	新疆	27.3906	最大值		42.4822
7	广西	27.2820	最小值		17.8802
8	甘肃	20.7177	标准差		7.8825

由表 29 可知，在西部地区省份中，陕西的人才队伍指数最高，宁夏的人才队伍指数最低。陕西依托长安大学等高校和科研机构，实施素质能力提升、重点人才培养、顶尖人才引领和青年人才储备等四大人才战略工程，建立综合性交通人才培养体系。颁布一系列人才引进政策，有效促进了陕西交通人才队伍的建设，交通业就业人员比例有所提高。

表 29　西部地区各省份人才队伍指数及排名

排名	西部地区	人才队伍指数	排名	西部地区	人才队伍指数
1	陕西	26.8965	9	贵州	18.8344
2	广西	26.3486	10	青海	18.7666
3	重庆	24.7039	11	甘肃	16.8498
4	云南	22.5159	12	宁夏	16.5647
5	内蒙古	20.6527	平均值		20.9168
6	西藏	20.4146	最大值		26.8965
7	新疆	19.4575	最小值		16.5647
8	四川	18.9957	标准差		3.4738

由表 30 可知，在西部地区省份中，贵州的治理水平指数最高，四川的治理水平指数最低。2020 年，贵州全面推进依法治超，全省固定超限检测站共检测车辆 213.4 万辆次，卸载、转运货物 4.2 万吨，查处“百吨王”违法超限超载车辆 577 辆、非法改装货运车辆 785 辆。深入开展扫黑除恶专项斗争，非法营运、“黑服务区”等行业乱象得到有效治理。完成 100 总吨以上生活污水不达标排放船舶改造 302 艘，查处问题船舶 9 艘次，以上行动的贯彻落实保障了贵州治理能力的稳步提升。

表 30　西部地区各省份治理水平指数及排名

排名	西部地区	治理水平指数	排名	西部地区	治理水平指数
1	贵州	78.6640	9	青海	27.3164
2	云南	72.8168	10	陕西	24.8152
3	重庆	69.9297	11	广西	23.9344
4	内蒙古	64.5707	12	四川	23.9054
5	新疆	64.3107	平均值		48.0329
6	宁夏	51.5479	最大值		78.6640
7	西藏	39.4540	最小值		23.9054
8	甘肃	35.1296	标准差		21.2218

（二）2020年与2019年西部地区省份指数比较分析

与 2019 年相比，2020 年西部地区省份的交通强国指数综合得分平均值由 30.9932 减小到 30.1207，说明西部地区的交通发展水平整体降低，标准差由 4.7094 减小到 4.7049，说明西部地区各省份之间的交通发展差距略微缩小。综合得分最高的省份由云南变为贵州，贵州的综合得分由 43.8637 减小到 37.1307，但得分最低的省份由西藏变为广西。贵州的交通强国指数在西部地区排名第一的原因有以下几点。“十三五”期间，贵州交通运输事业取得历史性成就，交通基础设施投融资力度空前，西南陆路交通枢纽地位日益巩固，农村交通出行条件得到根本改变，内河航运通航能力大幅提升。

2020年贵州固定资产投资较上年增长3.2%，交通运输行业的固定资产不断增加。铁路营业里程达0.17万公里，增长6.3%；公路通车里程达20.67万公里，增长9.6%，高速公路通车里程达7607.00公里，增长8.6%，居全国前列。[①] 2020年末内河航道里程达3957.80公里，其中高等级航道突破1000公里，较上年末增长5.4%，千里乌江全面复航，居全国14个非水网省份第一位。水运项目建设成效显著，共建成水运项目18个，在建项目6个，北入长江、南下珠江的水运大动脉正加快形成。全省机场布局形成了多层次、立体化的“一枢十支”格局。无论是公路、水路还是航空，交通基础设施建设的不断加快，已成为贵州实现高质量发展的突破口和新机遇。以上发展均有力推动了贵州交通强国建设的进程。

与2019年相比，2020年西部地区省份的基础设施指数平均值由28.4364增加到31.0143，说明西部地区的基础设施建设水平整体提高，标准差由3.6493增加到5.3378，说明西部地区各省份之间的基础设施建设水平差距不断扩大。基础设施指数最高的省份由云南变为贵州，贵州的指数由34.5905增加到41.0556，得分最低的省份由西藏变为四川。贵州的基础设施指数在西部地区排名第一的原因有以下几点。2020年，贵州召开“六网会战”工作会议，提出要围绕关键领域和薄弱环节，进一步加强战略性、网络型基础设施建设，深入实施基础设施“六网会战”，全年计划完成投资2200亿元以上；提出2020年要建成三条铁路，分别为安顺至六盘水高铁、渝怀铁路梅江至怀化段增建二线、瓮安至马场坪铁路。此外，贵州固定资产投资较上年增长3.2%，铁路营业里程达0.17万公里，较上年增长6.25%；高速公路通车里程达7607.00公里，较上年增长8.6%；内河航道里程达3957.80公里，较上年增长5.4%。[②] 城市群交通网一体化水平不断提高，黔东南州开展2020年度城乡交通运输一体化发展水平自评估工作，全市平均

---

① 《贵州省2020年国民经济和社会发展统计公报》，贵州省统计局网站，2021年3月31日，http：//stjj. guizhou. gov. cn/tjsj_ 35719/tjfx_ 35729/202104/t20210402_ 67686687. html。

② 《贵州省2020年国民经济和社会发展统计公报》，贵州省人民政府网站，2021年4月2日，https：//www. guizhou. gov. cn/zwgk/zfsj/tjgb/202109/t20210913_ 70088474. html。

分为91.59①，城乡交通运输一体化发展水平较高。以上发展均有力促进了贵州基础设施指数的不断增长，使其配套基础设施越来越完善。

与2019年相比，2020年西部地区省份的交通装备指数平均值由26.2841增加到27.4893，说明西部地区的交通装备水平整体提高，标准差由4.5854减小到3.8405，说明西部地区各省份之间的交通装备水平差距不断缩小。陕西仍为交通装备指数最高的省份，但该指数由36.2914减小到32.6315，指数最低的省份仍为贵州。陕西的交通装备指数在西部地区排名第一的原因有以下几点。2020年是“十三五”规划收官之年，陕西印发《交通强国建设陕西行动方案》，累计完成交通投资666亿元，其中公路、水路完成固定资产投资626亿元，全省高速公路通车里程突破6000公里。陕西颁布《关于促进市场消费积极应对新冠肺炎疫情影响若干措施的通知》，鼓励购买新能源汽车，并且对购置新能源公交车、燃料电池车和无车家庭购置首辆家用新能源汽车，予以相应的政策支持。这些措施激发了消费者购买新能源汽车的动力，进一步增加了市场上新能源车的数量，使陕西交通装备水平获得提升。

与2019年相比，2020年西部地区省份的运输服务指数平均值由22.5545增加到28.8780，说明西部地区的运输服务水平整体提高，标准差由5.1860减小到4.8222，说明西部地区各省份之间的运输服务水平差距不断缩小。运输服务指数最高的省份由云南变为内蒙古，内蒙古的指数由35.5535增加到36.4314，指数最低的省份由西藏变为广西。内蒙古的运输服务指数在西部地区排名第一的原因有以下几点。2020年，内蒙古建设改造普通公路服务设施59处、服务区公共卫生间44处，建成“司机之家”3个。高速公路联网收费系统运行稳定，收费站拥堵数量和拥堵时间实现“双降低”。9个城市、6个旗县实现全国交通一卡通互联互通，呼和浩特跻身26个国家“公交都市”建设示范城市之列。定制客运、网约

① 《关于2020年度城乡交通运输一体化发展水平评价的公示》，黔东南苗族侗族自治州人民政府网站，2021年5月6日，http://www.qdn.gov.cn/zwgk_5871642/zdlyxxgk/jtys_5872092/202110/t20211005_70740238.html。

车、网络平台货运等新模式不断涌现，15 家驾培机构开展“机器人教练”试点，46 家企业获得网络货运经营资质，52 万辆汽车建立维修电子健康档案，行业服务能力和服务水平实现“双提升”，进一步提高了内蒙古的运输服务水平。

与 2019 年相比，2020 年西部地区省份的科技创新指数平均值由 26. 2373 增加到 27. 7094，说明西部地区的科技创新水平整体提高，标准差由 4. 7438 增加到 5. 5292，说明西部地区各省份之间的科技创新水平差距不断扩大。科技创新指数最高的省份由甘肃变为贵州，贵州的指数由 32. 0227 增加到 37. 0668，指数最低的省份由西藏变为广西。贵州的科技创新指数在西部地区排名第一的原因有以下几点。2020 年，贵州深化“放管服”改革，贵州省交通运输厅将 40 项事项纳入“全省通办、一次办成”改革，实现异地受理、远程办理。除涉密和办理程序特别复杂的 19 个事项外，其余全部纳入“一窗式”改革范围，完成权责清单动态调整，将 49 项公共服务事项调整为 27 项，对 13 项行政许可事项进行“颗粒化”管理。顺利通过了全国“信用交通省”创建第三方评估。省级政务服务事项网上可办率达 100%，共办理服务事项 6. 12 万项。创新交通运输投融资模式，鼓励企业通过发行公司债、企业债、中期票据等方式，多渠道筹集高速公路建设资金。在全国率先开展“厅级研发中心”认定，已认定 3 家研发中心。颁布了《贵州省加强科技创新加快科技进步奖励补助办法实施细则》，加强研发专业人才队伍建设，营造科技创新的良好氛围，有效促进贵州专利研发和科技创新在交通运输领域的应用。

与 2019 年相比，2020 年西部地区省份的交通安全指数平均值由 34. 4431 增加到 43. 5977，说明西部地区的交通安全水平整体提高，标准差由 9. 8106 增加到 16. 2598，说明西部地区各省份之间的交通安全水平差距不断扩大。交通安全指数最高的省份由云南变为贵州，贵州的指数由 60. 7248 增加到 63. 6746，指数最低的省份由贵州变为广西。贵州的交通安全指数在西部地区排名第一的原因有以下几点。从 2019 年底开始，贵州在全省范围内持续开展道路交通安全大整治，不断推动交通安全文明意识和交通综合治理能力的提升。在交通领域的决策和监督方面，依法规范决策程序，制定重大行政决策程序规定、“两公开一监督”制度等30多个行政决策程序制度和办法，发布《贵州省交通运输厅重大行政决策程序规定（试行）》和《贵州省交通运输厅“两公开一监督”制度（试行）》，进一步提高了交通运输工作的透明度和党员群众的参与度，在社会形成良好的参与和监督风尚。坚持公正文明执法，全面推行行政执法公示制度，及时公布投诉举报电话和邮箱，为交通运输执法领域突出问题的监督提供渠道。同时，深化“放管服”改革，提高服务效率。一系列措施使贵州交通法治建设取得丰硕成果，依法行政基础不断夯实。2020年，贵州在全省开展“路政宣传月”活动，在全社会营造了解公路、关心公路、爱护公路、支持治超的良好氛围，打造社会共治的良好环境。颁布了《贵州省全面深化道路交通安全专项整治工作方案》，并提出切实抓好“最后一公里”责任落实，完善交通安全责任链条，为贵州交通安全水平的提高提供了有利的保障措施。

与2019年相比，2020年西部地区省份的绿色发展指数平均值由27.2796减小到22.0770，说明西部地区的绿色发展水平整体降低，标准差由2.9414增加到3.3856，说明西部地区各省份之间的绿色发展水平差距不断扩大。绿色发展指数最高的省份由云南变为陕西，陕西的指数由33.0551减小到27.2508，指数最低的省份仍为甘肃。陕西的绿色发展指数在西部地区排名第一的原因有以下几点。2020年，陕西发布《绿色公路建设实施方案》，大力推广建筑垃圾综合利用；开展46项科研项目研究，获得5项交通科技成果省科技奖，高速公路运营管理标准化试点等入选第六批社会管理和公共服务综合标准化试点项目；加快推进智慧交通建设，建成省交通运输云平台、公路养护等信息系统。以上政策措施有力保障了陕西交通运输绿色发展水平的稳步提高。

与2019年相比，2020年西部地区省份的开放合作指数平均值由26.5104增加到26.7290，说明西部地区的开放合作水平整体提高，标准差由6.2227增加到7.8825，说明西部地区各省份之间的开放合作水平差距不

断扩大。开放合作指数最高的省份由云南变为内蒙古，内蒙古的指数由37.3156增加到42.4822，指数最低的省份由青海变为贵州。内蒙古的开放合作指数在西部地区排名第一的原因有以下几点。内蒙古是“一带一路”建设的重要枢纽，能够有效发挥联通俄蒙的区位优势，建设我国向北开放的重要窗口，提升对外开放水平。内蒙古凭借优越的地理位置，设置了主要对俄和对蒙的边境口岸，全面建设满洲里和二连浩特国家重点开发开放试验区、呼伦贝尔中俄蒙合作先导区等平台，京津冀协同发展、西部大开发、新一轮东北振兴及扩大沿边内陆地区开发开放等战略的实施，为其全方位扩大对内对外开放提供了良好的机遇，对外交流实现多方面突破。此外，内蒙古作为中欧班列的重要节点，在疫情防控时期表现抢眼，成为对外开放的前沿阵地，不断推进与合作国家基础设施的互联互通，开展与沿线国家的人文交流与经贸合作，统筹口岸、通道和各类开放载体，努力打造口岸带动、腹地支撑、边腹互动的开放新格局，深度融入“一带一路”建设，通过扩开放促改革。交通基础设施建设是其对外开放的关键，2020年内蒙古的国际机场数量为5个，一方面，建设机场能带来更多的旅客吞吐量、货邮吞吐量，提高城市的知名度和竞争力；另一方面，还能完善交通运输网络，促进其对外开放的进程。“一带一路”建设有效促进了内蒙古开放合作新格局的形成，并且海满高速公路项目主体路面已经贯通，建成后将实现绥满高速公路全线贯通。内蒙古大力实施向北开放战略，以实现交通运输高水平互联互通，所有口岸通二级及以上公路，重点口岸通一级公路，有效提高了内蒙古的开放合作水平。

与2019年相比，2020年西部地区省份的人才队伍指数平均值由43.3698减小到20.9168，说明西部地区的人才队伍水平整体降低，标准差由11.8035减小到3.4738，说明西部地区各省份之间的人才队伍水平差距不断缩小。人才队伍指数最高的省份由四川变为陕西，陕西的指数由66.3564减小到26.8965，指数最低的省份由贵州变为宁夏。陕西的人才队伍指数在西部地区排名第一的原因有以下几点。陕西依托长安大学等高校和科研机构，实施素质能力提升、重点人才培养、顶尖人才引领和青年人才储

备等四大人才战略工程，建立综合性交通人才培养体系；颁布一系列人才引进政策，有效促进了陕西交通人才队伍的建设以及交通业就业人员比例的增加。

与2019年相比，2020年西部地区各省份的治理水平指数平均值由46.0051增加到48.0329，说明西部地区的治理水平整体提高，标准差由15.0237增加到21.2218，说明西部地区各省份之间的治理水平差距不断扩大。治理水平指数最高的省份由云南变为贵州，贵州的指数由75.7521增加到78.6640，指数最低的省份由贵州变为四川。贵州从治理水平指数综合得分最低的省份成为综合得分最高的省份。贵州的治理水平指数在西部地区排名第一的原因有以下几点。2020年，贵州交通运输行业治理能力明显提升。贵州制定重大行政决策程序规定、“两公开一监督”等行政决策程序制度和办法。行政执法“三项制度”全面实施，基层“四基四化”建设不断强化。全面推进依法治超，全省固定超限检测站共检测车辆213.4万辆次，卸载、转运货物4.2万吨，查处“百吨王”违法超限超载车辆577辆、非法改装货运车辆785辆。深入开展扫黑除恶专项斗争，非法营运、“黑服务区”等行业乱象得到有效治理。新能源和清洁能源公交车比例达84.8%，完成31对服务区充电基础设施建设，新（改）建高速公路LED节能灯的使用率达到100%。淘汰老旧柴油货车9395辆。完成100总吨以上生活污水不达标排放船舶改造302艘，查处问题船舶9艘次。加快交通建设工程投资领域预警监督平台的推广应用，实现所有在建高速公路“数据铁笼”全覆盖，完成60个总投资754.5亿元项目造价审查，开展内部审计461项（次），促进增收节支1305.3万元，以上政策的贯彻落实保障了贵州治理水平的稳步提升。

（三）西部地区省份交通强国发展提升建议

1. 坚持系统观念，推进交通运输现代治理

首先，西部地区省份应认识到交通运输是一个系统，环环相扣，任何一个环节出错都会造成严重的后果，因此，在发挥交通运输网络优势的同时，

应补齐交通网络的不足之处；其次，建成科学完备、有效运行的交通运输体系，并制定相应的综合交通网络管理制度；最后，运用法律法规，加强法制保障，推进交通运输法治体系的建设。

2. 提高交通行业安全性，以交通高质量发展为目标

首先，西部地区省份应认识到安全性、服务性是交通运输行业的特点，应充分重视交通安全问题以及交通行业高质量服务问题。其次，以建设安全交通为发展方向，不断优化运输服务水平，简化办事流程，提高市民交通问题处理的高效性与满意度。最后，将新兴技术与交通行业深度融合，发展“互联网+”交通运输，对无人驾驶进行试点推广，加快绿色交通、共享交通的建设，以提高交通运输行业的安全性与服务水平。

3. 开放是交通领域的本质属性，合作是交通运输发展的必然要求

首先，西部地区省份应认识到开放合作才是长远发展之计，应不断提高地区的开放合作水平；其次，应树立开放合作意识，并付诸行动，构建全方位的开放格局，提升交通开放水平；最后，基于全球视角，建设互联互通、开放包容的交通网络体系。

四 东北地区

（一）东北地区省份指数基本分析

由东北地区各省份的交通强国指数综合得分及排名可知，东北地区省份的交通发展水平整体较差。东北地区综合得分平均值为 33. 2353，标准差为 2. 1773，说明东北地区各省份之间的交通发展差距较小。在东北地区各省份中，综合得分最高的是吉林，黑龙江得分最低（见表 31）。2020 年是“十三五”规划的收官之年，“十三五”期间，吉林交通基础设施建设完成投资 1317 亿元，较“十二五”期间增加 353 亿元，增长 36. 7%，吉林坚定迈出交通强国建设的步伐。

表 31　东北地区各省份交通强国指数综合得分及排名

排名	东北地区	综合得分
1	吉林	34. 6577
2	辽宁	34. 3195
3	黑龙江	30. 7288
平均值		33. 2353
最大值		34. 6577
最小值		30. 7288
标准差		2. 1773

由表 32 可知，辽宁和黑龙江分别为东北地区基础设施指数最高和最低的省份。据辽宁省统计局数据，2020 年辽宁基础设施投资较上年增长 2. 4%。其中，多式联运和运输代理业投资增长 99. 9%，辽宁交通强国建设稳步推进。基础设施投资的增加以及相应规划的出台，有效促进了辽宁交通基础设施的完善。

表 32　东北地区各省份基础设施指数及排名

排名	东北地区	基础设施指数
1	辽宁	40. 0374
2	吉林	35. 6517
3	黑龙江	30. 1983
平均值		35. 2958
最大值		40. 0374
最小值		30. 1983
标准差		4. 9292

由表 33 可知，黑龙江和吉林分别为东北地区交通装备指数最高和最低的省份。2020 年，黑龙江在铁路船舶和飞行器方面具有优势，分别占同领域国家专利数量的 2. 4% 和 1. 2%。这表明黑龙江在交通领域具有较强的优势，交通领域专利的授予促进了黑龙江交通装备水平的不断提升。

表 33　东北地区各省份交通装备指数及排名

排名	东北地区	交通装备指数
1	黑龙江	49.2726
2	辽宁	29.4269
3	吉林	24.7360
平均值		34.4785
最大值		49.2726
最小值		24.7360
标准差		13.0250

由表 34 可知，辽宁和黑龙江分别为东北地区运输服务指数最高和最低的省份。在“十三五”期间，辽宁以高品质、快捷化、差异化的运输服务供给为目标，推动“人畅其行、车畅其道、货畅其流”。随着数字经济、“互联网+”的发展，辽宁不断推进智慧物流建设，社会公众对所在城市物流业的智能收投服务和网络服务平台的满意度较高，切实提升了辽宁运输服务质量。

表 34　东北地区各省份运输服务指数及排名

排名	东北地区	运输服务指数
1	辽宁	42.7160
2	吉林	30.4728
3	黑龙江	29.3132
平均值		34.1673
最大值		42.7160
最小值		29.3132
标准差		7.4260

由表 35 可知，吉林和黑龙江分别为东北地区科技创新指数最高和最低的省份。2020 年，吉林开展基于移动互联网的服务区停车位和充电设施引导与预约、高速公路动态充电、低温条件下精准气象感知及预测、车路协同安全辅助等服务。吉林车联网企业数量达 281 个，吉林用创新带动汽车产业发展，在汽车产业变革中积累技术优势，有效地提高了吉林的科技创新水平。

表 35　东北地区各省份科技创新指数及排名

排名	东北地区	科技创新指数
1	吉林	33. 6661
2	辽宁	33. 3794
3	黑龙江	30. 0061
平均值		32. 3505
最大值		33. 6661
最小值		30. 0061
标准差		2. 0354

由表 36 可知，在东北地区，吉林的交通安全指数最高，黑龙江的交通安全指数最低。2020 年，吉林开展“安全活动月”、全国安全宣传咨询日网上活动、安全宣传“五进”工作、隐患排查整治活动、典型事故警示教育活动等，这些宣传活动有力地保障了吉林交通安全治理的有效推进。

表 36　东北地区各省份交通安全指数及排名

排名	东北地区	交通安全指数
1	吉林	57. 5639
2	辽宁	55. 9531
3	黑龙江	55. 1589
平均值		56. 2253
最大值		57. 5639
最小值		55. 1589
标准差		1. 2254

由表 37 可知，辽宁和黑龙江分别为东北地区绿色发展指数最高和最低的省份。2020 年，辽宁筹集 25. 5 亿元建设“绿色交通”，调整交通运输结构；筹集 15. 2 亿元补贴新能源公交车运营，以鼓励人们减少对燃油公交车的需求；[①] 筹措 8. 1 亿元支持全省老旧高耗能船舶的淘汰工作，以上资金支持工作有效提高了辽宁的交通绿色发展水平。

① 《省财政支持绿色交通发展　助力打赢蓝天保卫战》，辽宁省财政厅网站，2020 年 12 月 22 日，http：//czt. ln. gov. cn/zxzx/czxw/202012/t20201222_ 4053897. html。

表 37　东北地区各省份绿色发展指数及排名

排名	东北地区	绿色发展指数
1	辽宁	24.5378
2	吉林	23.6454
3	黑龙江	22.3196
平均值		23.5009
最大值		24.5378
最小值		22.3196
标准差		1.1161

由表 38 可知，黑龙江和辽宁分别为东北地区开放合作指数最高和最低的省份。黑龙江是“一带一路”建设的重点省份，在“十三五”期间对外开放步伐明显加快，按照“打造一个窗口，建设四个区”的发展定位进行发展，努力提升开放型经济水平。2020 年黑龙江国际机场的数量为 5 个，在全国处于较高水平，持续加大与共建“一带一路”国家和地区的互联力度，使其服务于黑龙江的对外开放。国际机场数量的增加有力提升了黑龙江对外开放的水平。

表 38　东北地区各省份开放合作指数及排名

排名	东北地区	开放合作指数
1	黑龙江	33.8839
2	吉林	20.7811
3	辽宁	20.7177
平均值		25.1276
最大值		33.8839
最小值		20.7177
标准差		7.5833

由表 39 可知，辽宁和黑龙江分别为东北地区人才队伍指数最高和最低的省份。2020 年，辽宁实施“兴辽英才计划”，并颁布了一系列人才补助政策，包括给予租房补贴、创业补贴、保险补贴等，辽宁的人才引进政策有效促进了人才队伍的建设。

表 39　东北地区各省份人才队伍指数及排名

排名	东北地区	人才队伍指数
1	辽宁	21.7981
2	吉林	21.4479
3	黑龙江	19.3706
平均值		20.8722
最大值		21.7981
最小值		19.3706
标准差		1.3121

由表 40 可知，吉林和黑龙江分别为东北地区治理水平指数最高和最低的地区。2020 年，吉林印发了《2020 年全省交通运输安全生产和应急管理工作要点》，并且严格贯彻落实，有效保障了吉林交通治理水平的提升。

表 40　东北地区各省份治理水平指数及排名

排名	东北地区	治理水平指数
1	吉林	70.0694
2	辽宁	57.6788
3	黑龙江	54.2077
平均值		60.6520
最大值		70.0694
最小值		54.2077
标准差		8.3383

（二）2020年与2019年东北地区省份指数比较分析

与 2019 年相比，2020 年东北地区省份的交通强国指数综合得分平均值由 28.0670 增加到 33.2353，说明东北地区的交通发展水平整体提高，标准差由 2.5549 减小到 2.1773，说明东北地区各省份之间的交通发展差距略微缩小。综合得分最高的省份由辽宁变为吉林，吉林的综合得分由 31.5447 增加到 34.6577，但得分最低的省份由吉林变为黑龙江。吉林的交通强国指数

在东北地区排名第一的原因有以下几点。2020 年是“十三五”规划的收官之年，在“十三五”期间，吉林全省交通基础设施建设完成投资 1317 亿元，较“十二五”期间增加 353 亿元，增长 36. 7%。其中，高速公路完成投资超过 1000 亿元，建成通车 16 个项目 1881 公里，新增通车里程 1670 公里，分别较“十二五”期间增长 48. 9%、115. 3%和 114. 5%。国省干线公路完成投资 144 亿元，新改建 56 个项目 1394 公里，建成通车 31 个项目，新增通车里程 700 公里，吉林坚定迈出交通强国建设的步伐。

与 2019 年相比，2020 年东北地区各省份的基础设施指数平均值由 29. 0247 增加到 35. 2958，说明东北地区的基础设施建设水平整体提高，标准差由 5. 7984 减小到 4. 9292，说明东北地区各省份之间的基础设施建设水平差距不断缩小。辽宁仍为基础设施指数最高的省份，且该指数由 37. 0574 增加到 40. 0374，指数最低的省份由吉林变为黑龙江。辽宁的基础设施指数在东北地区排名第一的原因有以下几点。辽宁省统计局公布的数据显示，2020 年辽宁基础设施投资较 2019 年增长 2. 4%，多式联运和运输代理业投资增长 99. 9%。加快建设沈白、喀赤、朝凌高铁，推进沈阳机场第二跑道、大连新机场、阜奈高速等重点项目的建设工作。基础设施投资的增加以及相应规划的出台，有效促进了辽宁交通基础设施的完善。

与 2019 年相比，2020 年东北地区省份的交通装备指数平均值由 32. 6973 增加到 34. 4785，说明东北地区的交通装备水平整体提高，标准差由 10. 0717 增加到 13. 0250，说明东北地区各省份之间的交通装备水平差距不断扩大。黑龙江仍为交通装备指数最高的省份，该指数由 46. 3455 增加到 49. 2726，指数最低的省份仍为吉林。黑龙江的交通装备指数在东北地区排名第一的原因有以下几点。2020 年，黑龙江授权专利为 28475 件，同比增长 42. 45%，有效发明专利为 27336 件，每万人发明专利拥有量达 7. 245 件。[①] 从专利技术领域的相对构成来看，黑龙江在铁路船舶和飞行器方面具

---

① 《“2020 年黑龙江省知识产权保护状况”新闻发布会召开》，“发现黑龙江”搜狐号，2021 年 4 月 20 日，https：//www. sohu. com/a/461920997_ 120207625。

有优势，分别占同领域国家专利数量的 2.4%和 1.2%。这表明黑龙江在交通领域具有较强的优势，交通领域专利的授予促进了黑龙江交通装备水平的不断提升。

与 2019 年相比，2020 年东北地区省份的运输服务指数平均值由 27.1460 增加到 34.1673，说明东北地区的运输服务水平整体提高，标准差由 4.2001 增加到 7.4260，说明东北地区各省份之间的运输服务水平差距在不断扩大。辽宁是运输服务指数最高的省份，且该指数由 32.1901 增加到 42.7160，指数最低的省份由吉林变为黑龙江。辽宁的运输服务指数在东北地区排名第一的原因有以下几点。“十三五”期间，辽宁以高品质、快捷化、差异化的运输服务供给为目标，推动“人畅其行、车畅其道、货畅其流”，运输服务质量不断提升。2020 年辽宁经济指标平稳运行，全年铁路货运量达 23956.7 万吨，增长 13.09%；货物运输周转量达 5422.0 亿吨公里；快递量达 111978.01 万件，增长 40.83%。[①] 随着数字经济、“互联网+”的发展，辽宁不断推进智慧物流建设，社会公众对所在城市物流业的智能收投服务和网络服务平台的满意度较高。贯彻落实《推进运输结构调整三年行动计划（2018—2020 年）》，积极促进“公转铁”、“公转水”、公路货运转型升级，发展多式联运，畅通物流组织，切实提升了辽宁的运输服务质量。

与 2019 年相比，2020 年东北地区省份的科技创新指数平均值由 22.0089 增加到 32.3505，说明东北地区的科技创新水平整体提高，标准差由 1.9006 增加到 2.0354，说明东北地区各省份之间的科技创新水平差距不断扩大。科技创新指数最高的省份由辽宁变为吉林，吉林的指数由 24.5505 增加到 33.6661，指数最低的省份由吉林变为黑龙江。吉林的科技创新指数在东北地区排名第一的原因有以下几点。2020 年，吉林按照交通运输部关于“新一代国家交通控制网和智慧公路试点工程”要求，已基本完成吉林省高速公路智能化示范工程建设。开展基于移动互联网的服务区停车位和充

---

① 《二〇二〇年辽宁省国民经济和社会发展统计公报》，辽宁省统计局网站，2021 年 3 月 17 日，http://tjj.ln.gov.cn/tjsj/tjgb/ndtjgb/202103/t20210317_ 4100861.html。

电设施引导与预约、高速公路动态充电、低温条件下精准气象感知及预测、车路协同安全辅助等服务。联合企业，试点、建设、改造自动驾驶、无人驾驶公路通道，以实现“人、车、路、网、云”的融合发展。云联网一期工程基本施工完成，实现了部省联网及视频共享。吉林车联网企业数量为281个，吉林用创新引领汽车产业发展，“旗智春城”智能网联示范项目落地，“车路协同”联合解决方案发布，使吉林在汽车产业变革中积累技术优势，全力打造交通强国建设吉林样板，实现交通强国战略目标，促进交通运输行业高质量发展，有效提高了吉林的科技创新水平。

与2019年相比，2020年东北地区各省份的交通安全指数平均值由24.1986增加到56.2253，说明东北地区的交通安全水平整体大幅提高，标准差由0.7315增加到1.2254，说明东北地区各省份之间的交通安全水平差距不断扩大。交通安全指数最高的省份由辽宁变为吉林，吉林的指数由25.0126增加到57.5639，指数最低的省份由吉林变为黑龙江。吉林的交通安全指数在东北地区排名第一的原因有以下几点。2020年，吉林通过开展“安全活动月”、全国安全宣传咨询日网上活动等，落实安全宣传工作。深入开展隐患排查整治行动，持续推进风险防控工作，开展“大摸底”，组织开展典型事故警示教育活动，这些宣传活动有力地保障了吉林交通安全治理的有效推进。

与2019年相比，2020年东北地区省份的绿色发展指数平均值由25.8000减小到23.5009，说明东北地区的绿色发展水平整体降低，标准差由1.4703减小到1.1161，说明东北地区各省份之间的绿色发展水平差距不断缩小。辽宁仍为绿色发展指数最高的省份，该指数由27.2898减小到24.5378，指数最低的省份仍为黑龙江。辽宁的绿色发展指数在东北地区排名第一的原因分析有以下几点。2020年，辽宁筹集25.5亿元建设“绿色交通”；筹措15.2亿元补贴新能源公交车运营，鼓励人们减少对燃油车的需求，以减少污染排放；筹集8.1亿元支持老旧高耗能船舶的淘汰工作。[①] 以

① 《省财政支持绿色交通发展　助力打赢蓝天保卫战》，辽宁省财政厅网站，2020年12月22日，http://czt.ln.gov.cn/zxzx/czxw/202012/t20201222_4053897.html。

上政策措施有效提高了辽宁的交通绿色发展水平。

与2019年相比，2020年东北地区省份的开放合作指数平均值由29.4140减小到25.1276，说明东北地区的开放合作水平整体降低，标准差由0.0172增加到7.5833，说明东北地区各省份之间的开放合作水平差距不断扩大。开放合作指数最高的省份由辽宁变为黑龙江，黑龙江的指数由29.4261增加到33.8839，指数最低的省份由黑龙江变为辽宁。黑龙江为“一带一路”敲定的省份，“一带一路”的发展为黑龙江的对外开放合作提供机遇。黑龙江的开放合作指数在东北地区排名第一的原因有以下几点。黑龙江是“一带一路”建设的重点省份，在“十三五”期间对外开放步伐明显加快，按照“打造一个窗口，建设四个区”的发展定位进行发展，努力提升开放型经济水平。黑龙江的开放合作表现为：与众多国家和地区建立贸易往来，不断扩大对外贸易规模、优化贸易结构；跨境电商快速发展，其基础设施建设不断完善；对外贸易覆盖各行业，自由贸易试验区获批。自2019年黑龙江自贸试验区正式获得国务院批复开始，经过不断的实践探索，黑龙江自贸试验区开放理念明显增强，创新活力持续迸发，主动融入“双循环”新发展格局，并在投资贸易自由化便利化、建设开放合作高地等方面出台了一系列支持政策。同时，政府也在财政、人才、要素供给方面提供支持。2020年黑龙江国际机场的数量为5个，在全国处于较高水平，持续加大与共建“一带一路”国家和地区的互联力度，使其服务于黑龙江的对外开放。国际机场数量的增加有力提升了黑龙江对外开放的水平。

与2019年相比，2020年东北地区省份的人才队伍指数平均值由50.2224减小到20.8722，说明东北地区的人才队伍水平整体大幅降低，标准差由14.7221减小到1.3121，说明东北地区各省份之间的人才队伍水平差距大幅缩小。辽宁仍为人才队伍指数最高的省份，但这一指数由71.0365减小到21.7981，指数最低的省份由吉林变为黑龙江。辽宁的人才队伍指数在东北地区排名第一的原因有以下几点。2020年，辽宁实施“兴辽英才计划”，并颁布了一系列人才补助政策，包括给予租房补贴、创业补贴、保险补贴等，辽宁的人才引进政策有效促进了人才队伍的建设。

与2019年相比，2020年东北地区省份的治理水平指数平均值由31.2739增加到60.6520，说明东北地区的治理水平整体大幅提高，标准差由4.4415增加到8.3383，说明东北地区各省份之间的治理水平差距不断扩大。吉林仍为治理水平指数最高的省份，且这一指数由35.1386增加到70.0694，指数最低的省份仍为黑龙江。2020年，东北三省都提出了深化交通运输行业治理水平的发展目标，并且均得到了落实。其中，吉林印发了《2020年全省交通运输安全生产和应急管理工作要点》，在道路运输领域开展运营客车动态监控及防护装置整治专项行动；公路路网运营领域，加强防灾监测、安全检测及防护系统建设；城市公共交通领域，加快构建长春市轨道交通安全运行综合治理体系；水上交通领域，持续加强客船、渡船、客渡船、旅游船舶的安全监管；公路水运工程施工领域，深入开展“坚守公路水运工程质量安全红线”专项行动；重点围绕客运（场）站、服务区、收费站、办公场所、物流园区等人员密集场所开展消防安全专项治理。以上政策措施有效保障了吉林交通治理水平的提高。

（三）东北地区省份交通强国发展提升建议

1. 促进交通装备现代化，实现交通高质量发展

首先，东北地区省份应认识到交通运输装备体系是交通强国建设的关键环节，先进可靠的交通运输装备将为交通强国建设注入活力；其次，促进新能源汽车行业的发展，完善其补贴、运营与维护制度，鼓励人们增加对新能源汽车的需求，进而增加交通装备持有量；最后，将新兴科技与交通运输行业相结合，提高交通装备的先进性、实用性、便捷性。

2. 提高交通治理水平与能力，深化交通运输综合行政执法改革

首先，东北地区省份要确保交通运输行业市场环境的安全性与稳定性，建立严格有效的交通治理制度，提升交通治理能力；其次，健全交通运输法规体系和安全应急体系，并严格执法，维护良好的交通运输市场环境；最后，与时俱进，不断促进新兴科技与治理体系的融合，利用大数据、互联网等发展智慧交通，提高交通运输体系的治理能力。

3. 开放、合作分别是交通行业的本质属性和交通运输发展的必然要求

首先，东北地区省份应意识到开放合作是增强国际经贸活力的重要动力；其次，应利用其特殊的地理位置及丰富的自然资源，确定其重点发展的开放区域，以充分利用国内国际两个市场；最后，在开放合作的进程中，要与时俱进，不断促进新兴科技与交通运输行业各类运输方式的融合，以形成互联互通、完备可靠的交通运输服务网络。

B.6
中国交通强国建设群众满意度研究

刘铁鹰　沈烁华*

摘　要：　本报告基于《中国交通强国建设满意度调查问卷》结果，分别从群众满意度问题分析以及群众满意度省份分析两个层面进行结果研究。其中群众满意度分为三个维度，分别为基础设施完备性满意度、绿色环保智能化满意度以及治理体系现代化满意度，每个维度各选取5个代表性问题进行分析；省份分析中每个维度分别选取了8个、8个以及6个代表省份，并对综合满意度水平进行整体评价。

关键词：　交通强国　环保智能　满意度评价

本报告内容主要基于《中国交通强国建设满意度调查问卷》结果，对群众满意度进行分析。此次问卷调查共包括中国31个省份，调查时间为2021年4月26日至5月19日，共发放调查问卷4000份，最终回收有效问卷2971份。

一　受访者基本情况

从性别分布来看，在回收的2971份有效问卷中，男性受访者为1794人，占比达到60.38%；女性受访者为1177人，占比为39.62%（见图1）。男性受访者的人数大约为女性受访者的1.5倍。

---

* 刘铁鹰，博士，北京交通大学经济管理学院副教授，硕士生导师，主要研究方向为区域经济、产业经济；沈烁华，北京交通大学经济管理学院博士研究生，主要研究方向为运输经济、产业经济。

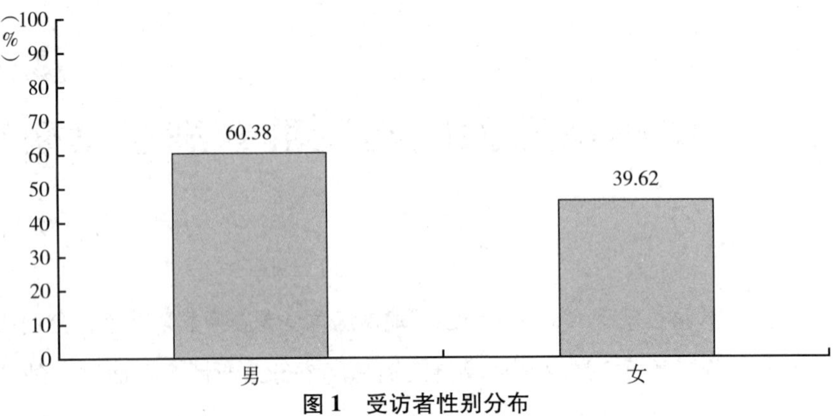

图 1　受访者性别分布

从年龄分布来看，25~44 岁的受访者人数最多，达到 2056 人，占比为 69.20%，15~24 岁的受访者人数为 621 人，占比为 20.90%，可以看出受访者中中青年（15~44 岁）人数占比达到 90.10%，能合理客观反映交通建设的实际情况（见图 2）。其次，受访者中初中及以下学历的有 182 人，占比仅为 6.13%（见图 3），可见受访者总体受教育程度较高，具备良好的认知能力与阅读能力，问卷结果的质量有保证。

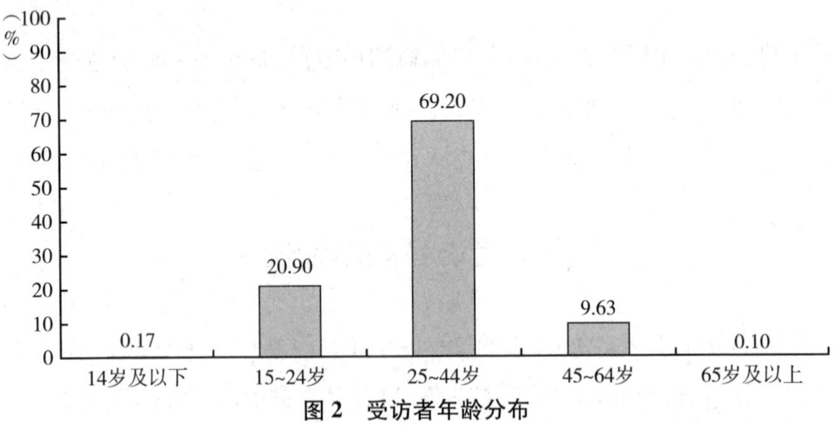

图 2　受访者年龄分布

从职业分布来看，企业人员最多，达到 1047 人；排在第二位的是事业单位人员，为 424 人，两者占受访者的一半左右；排在第三名和第四名的是个体经商人员和学生，分别为 403 人和 335 人（见图 4）。以上四种人群社

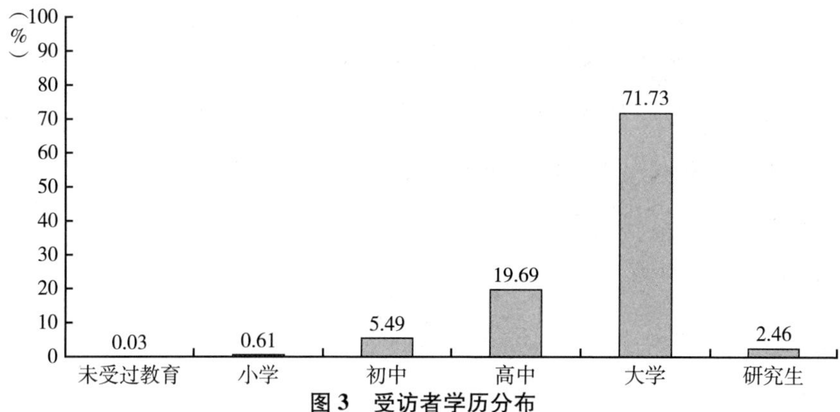

图 3　受访者学历分布

会活动、商务应酬频繁，涉及不同的交通出行方式，能真实反映当前交通建设主要服务对象的满意度。

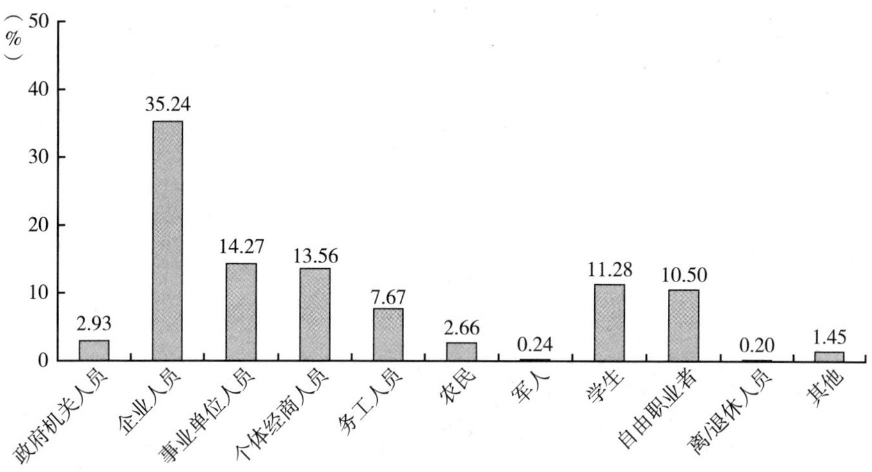

图 4　受访者职业分布

从月均收入分布来看，受访者的月均收入集中于 9000 元以下，这部分人群的占比为 81.45%，该收入水平人群为中国消费的主要人群，具备较强购买力，能选择各种交通出行方式，体现了调查问卷的全面性。此外，月均收入低于 5000 元的受访者占比为 36.05%，约占受访者总数的 1/3（见图 5），该部分人群收入水平较低，他们对于城市交通建设的满意度能反映交通建设的普惠性和公平性特点。

从地域分布来看，西藏的受访者人数最少，广东的受访者人数最多，分别为77人和102人，大部分省份的受访者人数在95人左右，各省份的受访者人数平均值为96人（见图6），可见受访者地域分布均匀，调查问卷能全面反映中国各个城市的交通建设情况。

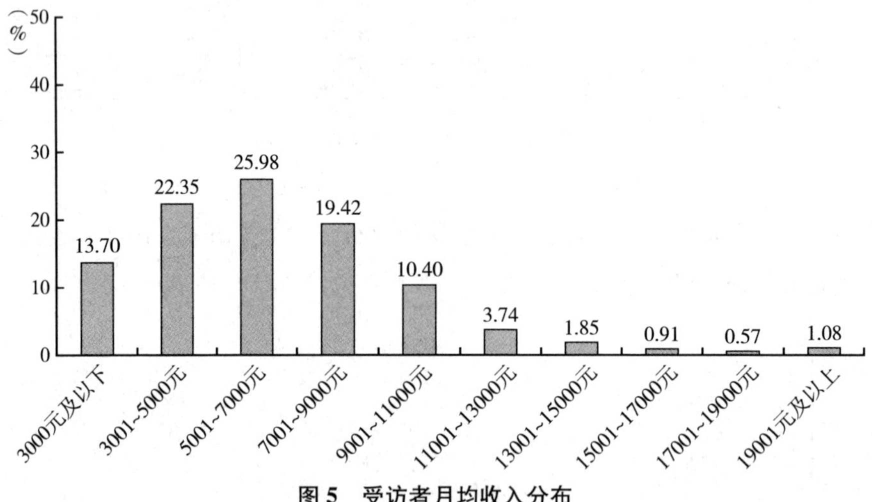

图5　受访者月均收入分布

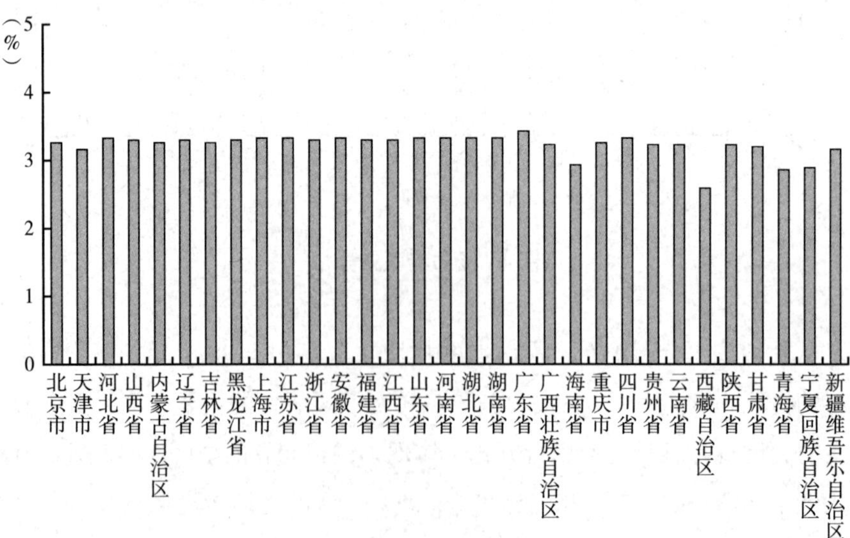

图6　受访者地域分布

二　群众满意度问题分析

（一）基础设施完备性满意度调查结果分析

调查结果显示，64.2%的受访者认为交通强国目标的实现与基础设施建设息息相关，基础设施完备性的满意度调查能真实地反映目前交通强国的建设情况。因此，本次调查问卷设置了9个与基础设施相关的问题，并对其中5个具有代表性的问题做出进一步分析，以了解市民对基础设施完备性的满意度。

1. 公共交通便捷性满意度

关于“您对所在城市公共交通换乘的便捷性是否满意?”这一问题，如图7所示，受访者对所在城市公共交通便捷性的满意度普遍较高，选择“非常满意”的人数占比达到39.18%，选择“比较满意”的人数占比达到46.15%。其中“非常满意”的人数占比较上年（17%）提升明显，选择“比较满意”的人数占比与上年（50.09%）差别不大，这2个选项的人数占比之和由上年的67.09%提升至85.33%。此外，选择“不满意”的人数占比也从上年的2.68%下降至0.44%。可见中国城市公共交通便捷性的建设成果显著，较上年提升明显。该调查结果反映了群众对于城市公共交通便捷性具有很大需求，且对当前建设情况比较认可，这为各省份发展交通系统指明了方向。各省份应完善城市交通综合体系，满足人民需求，为交通强国建设添砖加瓦，从而推动绿色出行的建设进程。

2. 城市交通网畅通满意度

关于“您认为所在省份城市与城市之间的交通网是否畅通?”这一问题，如图8所示，受访人对所在省份城市与城市之间的交通网畅通程度十分认可。选择“非常畅通”的人数占比达到36.15%，选择“比较畅通”的人数占比达到46.72%，即超过80%的受访人认为当前所在省份城市与城市之间的交通网十分畅通，另有12.62%、4.01%及0.50%的受访人选择了“一般”、“不太畅通”及“不畅通”，这3个选项的人数占比之和为17.13%。

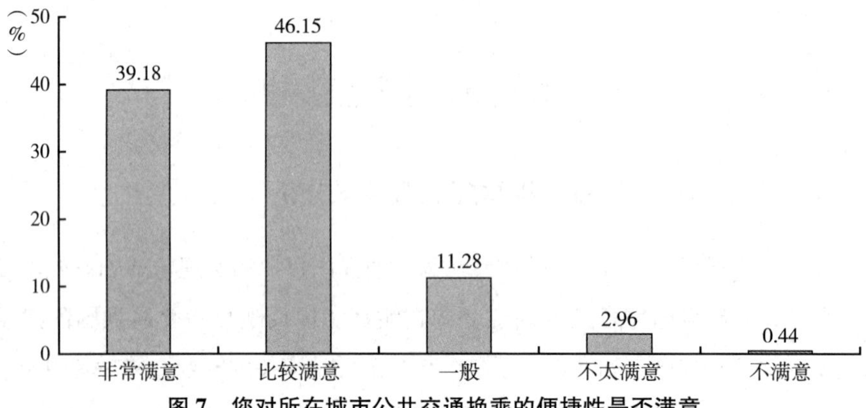

图7　您对所在城市公共交通换乘的便捷性是否满意

可见各省份城市内与城市间的交通网建设成果均十分显著，且与现阶段群众的需求较为匹配。各省份结合“共同富裕”等建设目标，积极发展城市交通网，为缩小区域发展差距、提升不同城市经济活动的交流性与活跃性提供助力，使城市交通网建设成为交通强国建设的重要一环。

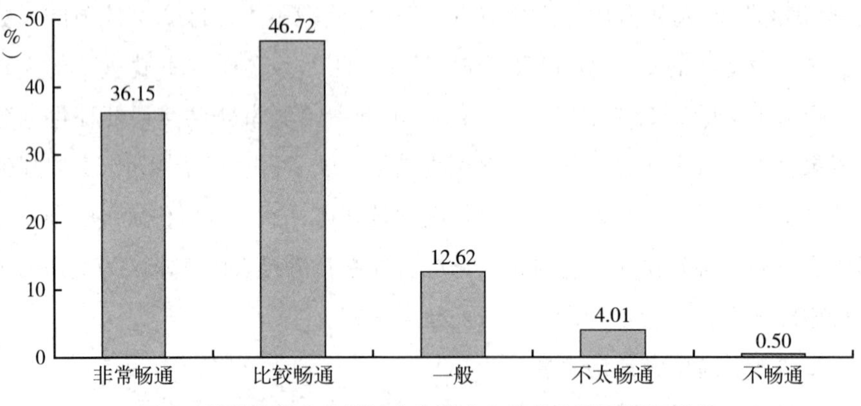

图8　您认为所在省份城市与城市之间的交通网是否畅通

3. 城市停车场建设满意度

关于“您对所在城市停车场建设（数量、分布、智能化水平等）是否满意?”这一问题，如图9所示，受访者对所在城市停车场建设（数量、分布、智能化水平等）现状较为满意，其中，选择“非常满意”的人数占比达到 37. 56%，选择“比较满意”的人数占比达到 39. 75%，近 80%的受访者认为当前所在城市停车场建设（数量、分布、智能化水平等）良好，另有 15. 48%、5. 86%及 1. 35%的受访者选择了“一般”、“不太满意”及“不满意”，这 3 个选项的人数占比之和为 22. 69%，超过 1/5 的受访者认为所在城市停车场建设（数量、分布、智能化水平等）还需要改进。中国是汽车供需大国，停车难现在已成为许多新兴城市的痛点，这是社会经济发展与城市规划进展不匹配的结果，特别是北京、上海等超大型城市，如何兼具停车场建设的效率与质量是当前社会亟须解决的民生问题。各个城市应根据自身区域的异质性，如闲置土地存量、经济发展水平、城市新增私家车数量等，建设具有针对性的停车场，并结合当前数字化发展的大背景，提高停车场的智能化水平，这也对减缓城市交通拥堵、提高城市交通运行效率大有裨益，为民生建设提供助力。

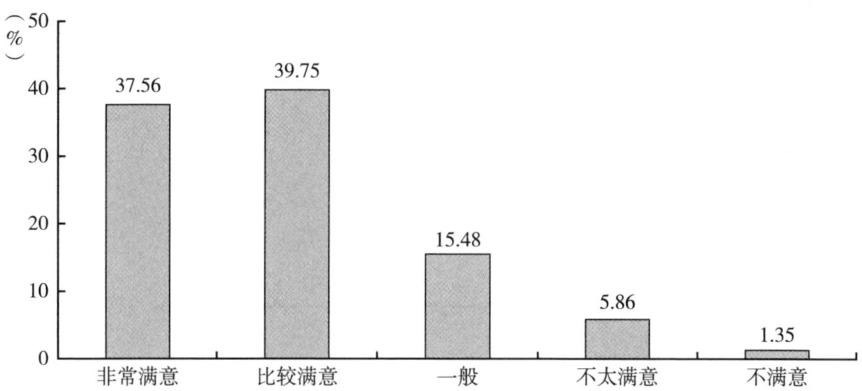

图 9　您对所在城市停车场建设（数量、分布、智能化水平等）是否满意

4. 交通安全防护措施满意度

关于“您对所在城市交通安全防护设施（如防护栏）的覆盖度是否满意?”这一问题，如图 10 所示，受访者整体上对所在城市交通安全防护设施（如防护栏）的覆盖度较为满意，其中，选择“非常满意”的人数占比达到 39. 35%，选择“比较满意”的人数占比达到 42. 98%，超过 80%的受访者认为当前所在城市交通安全防护设施（如防护栏）的覆盖较为全面，另有13.67%、3.23%及0.77%的受访者选择了“一般”、“不太满意”及“不满意”，这3个选项的人数占比之和为17.67%，近1/5的受访者认为所在城市交通安全防护设施（如防护栏）的覆盖度较低，还需进一步提高。中国作为交通大国，如何保证交通系统的安全性，对于进一步建设交通强国至关重要，这是提高城市交通安全水平、维护群众生命财产安全、保障城市道路安全的奠基石。各省份应将“人民至上、生命至上”作为交通安全建设的宗旨，加强城市交通的安全管理、预防城市道路交通事故，打造以安全性为第一的交通系统，建设高质有效的综合交通体系，并在此基础上进一步完善各个城市的交通基础设施，为我国建设交通强国打下“安全”这一坚实基础。

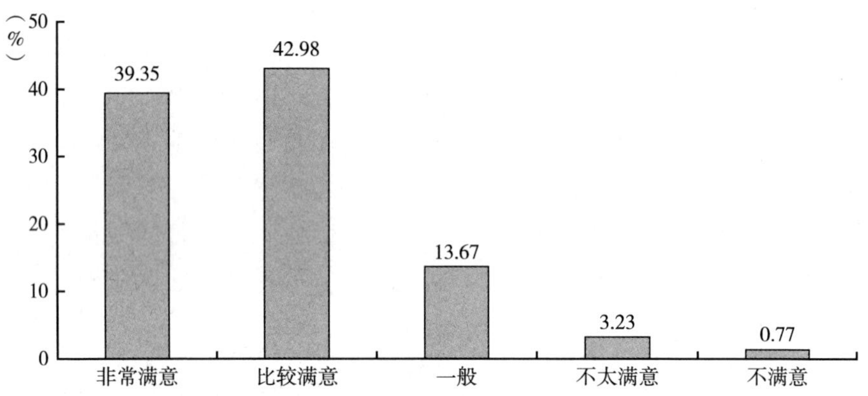

图10　您对所在城市交通安全防护设施（如防护栏）的覆盖度是否满意

5. 农村道路状况满意度

关于“您认为所在省份农村道路状况如何?”这一问题，如图11所示，选择“非常好”的人数占比达到35.14%，选择“比较好”的人数占比达到40.39%，近80%的受访者对当前所在省份的农村道路状况较为满意，另有17.50%、5.99%及0.98%的受访者选择了“一般”、“不太好”及“不好”，这3个选项的人数占比之和为24.47%，近1/4的受访者认为所在省份的农村道路状况须进一步提升，这一占比高于本部分前 4 个问题的调查结果，可见完善农村道路建设仍须继续努力。中国已实现全面建设小康社会这一宏伟目标，当下如何保证农村地区不返贫是各个地方政府需要关注的民生问题。随着经济发展，中国的道路系统四通八达，“想致富先修路”体现了中国智慧，通过修建公路、改善道路状况等措施，农村地区进一步融入中国下一阶段的经济发展，改善农村道路状况也能为实现“共同富裕”目标提供助力。各省份应根据自身实际情况，进一步拓宽农村公路覆盖范围、提高农村道路通达程度、提升农村道路畅通水平，补足农村道路发展的各项短板，有效推动城乡交通一体化，推进农村经济与城市经济融合发展，实现交通强国的战略目标。

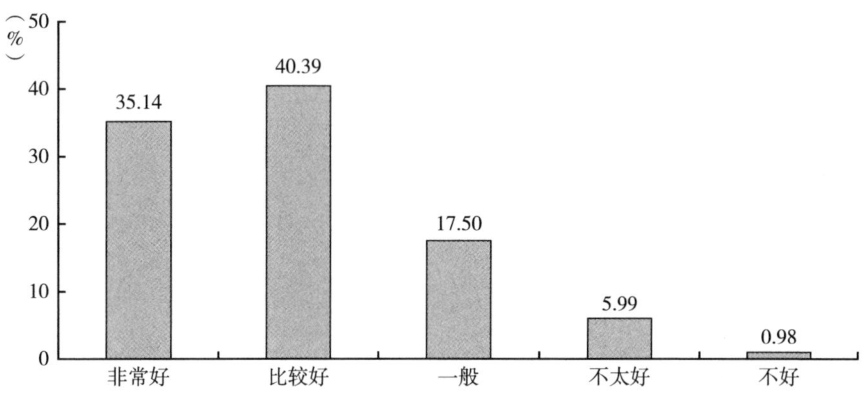

图 11　您认为所在省份农村道路状况如何

（二）绿色环保智能化满意度调查结果分析

调查结果显示，80.7%的受访者认为绿色环保对交通强国建设尤为重要，68.7%的受访者认为科技创新对交通强国建设非常重要，绿色、环保、智能化在很大程度上影响着市民对城市交通建设的满意度。因此，本次调查问卷设置了 7 个问题，以了解市民对于所在城市的交通绿色环保智能化满意度，并进一步选取 5 个具有代表性的问题进行分析。

1. 智慧交通系统满意度

智慧交通系统（Intelligent Transportation System，ITS）是采用信息通信技术，使人、车、路三者紧密协调、和谐统一，在此基础上建立起的大范围内、全方位发挥作用的实时、准确、高效的交通运输管理系统。关于“您认为所在城市的智慧交通系统（如电子站牌、网站、手机客户端等）能够提供有用的公共电汽车运行状况和实时位置等信息吗?”这一问题，如图 12 所示，选择“完全可以”的人数占比较上年（19.51%）提升明显，选择“基本可以”的人数占比与上年（47.68%）差别不大，这 2 个选项的人数占比之和由上年的 67.19%提升至 86.77%。该调查结果反映了群众对于城市智慧交通系统的建设情况比较认可，且较去年的满意度状况提升显著。各省份应进一步结合交通强国建设目标，促进智慧交通高效有序发展。

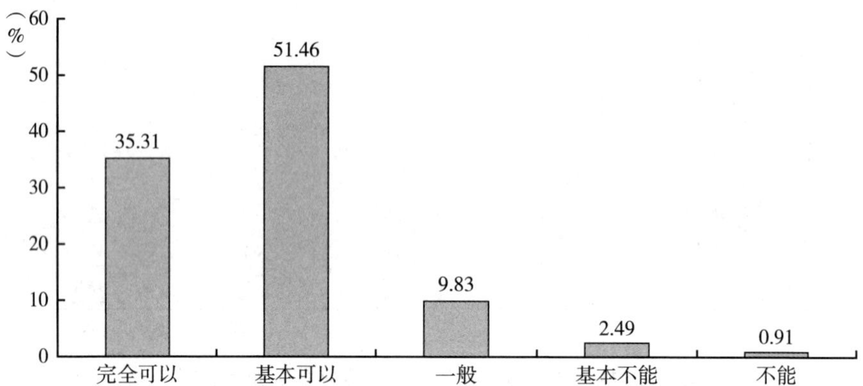

图 12　您认为所在城市的智慧交通系统（如电子站牌、网站、手机客户端等）能够提供有用的公共电汽车运行状况和实时位置等信息吗

2. 共享交通出行满意度

关于“您认为所在城市的共享交通（共享单车、电动车、汽车）是否能够满足基本出行需求?”这一问题，如图 13 所示，选择“非常满意”的人数占比达到 38.98%，选择“比较满意”的人数占比达到 43.99%，另有 11.88%、3.97%及 1.18%的受访者选择了“一般”、“不太满意”及“不满意”，这 3 个选项的人数占比之和为 17.03%，表明近 1/5 的受访者认为所在

城市共享交通（共享单车、电动车、汽车）还须改进。中国的共享交通发展迅速，其能解决“最后一公里”的出行问题，同时在促进绿色出行、减少机动车污染排放等方面发挥了积极的作用，各省份应继续推进建设共享交通，助力建设交通强国。

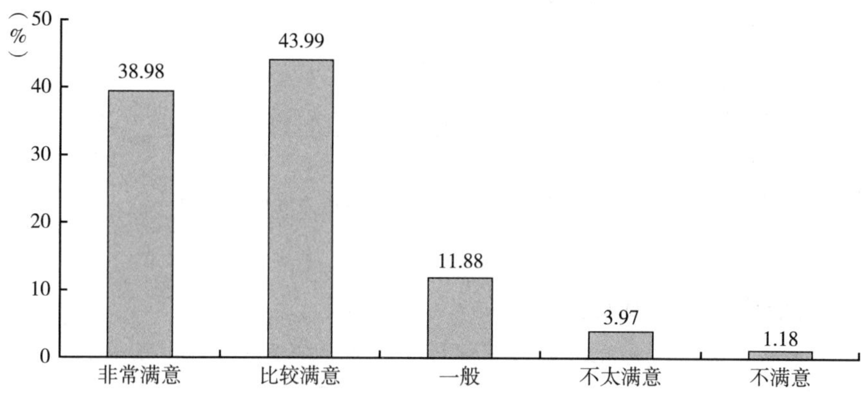

图 13　您认为所在城市的共享交通（共享单车、电动车、汽车）是否能够满足基本出行需求

3. 绿色出行宣传满意度

绿色出行是建设生态文明、促进绿色发展和城市精神文明建设的重要内容，倡导绿色低碳的生活方式、加大绿色出行宣传力度，可以使群众增强绿色出行意识、树立低碳理念、支持绿色出行举措。严格执行公务用车管理规定，压减公务用车，鼓励人们上下班尽可能选择公共交通、助力车等绿色低碳出行方式。关于“您对所在城市绿色出行的宣传力度是否满意?”这一问题，如图 14 所示，选择“非常满意”的人数占比达到 39. 99%，较上年（22. 54%）提升显著，选择“比较满意”的人数占比达到 41. 20%，表明超过 80%的受访者对所在城市绿色出行的宣传力度较为满意，这一结果较去年提升了近 16 个百分点。可见，在相关地方部门的共同努力下，绿色出行宣传成效显著。各地方政府应继续保持，针对不同人群开展绿色出行宣传，让群众牢固树立绿色出行意识。

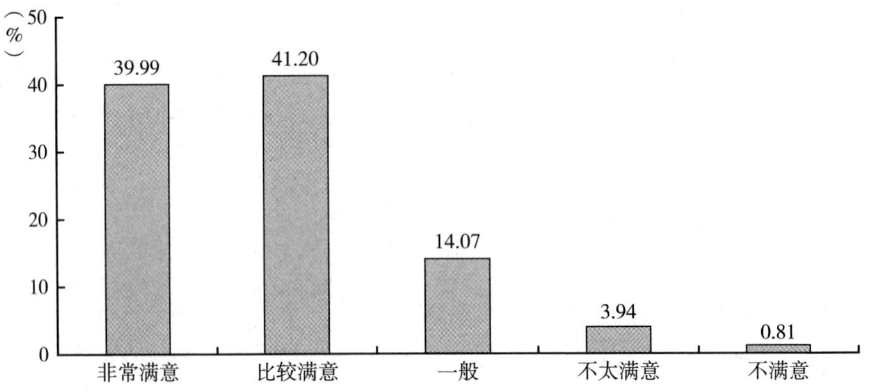

图 14　您对所在城市绿色出行的宣传力度是否满意

4. 新能源公交车普及度

发展新能源公交车是鼓励发展绿色交通的一项重要举措，能有效治理城市污染。目前，我国新能源公交车普及进程迅速，交通运输部发布的《2018 年交通运输行业发展统计公报》显示，截至 2018 年末，中国拥有公共汽电车 67.34 万辆，按车辆主要燃料类型进行分类，柴油车占 22.2%、天然气车占 24.5%、纯电动车占 37.8%、混合动力车占 12.9%，其中纯电动车占比居首位。[①] 关于“您认为所在城市新能源公交车的普及程度如何?”这一问题，如图 15 所示，选择“全面普及”的人数占比达到 34.30%，选择“比较多”的人数占比达到 42.88%，选择“一般”、“比较少”和“几乎没有”的人数占比则分别是 15.31%、6.73%和 0.77%。可见，新能源公交车普及度整体较高。各地方政府应在财政允许范围内维持补贴政策，在国家关于新能源公交车政策的引领下，推进新能源公交发展。

5. 减噪设施覆盖满意度

我国城市交通线密集，在便利出行的同时，也将交通噪声带到了各个角落，道路交通噪声污染的覆盖面大、范围广。经济的快速发展，使我国机动

① 《2018 年交通运输行业发展统计公报》，交通运输部网站，2019 年 4 月 12 日，https://xxgk.mot.gov.cn/jigou/zhghs/201904/t20190412_3186720.html。

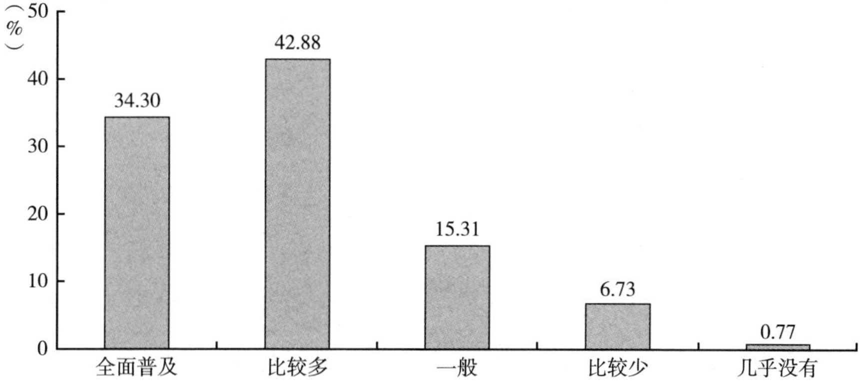

图 15　您认为所在城市新能源公交车的普及程度如何

车的增长速度加快，车流量变大，交通噪声的持续时间变长，导致交通噪声污染加剧，严重影响周边居民的日常生活，因此建设完善的交通减噪设施是非常有必要的。关于“您对所在城市居民区周边交通噪声处理设施（如降噪板）的覆盖程度是否满意?”这一问题，如图 16 所示，选择“非常满意”的人数占比达到 32.58%，选择“比较满意”的人数占比达到 41.97%，另有 18.24%、5.96%及 1.25%的受访者选择了“一般”、“不太满意”及“不满意”，这 3 个选项的人数占比之和为 25.45%，说明交通噪声处理设施的建设尚有不足。各省份有关部门应从道路设计、建设之初就充分考虑交通噪声的污染问题，做好项目建设噪声影响评价，并在源头采取降噪措施，通过合理

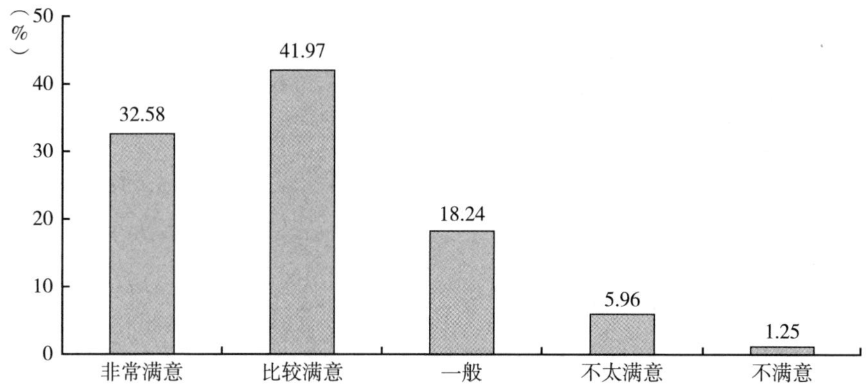

图 16　您对所在城市居民区周边交通噪声处理设施（如降噪板）的覆盖程度是否满意

种植绿化林带、使用声屏障、安装隔音窗等措施提高减噪设施覆盖面积，切实解决噪声导致的民生问题。

（三）治理体系现代化满意度调查结果分析

调查结果显示，36.3%以上的受访者认为交通治理体系对交通强国建设尤为重要，治理体系的现代化程度影响市民对城市交通建设的满意度。因此，本次调查问卷设置了11个问题，以了解市民对于所在城市治理体系现代化的满意度，并进一步选取5个具有代表性的问题进行分析。

1. 交通领域监督机制满意度

交通工程建设投资巨大，如果没有完善的监督机制，没有强有力的制约措施和严格的管理行为，很容易产生腐败现象，因此健全监督机制对促进交通领域健康发展具有重要作用。关于“您认为所在城市交通领域监督机制的透明度如何?”这一问题，如图17所示，选择“很透明”的人数占比较上年（21.81%）提升明显，选择“比较透明”的人数占比与上年（37.62%）差别不大，这2个选项的人数占比之和由上年的59.43%提升至76.74%，变化显著。各地方政府应加强制度建设，这是建立监督机制的有效手段，运用制度这个载体，落实交通工程建设中各方所承担的责任，将监督工作渗透于工程建设的各个环节，通过分解、制衡权力，防范权力不当运作，及时发现、处理违纪违规问题，防患于未然。

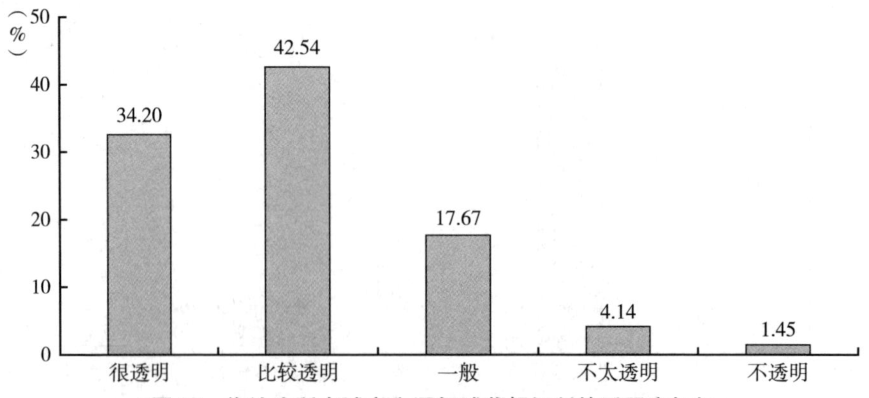

图17　您认为所在城市交通领域监督机制的透明度如何

2. 交通安全法规满意度

交通安全法规的实施有利于督促驾驶者自觉遵守交通法规，减少交通事故发生的频次，通过制定严格的法规，提高违法成本，提升道路交通文明安全的质量。关于“您对所在城市的交通安全法规制度和标准规范是否满意?”这一问题，如图 18 所示，选择“非常满意”的人数占比达到 39. 65%，选择“比较满意”的人数占比达到 43. 42%，选择“一般”、“不太满意”和“不满意”的人数占比分别是 13. 87%、2. 42%和 0. 64%。可见，各地交通安全法规的制定较为合理。相关部门应继续补充和完善有关法律、法规，尽一切努力遏制重特大道路交通事故，保证交通安全法规的科学性和有效性。

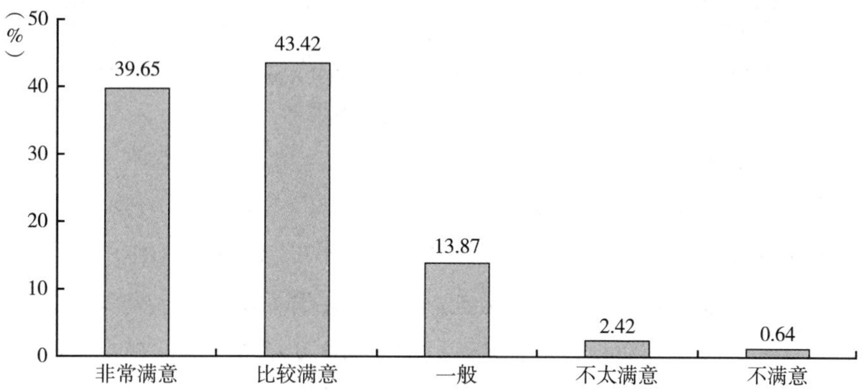

图 18　您对所在城市的交通安全法规制度和标准规范是否满意

3. 交通服务人员素质满意度

交通服务人员需要具备一定职业素质，即当遇到某些突发情况时，交通服务人员能够进行冷静处理。关于“您对所在城市公共交通服务人员（如驾驶员、售票员等）的专业能力和素质是否满意?”这一问题，如图 19 所示，选择“非常满意”的人数占比达到 38. 10%，选择“比较满意”的人数占比达到 43. 59%，选择“一般”、“不太满意”和“不满意”的人数占比则分别是 14. 88%、2. 89%和 0. 54%。可见，交通服务人员整体具备良好的职业素质。相关部门应继续提升交通服务人员的职业素质，使其具备良好的心理素养，并让交通服务人员熟知各类应急预案，以更好地应对各种突发状况。

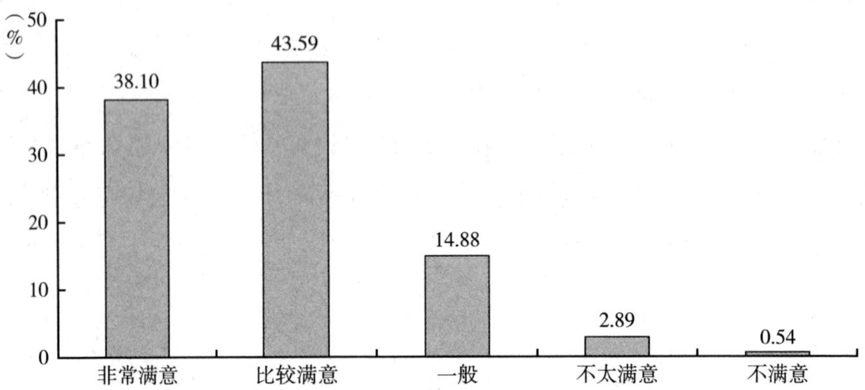

图 19　您对所在城市公共交通服务人员（如驾驶员、售票员等）的专业能力和素质是否满意

4. 交通文明精神宣传满意度

交通文明精神宣传对于交通强国建设具有不可忽视的推动作用，通过树立一批干事创业、催人奋进的交通先进典型，培育昂扬奋进、充满活力的交通行业文化，以及与时俱进、特色鲜明的交通文明精神，为实现交通强国建设提供强大的精神动力、智力支持和文化条件。关于“您是否听过/看过以‘两路’精神、青藏铁路精神、民航英雄机组等为代表的交通精神的宣传/电视/广播?”这一问题，如图 20 所示，选择“频繁”的人数占比为 28.64%，选择“较多”的人数占比达到 43.39%，选择“一般”、“偶尔”和“从没”的人数占比分别是 17.84%、8.48%和 1.65%。可见，交通文明精神的宣传较为成功，但仍有超过 10%的受访者选择了“偶尔”和“从没”，说明交通文明精神的宣传存在短板。相关部门应把人民群众的根本利益作为行业精神文明宣传工作的出发点和落脚点，坚持实事求是，注重结合实际，开展具有鲜明特点的交通文明精神宣传活动，大力增强行业精神文明宣传的针对性、实效性、吸引力与感染力。

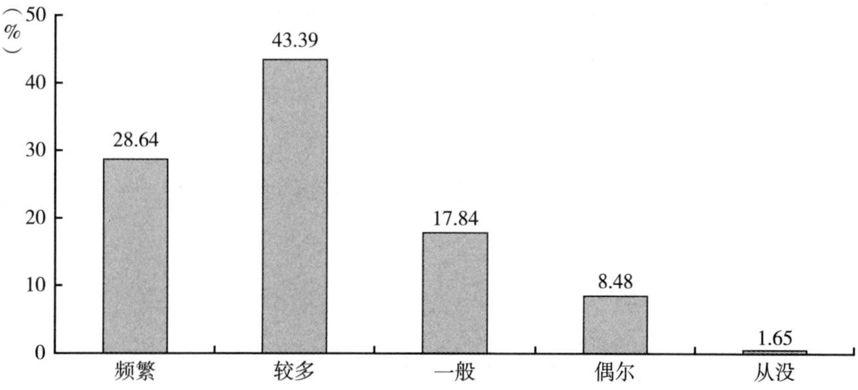

图 20　您是否听过/看过以“两路”精神、青藏铁路精神、民航英雄机组等为代表的交通精神的宣传/电视/广播

5. 民众出行文明程度满意度

民众出行文明对构建和谐社会具有积极作用。关于“您对所在城市民众出行整体文明程度是否满意?”这一问题，如图 21 所示，选择“非常满意”的人数占比达到 37.73%，选择“比较满意”的人数占比达到 44.67%，选择“一般”、“不太满意”和“不满意”的人数占比分别是 14.20%、2.89%和 0.50%。可见，民众出行的文明程度普遍很高。相关部门应继续加大对民众的文明出行宣传力度，一方面，通过发放文明倡导宣传册、张贴海报、定期组织道德讲堂等形式，加大公共文明宣传力度；另一方面，依靠法

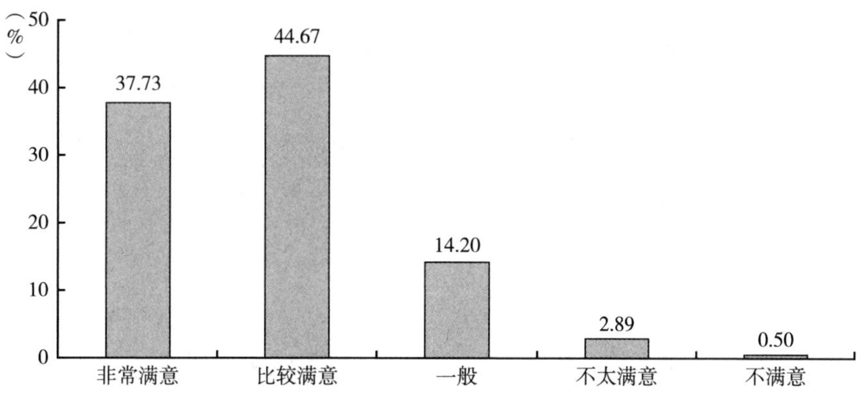

图 21　您对所在城市民众出行整体文明程度是否满意

律的刚性约束，完善公共服务管理制度，规范公民道德，提高民众的文明意识以及社会责任感。

二　群众满意度省份分析

（一）研究方法

在测算基础设施完备性满意度、绿色环保智能化满意度以及治理体系现代化满意度三个层面调查结果的基础上，运用聚类分析方法将不同层面的满意度评价结果分为满意度水平较高、满意度水平一般和满意度水平较低。

（二）基础设施完备性满意度聚类分析

31 个省份基础设施完备性满意度水平的聚类分析结果如表 1 所示。结果表明，共有 16 个省份的基础设施完备性满意度水平较高，分别是北京市、天津市、山东省、新疆维吾尔自治区、吉林省、贵州省、上海市、内蒙古自治区、重庆市、辽宁省、安徽省、黑龙江省、浙江省、江苏省、云南省、青海省，其中东部地区[①]省份有北京市、天津市、山东省、上海市、辽宁省、浙江省、江苏省，占比为 43.75%；中部地区省份有 4 个，分别是吉林省、内蒙古自治区、安徽省、黑龙江省，占比为 25%；西部地区省份有新疆维吾尔自治区、贵州省、云南省、青海省、重庆市，占比为 31.25%。此外，有 5 个省份的基础设施完备性满意度水平一般，分别是山西省、湖南省、广东省、宁夏回族自治区、西藏自治区，其中东部地区省份占比为 20%，中部地区省份与西部地区省份占比均为 40%。其余 10 个省份的基础设施完备性满意度水平较低。

---

① 东部地区为北京、天津、河北、辽宁、上海、江苏、浙江、福建、山东、广东和海南；中部地区为山西、内蒙古、吉林、黑龙江、安徽、江西、河南、湖北和湖南；西部地区为广西、重庆、四川、贵州、云南、陕西、甘肃、青海、宁夏、新疆和西藏。

表 1　31 个省份基础设施完备性满意度分类

级别	省份
满意度水平较高	北京市、天津市、山东省、新疆维吾尔自治区、吉林省、贵州省、上海市、内蒙古自治区、重庆市、辽宁省、安徽省、黑龙江省、浙江省、江苏省、云南省、青海省
满意度水平一般	山西省、湖南省、广东省、宁夏回族自治区、西藏自治区
满意度水平较低	河北省、海南省、河南省、湖北省、甘肃省、陕西省、江西省、福建省、四川省、广西壮族自治区

东部地区共有 7 个省份的基础设施完备性满意度水平较高，其中北京、上海、天津等 3 个直辖市的基础设施完备性满意度水平均较高。北京市作为我国的首都，发展引领全国。在铁路网络方面，京雄城际铁路全线建成通车，北京西站至雄安新区所需时间缩短至 50 分钟；京张高铁延庆支线开通运营，从北京到延庆最快仅需 26 分钟。在公路交通方面，京雄高速启动建设，将实现北京与雄安新区 1 小时快速直连；建成 105 国道、宋梁路北延、通怀路三期等普通公路，新增公路里程约 70 公里。在轨道交通方面，16 号线中段、房山线北延建成通车，亦庄有轨电车 T1 线投入运营，城市轨道交通运营里程达 727 公里。[①] 上海市作为我国的对外窗口与经济中心，不断推进交通基础设施的完备性。2020 年，上海路网体系持续完善，天目路立交改造工程等项目陆续完成施工并开放通车，骨干路网体系更加健全。道路停车方面，共增设 125 处道路停车场。持续推进“四好农村路”建设，创建超过 45 条示范路，并实施提档升级改造。公共领域车辆新能源化快速推进，本市共有各类节能、清洁能源和新能源公交车约 1. 35 万辆。交通大整治常态化推进，全年道路交通事故死亡人数同比下降 28%左右。

中部地区的吉林省与黑龙江省作为我国原重工业基地，基础设施完备性满意度水平也较高。2020 年，吉林省交通基础设施完成投资 212 亿元，达

① 《京雄城际铁路明日全线开通　北京西站至雄安新区最快 50 分钟》，“人民网”百家号，2020 年 12 月 26 日，https：//baijiahao. baidu. com/s？ id = 1687130917931975323&wfr = spider&for = pc。

到年度计划（142亿元）的149.3%。高速公路建设方面，完成投资120亿元，建设12个项目，共计1474公里，其中建成5个项目，共计869公里，新增通车里程718公里。公路建设方面，完成投资23亿元，建设18个项目，共计412.4公里，国道二级以上公路比重达90.3%。农村道路建设方面，完成投资65亿元，新改建农村公路4421.4公里，完成安防工程1396公里，完工危桥项目133个，脱贫地区新改建农村公路117.1公里，实施安防工程406.8公里，改造危桥34座。铁路运输方面，全省全年完成铁路货运量6400万吨，完成大宗货物运输“公转铁”阶段性目标任务。① 2020年，黑龙江省完成货物周转量1918.2亿吨公里，较上年下降3.6%，其中，铁路运输为839.6亿吨公里，增长3.1%，公路运输为694.0亿吨公里，下降12.7%；完成客运量1.4亿人次，较上年下降56.8%，其中，铁路客运量为4589.7万人次，下降59.1%，公路客运量为7608.0万人次，下降58.2%；年末公路线路里程为16.8万公里，其中高速公路为4512公里。推动牡佳客专、佳鹤铁路等项目建设，支持哈伊客专、北黑铁路建设，加快京哈高速、吉黑高速等工程建设。②

西部地区的新疆维吾尔自治区及青海省是我国经济发展水平相对一般的省份，其基础设施完备性满意度水平较高，体现了我国交通强国建设的成效。2020年，新疆维吾尔自治区全区全年累计完成公路交通固定资产投资543.93亿元，较上年增长2.8%。其中，高速公路完成155.67亿元，下降33.2%；普通国省道完成258.92亿元，增长63.1%；农村公路完成88.70亿元，增长9.4%；其他项目（地方道路、客货场站等）完成投资40.64亿元，下降27.9%。全区公路通车总里程达20.92万公里（其中新疆生产建设兵团3.71万公里），较上年末增加1.50万公里；全区公路密度为12.57公里/百公里^2，较上年提高0.90公里/百公里^2；公路养护里程为18.98万

---

① 《吉林省交通运输行业提前完成年度投资目标》，“潇湘晨报”公众号，2020年12月23日，https：//baijiahao. baidu. com/s？ id=1686839825629482162&wfr=spider&for=pc。

② 《2020年黑龙江省国民经济和社会发展统计公报》，黑龙江省人民政府网站，2021年3月13日，https：//www. hlj. gov. cn/n200/2021/0313/c35-11015484. html。

公里，较上年末增加1.80万公里，占公路总里程的90.7%。[①] 可见，新疆维吾尔自治区交通基础设施建设稳中向好。青海省2020年完成交通固定资产投资230.34亿元，同比增长13%，并投入资金4.83亿元实施路域环境整治，共整治8025公里，对406座共计175.3公里的桥隧和46条共计2.07万公里的国省干线公路技术状况开展监测，加大对公路路产路权的维护力度。[②] 格库铁路青海段开工，格尔木到库尔勒的行车时长由原来的26小时缩短至12小时，为当地经济社会发展、旅游资源开发等提供可靠的铁路运力保障。

基础设施完备性满意度水平较低的省份中，中西部地区的省份有7个，表明我国现阶段交通基础设施建设存在不均衡现象。广西壮族自治区与甘肃省作为我国经济发展水平比较落后的省份，其交通基础设施建设尤为关键，两省也加快了建设步伐。广西壮族自治区将2020年视为加快建设交通大省的起步之年，全区铁路营运里程达5206公里，铁路网密度为全国平均水平的1.6倍，高铁营运里程达1771公里。全区高速公路通车总里程达7123公里，其中，“县县通”高速公路占比达97%，普通国省道二级及以上公路占比达72%。[③] 2020年，甘肃省完成交通基础设施投资1116亿元。铁路方面，银川至西安铁路建成通车，西宁至成都铁路开工建设；机场方面，中川机场三期扩建工程启动；高速公路方面，建成景泰至中川机场、柳园至敦煌高速公路。可见，广西壮族自治区与甘肃省地方政府正全力加快建设综合立体交通网络。[④]

综上所述，各省份的基础设施完备性满意度虽有显著差异，但随着交通

---

① 《交通运输厅2020年政府信息公开工作年度报告》，新疆维吾尔自治区交通运输厅网站，2021年2月1日，http：//jtyst. xinjiang. gov. cn/xjjtysj/2020/202102/73f61c112fd94250a50cb872441fee95. shtml。

② 《2020年青海省交通固定资产投资230.34亿元》，中国公路网，2021年1月15日，https：//www. chinahighway. com/article/65387215. html。

③ 《赶超跨越再加速　谱写崛起新诗篇——广西交通建设奏响高质量发展强音》，广西壮族自治区人民政府网站，2021年7月6日，http：//www. gxzf. gov. cn/gxyw/t9399221. shtml。

④ 《新闻发布会丨2020年甘肃省经济运行情况：稳定恢复　持续向好》，“发现甘肃”搜狐号，2021年1月20日，https：//www. sohu. com/a/445804669_ 120207621。

强国建设目标的推进，各省份均在坚定不移地推进交通强省建设，优化综合立体交通网络布局，加快重大交通基础设施建设，为建设交通强国添砖加瓦。

（三）绿色环保智能化满意度聚类分析

针对绿色环保智能化满意度水平的聚类分析结果如表2所示。绿色环保智能化满意度水平较高的省份共有14个，包括天津市、贵州省、北京市、吉林省、山东省、上海市、新疆维吾尔自治区、浙江省、安徽省、辽宁省、内蒙古自治区、云南省、江苏省、黑龙江省，其中东部地区省份有7个，分别是北京市、上海市、天津市、山东省、浙江省、辽宁省、江苏省，占50%；中部地区省份有4个，分别是吉林省、安徽省、内蒙古自治区、黑龙江省；西部地区的省份有3个，分别是贵州省、云南省、新疆维吾尔自治区。绿色环保智能化满意度水平一般的省份共有9个，以中西部地区的省份为主，包括重庆市、青海省、湖南省、宁夏回族自治区、山西省、西藏自治区、河北省等7个省份，占比达到77.78%。满意度水平较低的省份中，西部地区的省份占比较高，为50%，分别是甘肃省、陕西省、四川省、广西壮族自治区。

表2　31个省份绿色环保智能化满意度分类

级别	省份
满意度水平较高	天津市、贵州省、北京市、吉林省、山东省、上海市、新疆维吾尔自治区、浙江省、安徽省、辽宁省、内蒙古自治区、云南省、江苏省、黑龙江省
满意度水平一般	重庆市、青海省、湖南省、宁夏回族自治区、山西省、广东省、西藏自治区、海南省、河北省
满意度水平较低	湖北省、河南省、甘肃省、陕西省、福建省、江西省、四川省、广西壮族自治区

自2019年9月以来，政策层面频繁利好推动智慧交通进一步发展。2019年9月，中共中央、国务院颁发了《交通强国建设纲要》。新基建涵盖5G基站建设、特高压、城际高速铁路和城际轨道交通、新能源汽车充电桩、

大数据中心、人工智能以及工业互联网七大领域。其中，5G 等技术的落地发展将会催生新一代智慧交通。

辽宁省与内蒙古自治区相邻，产业结构类似，能源结构相近，且主要支柱产业多为重污染行业，其中辽宁省的支柱产业分别是冶金、石化、装备制造以及农产品加工等；内蒙古的支柱产业分别是能源、冶金、化工、农产品加工等。分析结果显示，两省区的绿色环保智能化满意度水平较高，表明两省区的绿色智慧交通建设成果颇丰，这也有益于两省区的可持续发展。2020年辽宁省财政筹措资金 25.5 亿元，支持绿色交通体系建设，促进城市公交行业健康发展；绿色水运交通方面，筹措资金 8.1 亿元，并推广使用低耗能、低污染、标准化和高效新型船舶。此外，辽宁省投入 1.5 亿元资金，支持新能源汽车推广和应用。同时，辽宁省划拨资金 6600 万元，支持新能源基础设施建设。① 2020 年，内蒙古自治区绿色交通建设成效显著。推广新能源、清洁能源应用，新能源和清洁能源公交车、出租汽车占比分别为 69.9%、53.7%，新能源和清洁能源营运客车、货车占比分别为 4.9%、5.6%。开展柴油货车超标排放和船舶水污染专项整治行动，建立全区机动车排放检测和强制维护制度（I/M 制度）。扎实推进运输结构调整，推进城市绿色货运配送示范工程建设，营运客车、营运货车、城市客运单位运输周转量能耗和碳排放较“十二五”末分别下降 3.3% 和 13%、34.5% 和 11.7%、66.6% 和 32.4%。智慧交通建设取得成效，信息化水平不断提高。加强数据资源整合，推动北斗导航通信系统、无人机等新技术与行业深度融合应用，强化行业运行状态监测分析，初步实现部、区、盟市和旗县四级应急联动。②

江苏省和浙江省均为经济较发达地区，同时浙江省是共同富裕试点省，两省的智慧交通建设具备前瞻性以及示范性。2020 年江苏省交通运

① 《省财政支持绿色交通发展　助力打赢蓝天保卫战》，辽宁省财政厅网站，2020 年 12 月 22 日，http://czt.ln.gov.cn/zxzx/czxw/202012/t20201222_4053897.html。

② 《内蒙古自治区交通运输厅 2020 年工作总结》，内蒙古自治区人民政府网站，2021 年 3 月 5 日，https://www.nmg.gov.cn/zwgk/zdxxgk/ghjh/jzqk/202103/t20210305_1060289.html。

输厅印发了《江苏省智能交通建设实施方案》，指出到 2025 年，江苏省智慧基础设施将实现网络化、立体化运营管理。同时，2020 年江苏省推广应用新能源营运车辆 5.5 万辆、清洁能源营运车辆 7.5 万辆。完成 24 艘 LNG 动力船舶建造和 68 艘大吨位船舶 LNG 动力更新改造。确定 11 个市为绿色出行创建城市；国家级、省级多式联运示范项目分别达到 4 个、22 个，开通示范线路 116 条；南京禄口机场 T2 航站楼获得全国“三星级绿色建筑运行标识”，是全国首个绿色运行机场。与 2019 年相比，2020 年江苏省营运货车能耗和碳排放强度分别下降 3.9%和1.3%。[①] 2020 年，浙江省淘汰老旧营运货车 2.5 万辆，新增和更新清洁能源公交、出租车近 1.1 万辆。完成 100~400 总吨内河货船生活污水防污染改造任务，实现港口污染物接收设施全覆盖，五类专业化码头泊位岸电覆盖率达 70%。治理杭州绕城高速拥堵问题，开展 14 个拥堵收费站优化行动，排查整治 57 个民选民评堵点乱点。新增轨道交通 215 公里，新改建公交站点 1037 个。优化高速收费系统，实现联网收费平稳运行，ETC 使用率超过 73%。此外，《浙江省数字交通建设方案（2020—2025 年）（试行）》中着重提出浙江省将以行业治理、设施装备、运输服务数字化为核心，建设“1820”工程，即围绕 1 个数字交通框架体系，开展 8 大任务建设，打造 20 个专项应用，努力实现数字交通建设智能化。[②] 两省的智慧交通建设目标坚定、规划清晰、成果颇丰。

西部地区是“共同富裕”的重点发展地区。2020 年，贵州省绿色交通建设稳步推进，公路建设和运营期节能减排、新能源、清洁能源公交车比例超过 82%。铜仁入选全国首批绿色货运配送示范工程创建城市。2020 年，云南省全省累计淘汰国三排放标准老旧柴油货车 53652 辆，完成率达 178.8%。加强非道路移动机械环保监管，全省 129 个城市（城镇）建成区

① 《2020 年度江苏绿色交通发展报告出炉》，江苏省交通运输厅网站，2021 年 2 月 20 日，http：//jtyst. jiangsu. gov. cn/art/2021/2/20/art_ 41904_ 9676244. html。

② 《浙江省交通运输厅 2020 年工作总结和 2021 年工作计划》，浙江省交通运输厅网站，2021 年 11 月 25 日，http：//jtyst. zj. gov. cn/art/2021/11/25/art_ 1229496082_ 4811652. html。

内非道路移动机械摸底调查数量为12044台。建成机动车排放检验机构326家，拥有汽、柴油检测线共1022条。自2019年起，云南省全面推广使用国Ⅵ（B）标准汽油、国Ⅵ标准柴油，提前4年完成国家提出的“自2023年起全面使用国Ⅵ（B）标准汽油”要求。

绿色环保智能化满意度水平较低的省份共有8个，占比为25.81%，其中河南省（2021年全国人口排名第三）和四川省（2021年全国人口排名第五）作为人口大省，其绿色交通建设尤为重要。2020年，河南省全省交通基础设施建设累计完成投资675.2亿元，超额完成年度目标。其中，完成高速公路投资373亿元，郑西高速尧山至栾川段等3个项目建成通车，全省高速公路通车里程达到7100公里，继续保持全国前列；新改建农村公路1.35万公里，实施生命安全防护工程1.3万公里，改造危桥28公里，自然村通硬化路率达到89%；新改建县级客运场站19个，新增（优化）农村客运线路1000余条，96%的建制村实现直达或一次中转到达县城；全省脱贫地区农村公路完成投资76.9亿元、新改建里程8851公里。[①] 2020年，四川省严格实施机动车尾气排放检测与强制维护（I/M）制度，开展尾气治理维修38万辆次，机动车首检超标率下降。严格落实达标车型核查制度，道路运输新能源、清洁能源车辆达到8.2万辆，占全部营运车辆的13%。城市公交新增和更新车辆中新能源车的比重超过90%，全省城市公交车辆88%为新能源与清洁能源公交车。[②] 同时成都绕城高速运营管理方蜀道集团下属四川高速公路建设开发集团与专业厂商合作，共同开发出视频智能分析平台“智慧眼”，使成都绕城高速路年平均拥堵率降低15%，运营工作量下降20%。

综上，部分地区社会经济发展较快，应在国家层面的顶层设计下，充分

---

① 《投资千亿　河南交通今年这样干》，河南省人民政府网站，2021年1月31日，https：//www.henan.gov.cn/2021/01-31/2088939.html。

② 《彭涛局长在2021年全省道路运输工作会议上的讲话》，四川省交通运输厅道路运输管理局网站，2021年3月19日，http：//jtt.sc.gov.cn/jtt/c102018/2021/3/19/d81f456ccf124784b1f57e10505a9d69.shtml。

利用现有优势，继续推进智慧交通发展；加快推进绿色低碳发展，降低污染物及温室气体排放量，优化调整运输结构。有些地区发展较为缓慢，存在不均衡现象，应充分利用后发优势，明确“十四五”时期智慧交通发展的总体目标、具体目标、建设任务以及保障措施，为绿色智能交通发展奠定基础。

（四）治理体系现代化满意度聚类分析

针对治理体系现代化满意度水平的聚类分析结果如表3所示。共有10个省份的治理体系现代化满意度水平较高，分别是贵州省、北京市、山东省、吉林省、新疆维吾尔自治区、天津市、云南省、重庆市、上海市、浙江省，其中东部地区省份有5个，包括北京市、山东省、天津市、上海市以及浙江省，占比为50%。治理体系现代化满意度水平一般的省份有11个，分别是安徽省、内蒙古自治区、辽宁省、黑龙江省、江苏省、宁夏回族自治区、山西省、湖南省、海南省、广东省以及西藏自治区，其中中西部地区省份占比达到63.64%，分别是安徽省、内蒙古自治区、黑龙江省、宁夏回族自治区、山西省、湖南省以及西藏自治区。共有10个省份的治理体系现代化满意度水平较低，分别是青海省、河南省、河北省、甘肃省、湖北省、江西省、福建省、陕西省、四川省以及广西壮族自治区。其中中西部地区省份占比为80%，分别是青海省、河南省、甘肃省、湖北省、江西省、陕西省、四川省以及广西壮族自治区。

表3　31个省份治理体系现代化满意度分类

级别	省份
满意度水平较高	贵州省、北京市、山东省、吉林省、新疆维吾尔自治区、天津市、云南省、重庆市、上海市、浙江省
满意度水平一般	安徽省、内蒙古自治区、辽宁省、黑龙江省、江苏省、宁夏回族自治区、山西省、湖南省、海南省、广东省、西藏自治区
满意度水平较低	青海省、河南省、河北省、甘肃省、湖北省、江西省、福建省、陕西省、四川省、广西壮族自治区

“十四五”时期，各省份应以国家战略部署为统领，以省级规划方案为指导和遵循，重点实施数字交通建设赋能数字化改革行动计划，建设数字交通框架体系，从交通设施数字化改造、行业治理数字化提升、信用管理数字化建设等方面开展工作，努力实现数字交通建设，建成现代化交通治理体系。2021 年 11 月 25 日，《中国现代化报告 2021》在北京发布，提出了中国交通现代化路线图：未来 30 年，中国将分三个阶段推进交通体系、交通服务、交通效率、交通治理四个方面的交通现代化建设，到 2050 年前后，全国实现交通现代化，全面建成现代化交通强国。可见，交通治理体系现代化是交通现代化中的关键一环。

直辖市是直接由中央人民政府所管辖的建制市，其交通治理体系的现代化程度代表我国交通治理体系的前沿水平，北京市、上海市、天津市以及重庆市的治理体系现代化满意度水平均较高。天津市和重庆市作为重点发展城市，其交通治理体系现代化程度对社会经济的发展起到重要影响。2020 年，天津市交通运输部门积极推进交通治理体系现代化，全面整合交通数据资源，建成天津市智能交通信息系统一、二期，京津冀综合交通出行服务信息共享应用示范工程，在全国率先搭建交通专有云平台、发布市交通运输政务信息资源目录。交通运输行业数据资源交换共享与开放应用平台已接入 24 家单位 1880 余亿条数据，同时提供综合交通数据分析等决策管理服务。交通运输监测能力全面提升，视频监控 100%覆盖高速公路、火车站等重点设施，重点营运车辆联网联控系统入网率和上线率达到 100%。“放管服”改革成效突出，取消、下放政务服务事项 46 项，实现网上办 152 项、一次办 152 项、马上办 53 项、就近办 42 项、信用承诺办理 76 项，成为全国“信用交通省”建设典型省份。法治体系更加健全，制修订 5 部地方性法规规章、35 件行政规范性文件，确定权责清单 488 项，制定交通运输法治保障配套制度 32 部，交通治理体系现代化成果显著。2020 年，重庆市政府加强权力监督制约，印发实施《关于全面深入推进社会稳定风险评估工作的实施意见》，针对交通重大事项开展评估，并构建矛盾纠纷调解化解机制，认真办理、回复群众来信来访，主动公开信息 4811 条。进一步强化政策法规

引领，对7件行政规范性文件以及6件党内规范性文件依法报备，并对交通领域11部地方性法规、8部政府规章和70件规范性文件进行全面清理。深化“放管服”改革，开展交通领域诚信缺失突出问题专项整治和年度信用评价，记录、归集、共享交通信用信息493.7万条，推送行政处罚案件信息37万余条，实施交通信用惩戒196次，重庆的交通治理效能显著提升。

广东省与海南省地理位置相近，其治理体系现代化满意度水平均为一般。2020年，广东省全面加强交通治理体系现代化建设。印发《关于全面提升行政执法人员素质的行动方案》，加强全省交通运输执法人员管理；组织修订《广东省交通运输行政处罚自由裁量权实施办法》及裁量标准，规范交通运输行政处罚自由裁量权的行使；全面推进政务公开，加强政府信息公开目录管理，确保内容完整、更新及时，2020年广东省交通运输厅政府信息主动公开1042条，依申请公开75件。进一步规范交通治理体系，提高交通治理效率，2020年收到行政复议申请103件，符合条件受理87件，办结82件。已办理案件中，维持40件，撤销10件，撤回终止30件，驳回行政复议申请2件，行政复议纠错率为11.49%。2020年，海南省积极推进交通治理体系现代化建设。推行审批制度改革，2020年海南省交通运输厅公布全新行政审批事项、极简审批事项清单159项，可在线申办事项152项，即办件事项4项，网上全流程办理率达96%。131个事项进驻综窗办理，占比达82%，有效防范廉政风险，压缩、消除权力设租寻租空间。构建以信用为基础的事中事后监管，归集共享行业信用信息63万条，建立7.18万家交通运输从业企业、40.09万从业人员“一户式”信用档案，汇聚营运车辆信息8.29万条，工程项目信息126条，发布联合奖惩案例51件，设立行业黑名单13个，重点关注企业名单95个。完善交通运输领域分级分类监管机制，利用“互联网+”监管平台，梳理省级行业监管实施事项清单155项，发布监管事项检查实施信息3135条。初步建成了市场主体自治、行业自律、社会监督、政府监管的交通治理体系。

河北省与福建省是交通治理体系现代化满意度水平较低的省份中仅有的东部地区省份。2020年，河北省发布了《河北省智慧交通专项行动计划（2020—2022年）》，对全省交通治理体系建设工作进行全面部署。推动综

合交通运行协调与应急指挥系统云服务升级改造，实现全省联网、一体化运行；建设交通运输行政执法综合管理信息平台，构建覆盖全省各级交通运输行政执法门类的协同执法与联网监管体系，实现执法办案智能化、跨区域跨部门执法协同化；建设完善治超联网管理信息系统，推进实现交通运输综合协同执法；建设面向公路、水路、铁路运输市场的信用信息服务系统，向社会公众提供服务质量评价、失信投诉举报和信用信息查询"一站式"服务；建设全省交通运输安全生产监管监察与工程质量监督平台，构建信息共享、互联互通的交通运输安全生产综合监管体系，强化交通运输安全监管。2020年，福建省坚持严格执法，全省累计出动执法人员46.98万人次，普通公路累计检测货运车辆96.75万辆次，立案查处超限超载货车相关案件1.29万件，结案1.11万件，卸载超限超载货物39.26万吨，超限率控制在1.33%以内；全省高速公路入口累计检测货运车辆1480.21万辆次，查处超限超载货车77辆次。印发《全省货车违法超限超载治理三年行动专项实施方案》，计划通过持续开展3年专项行动，有效遏制全省货运车辆超限超载违法行为。根据《福建省公路科技治超三年规划（2020—2022年）》，分年度实施全省公路超限检测站和科技治超建设。加快推进治超站引导设施及电子抓拍系统建设使用，进一步提升交通治理体系现代化、信息化水平。

综上，各省份应着眼于"十四五"发展目标，不断提高交通治理水平，建立并完善政府主导、部门联动、社会参与的工作格局，提高城市道路通行效率和交通管控能力，让城市交通更高效，让市民出行更便捷。

（五）综合满意度聚类分析

针对综合满意度水平的聚类分析结果如表4所示。综合满意度水平较高的省份共有15个，分别是北京市、贵州省、天津市、山东省、吉林省、新疆维吾尔自治区、上海市、云南省、重庆市、安徽省、内蒙古自治区、浙江省、辽宁省、江苏省、黑龙江省，其中东部地区省份7个，分别是北京市、上海市、天津市、山东省、浙江省、辽宁省以及江苏省；中部地区省份4个，分别是安徽省、吉林省、内蒙古自治区以及黑龙江省；西部地区省份

4个，分别是贵州省、新疆维吾尔自治区、云南省以及重庆市。综合满意度水平一般的省份共有7个，分别是山西省、宁夏回族自治区、湖南省、青海省、广东省、西藏自治区、海南省，其中东部地区省份2个，分别是海南省与广东省，中部地区省份2个，分别是山西省与湖南省，西部地区省份3个，分别是宁夏回族自治区、青海省以及西藏自治区。综合满意度水平较低的省份共有9个，分别是河北省、河南省、湖北省、甘肃省、江西省、陕西省、福建省、四川省以及广西壮族自治区。

表4　31个省份综合满意度分类

级别	省份
满意度水平较高	北京市、贵州省、天津市、山东省、吉林省、新疆维吾尔自治区、上海市、云南省、重庆市、安徽省、内蒙古自治区、浙江省、辽宁省、江苏省、黑龙江省
满意度水平一般	山西省、宁夏回族自治区、湖南省、青海省、广东省、西藏自治区、海南省
满意度水平较低	河北省、河南省、湖北省、甘肃省、江西省、陕西省、福建省、四川省、广西壮族自治区

综合满意度水平较高的省份中，山东省和安徽省地理位置相近，且2021年上半年人均地区生产总值排名分别为全国第10名和第13名，经济发展水平接近。2020年，山东省加快推进交通基础设施建设，全省高速铁路运营里程达到2110公里，居全国第3位，形成“一纵两横”环鲁高速铁路网；全省在建鲁南高铁曲阜至菏泽段、济枣高铁等8个高铁项目，在建里程达到1193公里。公路通车里程达到28.68万公里，高速公路通车里程达到7473公里。轨道交通里程达到339.1公里，其中济南、青岛轨道交通里程分别达到84.1公里、255公里。此外，济宁、淄博、潍坊、烟台、威海、菏泽、临沂等7个市开展了城市轨道交通首轮建设规划编制工作。[①] 2020年，安徽省政府开展“县县通高速”攻坚行动，加快实现从“县县通”到

① 《江成厅长出席省政府新闻发布会介绍全省“十三五”综合交通基础设施建设成就有关情况》，山东省交通运输厅网站，2020年12月31日，http://jtt.shandong.gov.cn/art/2020/12/31/art_15690_10261070.html。

“县城通”，芜黄高速与池祁高速池州至石台段的路基工程分别累计完成89%与96%。提升基础设施互联互通水平，加快推进滁州市与南京市、淮安市交界处S205铜城至冶山项目的建设，主体工程已完工。2020年8月底全省共完成11559.707公里农村公路扩面延伸工程，并从9月中旬起开展2020年度全省农村公路质量巡检工作，保障农村道路建设质量。①

湖南省和湖北省作为相邻省份，综合满意度水平分别为一般和较低。2020年，湖南省全年完成交通投资734.4亿元。加快高速公路建设，长益扩容、石门至慈利等3条（段）高速公路共计149公里建成通车，新开工建设13条高速公路近1000公里，总投资达1495亿元。公路方面，新改建普通国省道647公里，完成路网有效衔接项目14个。② 2020年，湖北省完成普通公路固定资产投资2496亿元，公路总里程达到29.6万公里，公路密度提升至159.11公里/百公里^2。此外，公路质量等级显著提升。普通国省道二级以上公路总里程达到23382公里，完成公路养护大修工程1011公里、中修工程1873公里，完成农村公路提档升级工程19280公里。湖北省相关部门在全省交通系统率先开展数据资源整合工作，建成50处电子抓拍系统、85处不停车超限检测系统，调整优化218个治超执法站点，查处违法超限车辆7.35万辆，超限超载率控制在2%以内。③

江西省和陕西省同为中西部地区省份，其综合满意度水平均较低，须进一步推进交通建设。2020年，江西省全省公路水路投资突破1000亿元大关，同比增速连续6个月排名中部第一。全省公路总里程超过21万公里，居全国第9位。高速公路路网密度为3.7公里/百公里^2，是全国平均水平的2.5倍，打通了28个出省通道。普通国道二级及以上公路比例达到92%，所有乡镇、建制村100%通客车和通邮车。高等级航道里程达到870公里，

① 《“县县通高速”按下“快进键”》，安徽省人民政府网站，2021年2月1日，https://www.ah.gov.cn/zwyw/jryw/553953041.html。

② 《2020年湖南省交通运输经济运行情况报告》，湖南省人民政府网站，2021年1月28日，http://jtt.hunan.gov.cn/jtt/jjzdgz/hnjtystj/gzdttj/202101/t20210128_14299158.html。

③ 《〈湖北日报〉国省干线达标提质　谱写交通惠民新篇》，湖北省交通运输厅公路管理局网站，2021年7月1日，https://jtt.hubei.gov.cn/glj/zwdt/glxw/202107/t20210701_3624569.shtml。

赣江、信江基本具备三级通航条件，九江红光码头项目一期开港投运。民生方面，国家公交都市或省级公交城市创建覆盖全省，“交通一卡通”实现 11 个设区市互联互通，并与全国 303 个地级以上城市基本实现联通。镇村公交发展试点县（市、区）达到 40 个。[①] 2020 年，陕西省全年累计完成交通投资 666 亿元，县县通高速目标如期实现。平利至镇坪、太白至凤县等 11 条（段）高速公路建成通车，新增通车里程 578 公里，同时全省高速公路通车里程突破 6000 公里。公路方面，干线公路建设规模约 1800 公里，基本实现所有重点镇通二级公路，并且针对全省 52 个县（区）实施农村公路“路长制”，创建了 11 个“四好农村路”省级示范县。[②]

综上，各省份的综合交通建设满意度水平参差不齐，政府应积极建设以大数据分析为基础，以协同规划为引领，以品质设计为支撑，以集成建设为实践，以智慧运维为反馈的城市交通体系，为企业、公众提供最先进的技术与服务，打造智慧化、高品质、可持续发展的幸福城市，实现我国交通强国建设的伟大远景目标。

参考文献

陈欢、邵丹、程微、陈俊彦、李薇、范瑱、谢辉：《2020 年上海市综合交通运行年报》，《交通与运输》2021 年第 3 期。

① 《江西省交通运输厅 2020 年工作总结和 2021 年工作安排》，江西省人民政府网站，2021 年 8 月 13 日，http：//www. jiangxi. gov. cn/art/2021/8/13/art_ 5178_ 3530863. html。

② 《夏晓中厅长在 2021 年全省交通运输工作会议上的报告》，陕西省交通运输厅网站，2021 年 1 月 15 日，https：//jtyst. shaanxi. gov. cn/show/259500。

智慧交通篇

Smart Transportation Section

B.7
智慧高铁生态系统演化研究

祁继鹏　刘　然　周娅娴　刘才兴*

摘　要：　本报告基于创新生态系统理论和共同演化理论，研究了高铁创新生态系统随着新技术的发展逐步演化的过程。研究指出，新技术的发展使原有的“大政府小企业”高铁创新生态系统，逐步转化为由企业创新主导的智慧高铁创新生态系统。上下游企业为适应外部环境变化，逐步与新技术融合，高铁创新生态系统内的企业与外部环境共同演化，实现了创新发展。

关键词：　交通运输　智慧交通　智慧高铁　共同演化

* 祁继鹏，博士，北京交通大学经济管理学院副教授，硕士生导师，主要研究方向为产业经济、国际贸易、海外并购、海外投资；刘然，北京交通大学经济管理学院硕士研究生，主要研究方向为国际贸易、产业经济；周娅娴，北京交通大学经济管理学院硕士研究生，主要研究方向为国际贸易、产业组织；刘才兴，北京交通大学经济管理学院硕士研究生，主要研究方向为国际贸易、海外投资。

一　引言

中国高铁作为中国新时期的名片，已经成功实现了技术赶超，并与日本、法国、德国、意大利等高铁发达国家展开了市场和技术竞争。当下，有许多学者试图从不同的视角来破解“高铁赶超之谜”。纵观高铁的赶超过程，更多的是“引进—模仿—自主”的过程。传统的高铁生态系统是一种国家主导的、以“院校—国企”为主的生态体系。随着大数据、人工智能（AI）等数字技术的进步，现代社会进入了数字化经济时代。[①] 万物互联正逐步改变产品的形态和应用场景，企业为了适应新的发展形势，将互联网技术与新技术、新组件融合，并向产品和服务创新过程渗透。随着技术、材料的不断创新，新的产品与高速铁路原有的产业生态融合，铁路科技与数字技术进一步深度融合，列车重量和阻力不断降低，噪声进一步减小，列车也将具备自感知、自诊断、自适应和自修复能力，变得更加智能。新技术的应用和外部环境的变化都对传统的高铁生态系统带来巨大冲击，在这种情况下，高铁生态系统如何实现进一步创新并充分发挥其自身优势，是学术界和产业界需要持续研究的问题。

为了回答高铁生态系统在外部环境发生变化的情境下如何实现持续创新的问题，本报告基于共同演化理论，从整个产业的上下游企业入手，分析企业的创新性行为如何促进整个高铁生态系统的创新发展。共同演化理论能够在统一框架下整合微观和宏观演化，学者在分析的过程中，可以从多层次、多情景出发，更多地运用自身洞察力，挖掘新的理论，产生新的解释。[②] 近年来，演化经济学家越来越强调个体间、个体与环境间、个体与系统间以及

① Y. Yoo et al.，“Organizing for Innovation in the Digitized World,” *Organization Science* 5 (2012)：1398-1408.

② A. Y. Lewin and H. W. Volberda，“Prolegomena on Coevolution：A Framework for Research on Strategy and New Organizational Forms,” *Organization science* 5（1999）：519-534.

系统与系统间的影响、适应，促进了共同演化研究的理论范式的发展。[①] 这种新的范式更有助于学者对整个智慧高铁生态系统进行研究。同时，共同演化理论研究更多地聚焦于发达经济体企业，很少聚焦于转型经济体。[②] 因此，运用共同演化理论可以更好地为全球高铁生态系统提供“中国智慧”。

二　理论背景

（一）创新生态系统

系统理论研究方法自创立以来一直聚集于对整个社会经济系统的研究，在过去的 15 年里，创新领域的研究转向关注国家创新系统和产业创新系统，逐步向更广阔的“创新生态系统”概念延伸，大量的研究已在战略文献中被提及并成为社会关注的焦点。虽然创新系统和创新生态系统的概念多次被提及，且两个概念比较接近，但创新生态系统更多的是一种源于生物学的理念，其拓展了系统理论研究方法子系统的概念外延。Adner 将生态系统定义为能量通过构成生命的营养循环路径连接面向过程角色的子系统和非生命子系统，而形成的整个复制系统。[③]

Moore 于 1993 年提出的“创新生态系统”概念源于相关的商业生态系统。关于这一概念的定义，最早出现于 Adner 在《哈佛商业评论》上发表的一篇文章中，这可能是学界使用最广泛的对创新生态系统的定义。他将创新生态系统定义为一种协作安排，“通过这种方式，企业将各自的产品组合

① F. Daniel, “Evolutionary Economics goes Mainstream: A Review of the Theory of Learning in Games,” *Journal of Evolutionary Economics* 4 (1998): 423-432.

② M. Dieleman, W. M. Sachs, “Coevolution of Institutions and Corporations in Emerging Economies: How the Salim Group Morphed into an Institution of Suharto's Crony Regime,” *Journal of Management Studies* 7 (2008): 1274 - 1300; S. Rodrigues, J. Child, “Evolution in an Institutionalized Environment,” *Journal of Management Studies* 8 (2003): 2137-2162.

③ R. Adner, *The Wide Lens: What Successful Innovators See that Others Miss* (New York: Penguin, 2013).

成一个连贯的、面向客户的解决方案”。[1] 陈衍泰认为创新生态系统体现了商业生态系统和创新系统的演化过程。[2] 吴绍波和顾新从关系的视角来解读创新生态系统的概念，认为创新生态系统是一种类似于生态系统的相互依赖的合作伙伴关系，涵盖了核心创新企业与上游供应商、下游销售商、同行业竞争对手以及产品服务的其他相关配套提供主体。[3] 总之，整个创新生态系统是由产业链上下游企业共同打造构建的。

（二）共同演化理论

共同演化理论作为演化理论的分支，源于对生物学中共同演化现象的观察，学者通常使用类比的方式将其应用于社会经济生活的研究中。Norgaard 认为在经济系统中，共同演化主要通过知识、价值、组织、技术和环境这五个方面的相关影响、相互作用，最终影响整个体系的运行。Hodgson 认为共同演化是双方在合作和竞争中不断适应对方的过程。[4] 随着研究的深入，共同演化理论也被逐步运用到生态和经济、生产和消费、技术和偏好、技术和制度等诸多方面的研究中。

由于外部环境的飞速变化，[5] 竞争加剧[6]且越来越无序[7]，自 McKelvey 在组织和战略研究领域提出共同演化的概念后，[8] 这一概念受到越来越多的

---

① R. Adner, “Match Your Innovation Strategy to Your Innovation Ecosystem,” *Harvard Business Review*4（2006）：98-107.

② 陈衍泰：《创新管理：从创新网络、创新系统到创新生态系统的演化》，《研究与发展管理》2018 年第 4 期。

③ 吴绍波、顾新：《战略性新兴产业创新生态系统协同创新的治理模式选择研究》，《研究与发展管理》2014 年第 1 期。

④ G. M. Hodgson, “Darwinism in Economics：From Analogy to On-tology,” *Journal of Evolutionary Economics* 3（2002）：259-281.

⑤ R. R. Wiggins and T. W. Ruefli, “Schumpeter's Ghost：Is Hypercompetition Making the Best of Times Shorter,” *Strategic Management Journal* 10（2005）：887-911.

⑥ R. A. D'Aveni，G. B. Dagnino，K. G. Smith. “The Age of Temporary Advantage,” *Strategic Management Journal* 13（2010）：1371-1385.

⑦ A. Y. Lewin and H. W. Volberda, “Prolegomena on Coevolution：A Framework for Research on Strategy and New Organizational Forms,” *Organization science* 5（1999）：519-534.

⑧ B. McKelvey, “Perspective：Quasi-Natural Organization Science,” *Organization science* 4（1997）：351-380.

关注。许多学者从不同团体、组织、行业、政策及经济的相互演化出发，[①] 研究部分和主体间的相互演化，[②] 以及部分与部分间的相互演化如何影响整体。[③]

在共同演化的关系中，相互演化的双方可以从相同层次演化，即横向演化；也可以从不同层次演化，即纵向演化。[④] Eisenhardt 和 Galunic 从纵向演化的角度分析了计算机行业处理器公司（英特尔公司）与 PC 厂商共同演化的过程，认为最终二者间相互嵌合并相互促进。[⑤] Ven 和 Grazman 基于共同演化视角，从"管理层—组织—行业"三个层次分析明尼苏达州医疗护理体系的历史发展过程。[⑥]

在共同演化产生的前提条件方面，大量研究运用"选择—适应"理论（adaptation-selection theory）来解释异质性企业的共同演化。[⑦] 共同演化的前提是企业必须具有较高的适应和学习能力，只有这样企业间才能相互影响、相互适

---

① B. McKelvey, "Perspective: Quasi-Natural Organization Science," *Organization science* 4 (1997): 351 - 380; J. P. Murmann, *Knowledge and Competitive Advantage: The Coevolution of Firms, Technology, and National Institutions* (Combridge: Cambridge University Press, 2003).

② J. A. C. Baum, "Whole-part Coevolutionary Competition in Organizations," in J. A. C. Baum, B. McKelvey eds., *Variations in Organization Science: In Honor of Donald T. Campbell* (Thousand Oaks: SAGE, 1999); L. Rosenkopf and A. Nerkar, "On the Complexity of Technological Evolution: Exploring Coevolution Within and across Hierarchical Levels in Optical Disc Technology," in J. A. C. Baum, B. McKelvey eds. *Variations in Organization Science: In Honor of Donald T. Campbell* (Thousand Oaks: SAGR, 1999); M. G. Jacobides and S. G. Winter, "The Co-evolution of Capabilities and Transaction Costs: Explaining the Institutional Structure of Production," *Strategic Management journal* 5 (2005): 395-413.

③ J. Weeks and D. C. Galunic, "A Theory of the Cultural Evolution of the Firm: The Intra-organizational Ecology of Memes," *Organization Studies* 8 (2003): 1309-1352.

④ B. McKelvey, "Managing Coevolutionary Dynamics." 18th EGOS Conference, Barcelona, 2002.

⑤ K. M. Eisenhardt and D. C. Galunic, "Coevolving: At last, a Way to Make Synergies Work," *Harvard Business Review* 1 (2000): 91-91.

⑥ A. H. Van De Ven and D. N. Grazman, "Evolution in a Nested Hierarchy: A Genealogy of Twin Cities Health Care Organizations 1853 - 1995," in J. A. C. Baum, B. McKelvey eds. *Variations in Organization Science: In Honor of Donald T. Campbell* (Thousand Oaks: SAGE, 1999).

⑦ A. H. Van De Ven and D. N. Grazman, "Evolution in a Nested Hierarchy: A Genealogy of Twin Cities Health Care Organizations 1853 - 1995," in J. A. C. Baum, B. McKelvey eds. *Variations in Organization Science: In Honor of Donald T. Campbell* (Thousand Oaks: SAGE, 1999); A. H. Van De Ven and M. S. Poole, "Alternative approaches for studying organizational change," *Organization Studies* 9 (2005): 1377-1404.

应。在这个过程中，企业只有面对较高的限制和突发事件，才能更快地催生共同演化。如果整个系统内的公司不具有基本的异质性、相关性，那么共同演化就不会发生。[①] Lewin 等将“选择—适应”理论的实证研究分成三个方面。首先是公司层面的研究，相关研究将公司的能力和战略与企业的适应性相联系；其次是中观层面（或边界）的研究，这些研究将公司发展与外部环境或制度环境相联系；最后是宏观层面的研究，这些研究将宏观环境与企业的发展相联系。[②]

正反馈效应是共同演化研究关注的重点之一。正反馈效应指在共同演化过程中，系统内部构成组织的变化不断影响内部的不同组织，这样的影响被不断放大，促使系统逐步变化并离开原有的状态。[③] 正反馈效应更多地被用来研究企业或组织自身所具有的创新能力，以及其在系统的创新中不断扩散的过程。整个过程源于知识外部性和边际报酬递增。不同的组织在不同的系统结构中所处的位置有一定差异，组织会寻找可以与其他组织互动的机会，以获取新的知识，这个互动的过程就是共同演化的过程。在共同演化过程中，正反馈可以提高技术创新的速度、深度和广度，更能通过技术创新影响制度，使二者相互促进，进一步提升创新的效果。

在技术与制度共同演化的相关研究中，纳尔逊指出技术和制度是共同演化的。技术变革更多发生在制度滞后的阶段，技术进步产生新的产品和事务，影响制度既有的管理模式，促进制度的改进。[④] 同时制度的变化也反过来促进技术的发展，即企业为了适应制度的变化会改进现有的技术。纳尔逊认为制度是社会群体所掌握的标准化知识，是在不断协调的过程中逐步形成的。制度不仅是物质技术，也可以是社会技术。因此，在技术扩散的过程

① B. McKelvey, “Managing Coevolutionary Dynamics.” 18th EGOS Conference, Barcelona, 2002.

② H. W. Volberda, A. Y. Lewin, “Co-evolutionary Dynamics within and between Firms: From Evolution to Eo-evolution,” *Journal of Management Studies* 8 (2003): 2111-2136.

③ H. W. Volberda, A. Y. Lewin, “Co-evolutionary Dynamics within and between Firms: From Evolution to Eo-evolution,” *Journal of Management Studies* 8 (2003): 2111-2136.

④ 〔美〕纳尔逊：《作为经济增长驱动力的技术与制度的协同演化》，载〔澳〕约翰·福斯特、〔英〕J. 斯坦利·梅特卡夫主编《演化经济学前沿：竞争、自组织与创新政策》，贾根良、刘刚译，高等教育出版社，2005。

中，社会技术和物质技术是相互影响的。整个创新过程就是对社会技术和物质技术不断探索的过程。因此，新的物质技术必然会给社会技术带来相应的变革。Pelikan 的研究指出，技术与制度共同演化的机制主要有以下四种。第一，新的技术和方法需要新的制度来配合；第二，新的技术对原有的投入产出关系的影响使成本降低，在这样新的生产关系下原有制度得以实施；第三，制度修订的程序使制度对旧技术有较强的依赖性，对新技术有一定的抑制性，进而影响技术的扩散；第四，由于制度具有引导作用，在一定的情况下，制度也会阻碍技术的进步。①

（三）中国高铁产业创新研究

中国高铁产业经历了自主研发的 DJJ1 型“蓝箭”电力动车组和 DJJ2 型“中华之星”电力动车组的技术积累，逐步转向自主创新和集成创新的阶段。针对这一过程，学者从不同的角度进行了研究。田莉和李翠文从创新生态系统的视角出发，研究不同发展阶段中制约高铁创新的因素，提出高铁创新的过程是从不平衡到模仿的平衡，再到新的不平衡的连续交替过程。②

关于中国高铁跨越式发展的原因，学界目前已有大量的研究。林晓言认为，高铁创新过程中，行政链、生产链、技术与科学链三个链条形成了高铁网络化创新系统，由政府—大学、企业—大学、政府—企业—大学构建的“双边+三边”混成组织促进了整个创新系统的发展。③ 孟祥春认为，高铁产业从制造到运行，其配套设施涉及机械、电子、电气、材料、力学、通信、控制等多个学科，包含九大关键技术、十大配套技术，政府、企业、高校和科研机构在高铁产业实现自主创新的整个过程中发挥了关键作用。④ 吴欣桐

---

① P. Pelikan, "Bringing Institutions into Evolutionary Economics: Another View with Links to Changes in Physical and Social Technologies," *Journal of Evolutionary Economics* 3 (2003): 237-258.

② 田莉、李翠文：《中国高铁产业创新生态系统研究》，《北方经贸》2020 年第 4 期。

③ 林晓言：《高铁技术创新的中国经验》，《中国社会科学报》2018 年 1 月 10 日。

④ 孟祥春：《中国高速列车技术创新历程及成功的原因分析》，《理论学习与探索》2018 年第 4 期。

等认为中国的高铁产业是建构在开放式创新、协同创新和全面创新基础之上的整合创新。[①] 黄阳华、吕铁认为在高铁创新的过程中，制度塑造了创新主体，市场在这个过程中发挥了基础性的决定作用，产业开发平台则是能力提升的关键，这些因素综合起来成就了高铁的赶超。在此基础上，他们提出了“体制改革—行为人网络—技术赶超”这一具有中国特色的产业创新理念，改变了原有技术创新理念所认同的“技术—行为人—体制”框架。[②]

从以上研究中不难发现，已有关于高铁创新的研究更多是从创新系统或生态的内部圈层展开，即如何通过制度创新、“产学研”合作、平台构建等一系列方式更好地将高铁动车组生产出来。但我国的高铁动车组实现完全自主生产以后，未来如何进一步创新，如何向智慧高铁发展，却很少有人去研究。为了更好地研究未来智慧高铁的创新，本报告基于创新生态理论和共同演化理论，从上下游企业的改变来研究外部圈层的变化对核心圈层（高铁动车组）的影响。

三 主要发现

（一）智慧高铁创新生态的演进过程

1. 自主研发阶段

20 世纪 80 年代，在铁道部的主导下，高速铁路以自主研发为主。全国 10 家铁路局或中央部委承接了高速动车组的研制工作，聚集了大量工业企业、科研院所参与研发。具体成果有国家研发计划的“大白鲨”高速电动车组、广铁集团的“蓝箭”高速电动车组、国家公关计划的“中华之星”电动车组，这些列车都采用集中式的动力模式。整个研发过程也为后期研发

① 吴欣桐、梅亮、陈劲：《建构“整合式创新”：来自中国高铁的启示》，《科学学与科学技术管理》2020 年第 1 期。

② 黄阳华、吕铁：《深化体制改革中的产业创新体系演进——以中国高铁技术赶超为例》，《中国社会科学》2020 年第 5 期。

分布式动力高速列车组提供了一定的技术积累。

在自主研发阶段，政府在研发的过程中处于主导地位，研发的需求及技术范式完全由政府主导。相关参与单位作为铁道部下属的企业，完全服从政府的指令，制度在研发过程中起到了绝对的主导作用，塑造了整个创新体系。

2. 引进学习阶段

2004 年铁道部编制的《中长期铁路网规划》正式实施，标志着高速铁路大规模建设开始启动。该规划明确提出了"到 2020 年建设客运专线 1.2 万公里"的目标。在高速铁路的建设上，国务院提出了"引进先进技术、联合设计生产、打造中国品牌"的基本方针，这项方针的制定也标志着未来高铁研发将以"引进来"消化吸收为主。为了避免和汽车产业一样陷入"以技术换市场"，最终失去市场的恶性循环，铁道部提出了对中标企业和参与企业进行双向约束的方式。这种双向约束既保障了将产品和技术"引进来"，又指定了相应的国内企业进行消化吸收。在这个过程中，中国的企业充分吸收国外先进技术，以最低的成本、最快的速度实现了与德国、日本和加拿大等国先进高铁技术的接轨，推动京津城际铁路率先开通运营。

政府部门在引进学习阶段中成为知识转化的重要桥梁。政府作为产品和技术的需求方，运用国内巨大的市场，协助国内企业实现了技术的吸收和转化。在这个过程中，政府作为创新系统的核心，对高铁研发起到了决定性作用。

3. 正向设计阶段

2008 年，铁道部与科技部共同签署了《中国高速列车自主创新联合行动计划合作协议》，这一协议的签订标志着中国高铁研发开始转向自主创新。根据该协议，两部委联合行动，组织相应的大学、科研院所及铁路企业共同进行研发，推动了以高铁"产学研"联盟为基础的创新生态系统的建立。为了进一步促进创新，中国铁路工程总公司、中南大学、中国铁道科学研究院和铁道第三勘察设计院集团有限公司在国家发改委的领导下，共同建设高速铁路建造技术国家工程实验室，该实验室成为推动高铁产业配套工程发展的重要抓手。同时，相关机构也组织院士、教授及其他技术人员组成联合攻关小组，进行对关键技术和零部件的协作攻关。

在正向设计阶段，整个创新生态系统依然以政府的行政指令为主导，以企业和科研院所为支撑，对原有的高铁设备和工程施工进行模仿式创新，逐步实现了对已有技术的超越，促进了整个高铁生态体系的构建。这种生态体系的构建有助于调动更多资源进行攻关，使产业政策更有的放矢。

4. 集成创新阶段

2015~2019 年，我国高铁产业对原有的技术标准进行了升级，推出了中国高铁新技术标准。在这一技术标准的引领下，知识产权保护和新技术突破领域产生了大量成果。2015 年以来，中车集团在中国高铁新技术标准的指导下，推出了两种制式的标准动车组，标志着我国的高铁技术达到国际领先水平。标准动车组的推出，也标志着涵盖中车、国家级和省部级实验室、相关高校的协作生态体系逐步建立，中车集团可以进一步集成更多的成果。

在集成创新阶段，政府通过“标准”来引导整个创新系统的发展方向，进一步明确了各个机构在整个创新生态系统中的地位，使各个机构在系统中各司其职，更有效地维持整个生态系统的平衡。但这个平衡更多的是以政府为主导的平衡，在一定程度上束缚了整个系统的创新。随着新技术的发展，这种平衡必将被打破。

5. 智慧发展阶段

随着京张高铁的开通，高铁产业未来的发展线已经逐渐清晰，高铁未来会更加智能化。以新技术、新材料、新器件、新结构为驱动的变革方向，将促进高铁技术与数字技术进一步深度融合，列车重量和阻力将不断降低，列车噪声会进一步减小，列车将具有智慧的“大脑”，逐步拥有自感知、自诊断、自适应和自修复能力。

上下游厂商的技术融合促进了整个创新生态系统的共同演化。自主研发、引进学习、正向设计、集成创新阶段的高铁创新生态，以高铁主要零部件的国产替代品研发为主。以高铁制动闸片为例，天宜上佳公司成功研制出高铁核心零部件粉末冶金闸片的国产替代品，该公司也顺利成为标准动车组制动闸片的第一供应商。随着信息技术的发展，2018 年 4 月 29 日，由中国铁路通信信号股份公司研发的全球首套时速 350 公里的高铁自动驾驶系统顺

利完成实验室测试，并最终于京张高铁实现线下运营。这套自动驾驶系统完全实现了自动驾驶、智能行车，同时针对京张高铁的特点设置了应急自动运行功能，可确保在剩余一定电量的情况下能够走到最近地点，以提供冬奥会期间的应急保障。京张高铁沿线的车站站房也安装了综合智慧管控系统，工作人员在控制室就可以对客站灯光、温度、湿度等进行管理和应急指挥。京张高铁还推出了电子客票一证通行和刷脸进站等便民服务；站内导航与站外导航相结合，乘客从家出发后，输入车次即可导航至检票口或候车厅；沿线高铁站内将配备各种智能机器人，像随行“小秘书”一样为旅客服务。总之，在整个高铁创新生态中，上下游厂商不断创新，实现了与不同组织间的相互融合与演化，促进了整个高铁生态系统的演化。

建设技术的创新促进了高铁生态系统的共同演化。在高铁的建设过程中，“数字孪生”技术正逐渐改变建设的方式和方法。所谓“数字孪生”，就是依据所建设施的三维设计信息模型来指导施工，以达到有效降低成本并提高安全系数的目的，为将来的运营和维护提供了极大的便利。而数字孪生模型就是将整个建设过程中的物理资产、流程或系统进行工程建模，构建物理资产对应物（或孪生物）的高精度数字模型。在高铁的施工过程中，数字孪生模型可以更好地将桥梁、站厅及相关的基础设施数字化。同时，在运用数字孪生模型的基础之上，将建设过程中所有物理资产与传感器连接，实时收集资产状态，结合资产的性质和性能，能够更好地将物理资产与数字孪生模型结合，以便进行更加科学的运营管理决策。通过分析和模拟也可以更好地了解设施未来的状态，为维修更换和应急处置做准备。在高铁网络的设计、施工、运营和维护的整个过程中，大数据分析、人工智能和机器学习（ML）的介入已经使整个生态系统变得更加智能，生态系统的创新更倾向于不同组织的变革。单个组织或环节的创新能更好地促进整个生态系统的创新演化。

总之，高铁的创新生态经历了自主研发、引进学习、正向设计、集成创新和智慧发展五个阶段（见图 1）。未来整个高铁生态系统将随着互联网技术的发展发生变化，互联网技术将是实现高铁智慧化发展的动力引擎。互联网、云计算、大数据、宽带网络等一系列技术与高速铁路相结合，构成未

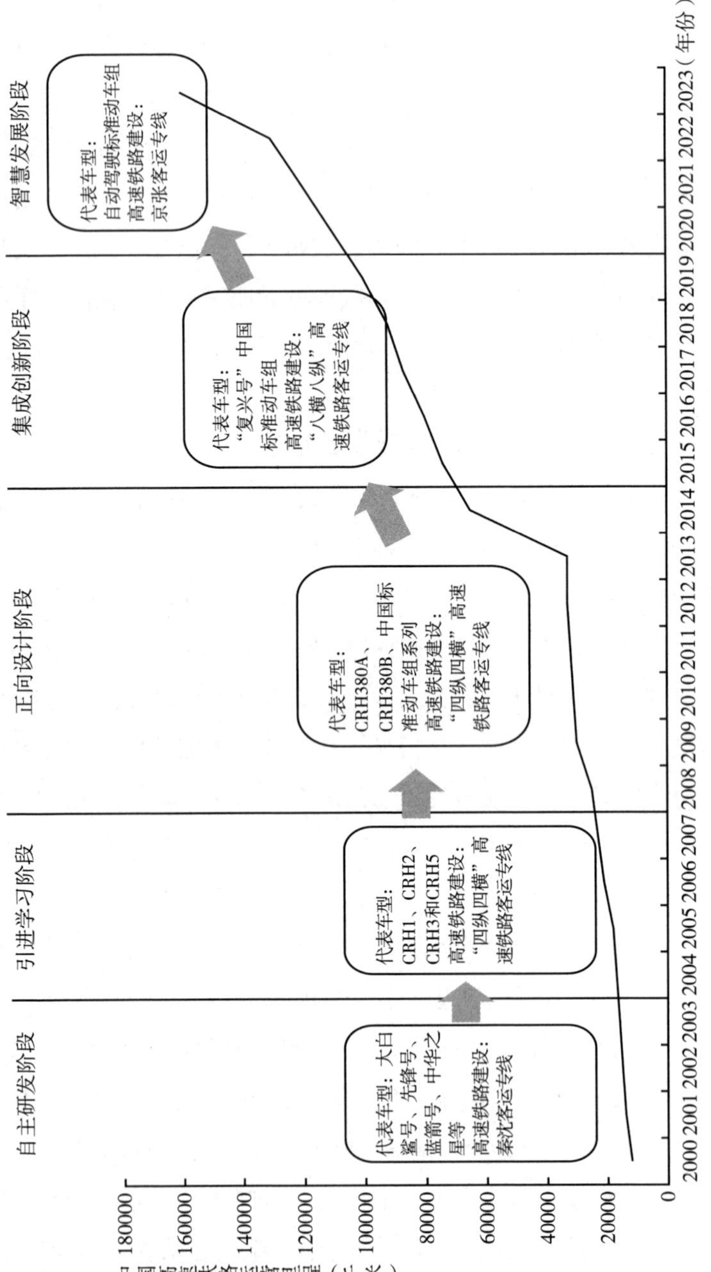

图1　高速铁路创新生态的五个阶段

来广义上的“高铁互联网”，借助互联网这一动力引擎实现传感器设备的信息感知，通过宽带网络对数据进行精确控制和远程协作，这些都是高铁智能化的关键基础。高铁互联网将基于互联网应用打破传统的组织边界，构建新的创新生态，实现不同组织间创新技术的融合。

（二）智慧高铁创新生态演进理论

在数字经济时代，高铁生态系统内的企业都在寻求以互联网、云计算、大数据为主的新技术的应用，新的智慧高铁生态系统将转变为以下游企业的应用创新为主导的新型创新体系。外部环境变化、新技术的应用、工业互联网的发展等倒逼企业进行生产化改造，新的应用场景倒逼生态链中的企业进行创新。这样的新形势使整个高铁生态系统开始由外向内演化，即由外部的非核心创新改变内部的集成企业和政府制度。

外部环境的变化是生态系统演化的动力。正如生物界的“适者生存”，企业的创新生态系统也是随着外界环境的变化逐步演化的。随着数字技术的发展，高铁机车的上下游供应商、高铁基础设施的建设商都开始运用新的技术，进一步促使整个产业的产品形态发生变化。这些新产品的应用及改进，又逐步与原有技术实现融合演化，例如以外部环境变化为驱动力，推动部分厂商进行产品创新，最终改变中车集团集成商的高铁机车组产品。同时，环境和技术的变化促使建设商采用新的技术，这些新的变化也促使政府改变了原有的规划。由此可见，整个过程都是以外部环境变化为驱动力产生的生态系统共同演化。

创新生态的结构也发生了变化。传统的创新生态中，创新更多是由主导厂商或者系统主导者发起的，而在高铁产业的创新过程中，政府作为整个生态体系的核心，不同的机构围绕政府去完成相应的任务。整个系统具有明确的创新目标，结构稳定且分工明确。但是，随着高铁机车的完全国产化，原有的模仿式创新已完全转换为自主式创新，如何确定新的创新方向，成为摆在整个高铁生态系统面前的首要问题。在外部环境的叠加影响下，发挥生态系统内部组织的主观能动性成为整个系统继

续创新的原动力。在这样的情境下，创新生态系统的结构必然发生很大的变化。

四　结论

通过对中国高铁生态系统的研究，本报告展现了经济制度环境促使高铁产业追赶及超越的共同演化过程。在自主研发、引进学习、正向设计、集成创新四个阶段，政府作为绝对的主导，构造了整个创新生态体系，整个过程中政府的政策引领发挥了决定性作用。随着高铁产业在各个方面的全面突破赶超，创新生态系统也发生了变化。在智慧发展阶段，政府的作用逐步让位于上下游企业的主动创新。整个创新生态系统主动适应外部环境的变化，完成了系统演化，实现了跨越式发展。

本报告在以下三个方面做出了理论贡献。第一是对创新生态理论的贡献。本报告在承认创新生态系统变革的基础上，整合了整个高铁产业创新生态系统的共同演化过程。外部向内部演化的共同演化模型表明，一方面，企业的创新生态及发展战略受同期制度环境的影响；另一方面，企业通过与相关机构合作，集聚资源，构建完整的生态系统。外部生态圈层的变化进一步影响内部圈层的生态系统演化，改变了现有的生态系统和企业结构。

第二是对后发国家企业技术学习和创新文献的贡献。已有研究多强调后发国家政府在促进企业追赶中扮演的重要角色，但很少提到企业具有的后发优势以及今后如何创新。本报告的研究结果表明，后发国家的企业在具备后发优势后，更应注重外部环境的变化，主动适应环境的变化。政府在这个过程中，应主动适应新的环境，推动企业进行自主创新，减少对相应行业的管制。

第三是对共同演化理论的贡献。大量研究聚焦企业与国家制度间的共同演化，这一过程更多是以企业为主导。国内高铁创新生态系统的演化同样遵循个体与国家共同演化的规律，但是这种共同演化更多是以政府为主导，其他企业和组织起到辅助作用。本报告通过引入外部互联网技术对高铁产业链上下游企业的影响，来研究高度制度化环境中的企业在外部环境变化过程中的共同演化，弥补了绝大多数共同演化研究只关注自由市场环境的不足。

参考文献

C. Freeman, *Technology Policy and Economic Performance* (London: Pinter Publishers, 1989).

J. A. Baum, J. V. Singh eds., *The Evolutionary Dynamics of Organizations* (New York: Oxford University Press, 1994).

B.8 国外铁路公益性运输补贴机制及对我国智慧高铁的启示*

付婷婷**

摘 要： 党的十九大报告提出了交通强国战略部署，在智能技术快速发展的背景下，智慧高铁为我国高铁事业带来了新的机遇，设计能实现智慧高铁内外部系统互惠共赢的补贴机制至关重要。本报告进一步将补贴机制细分为外部补贴机制、内部补贴机制和价格机制。其中，外部补贴主要指政府在兼顾公平与效率的前提下，以税收政策和财政补贴等方式给予企业的激励；内部补贴则是依据铁路运输服务的公益性，在适当扩大项目合理边界的基础上，提高社会投资者的收益比例。本报告首先分析了铁路公益性运输补贴机制的理论基础，然后对世界各国的铁路补贴机制进行总结，对比分析我国与英国、法国、日本等国家铁路主要补贴政策的异同，最后结合我国当前的政策现状与智慧高铁公益性的特征，对我国智慧高铁补贴机制的设计及建设发展提出建议。

关键词： 高速铁路 准公共物品 补贴制度 公益性运输

---

* 本报告为中央高校基本科研业务费专项资金资助项目（项目编号：2020JBDZ009）的阶段性研究成果。

** 付婷婷，博士，北京交通大学经济管理学院讲师，主要研究方向为行为经济。

引　言

世界高铁发展经历了三次浪潮，在如今的第三次浪潮中，中国高铁正在引领世界潮流。高铁以其速度快、安全性高和运能大等优势，对世界交通运输系统产生巨大影响，成为各国大众交通系统中的重要组成部分。2000 年世界高铁的总营业里程还不足 3000 公里，到 2015 年已超过了 3 万公里。中国、日本、英国、韩国、德国等都已拥有成熟的高铁系统，并逐步形成了高速铁路网。我国更是利用后发优势，在较短的时间内取得了令人惊叹的成绩，成功走出了一条“引进—消化—吸收—再创新”的道路，如今在高铁规模、技术和运营效益上都处于世界领先地位。2019 年，我国高铁营业里程世界第一，且超过世界高铁总里程的 2/3。

近年来，我国的交通基础设施网络持续加密，特别是在快速交通网方面，京张高铁等若干重点工程陆续投运。截至 2019 年底，我国的铁路营业里程已达到 13.9 万公里，居世界第二，铁路路网的密度达到 145.5 公里/万公里^2。图 1 展示了 2009~2019 年全国铁路和高铁营业里程，可以看出，高铁营业里程逐年增加，从 2009 年的 0.2 万公里增长到 2019 年的 3.5 万公里，且占全国铁路营业里程的比重也越来越高。我国高铁已成为铁路客运的主力，2019 年平均每天有 627 万名旅客乘坐高铁，虽然高铁营运里程仅占全国铁路里程的 25%，却承担了 64%的客运量。

铁路运输服务具有公益性，为了弥补高铁投资成本，达到盈利目的，政府既要兼顾效率与公平，也要使社会福利最大化。补贴机制是使轨道交通的公益性与经营性达到平衡的有效手段之一。政府代表社会整体利益，可以被视为铁路运输服务正外部性的受益者或需求者，政府因此要承担补贴的责任。① 2013 年，我国实行铁路政企分离，国务院决定建立铁路公益性运输补贴机制，对公益性铁路的运营亏损进行适当补偿，以促进铁路企业可持续发

① 陈佩虹、王稼琼：《铁路公益性运输的补偿机制及其改革》，《改革》2006 年第 8 期。

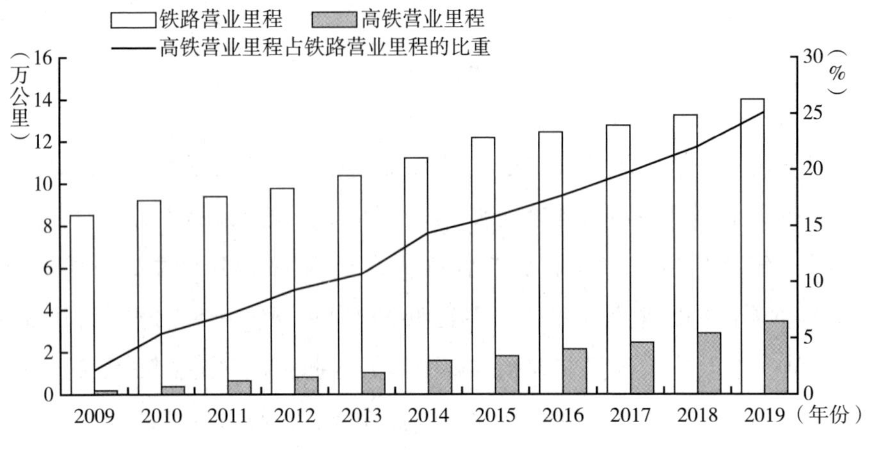

图 1　2009~2019 年全国铁路和高铁营业里程

资料来源：2009~2019 年中国统计年鉴。

展。同时提出建立健全核算制度，针对铁路部门承担的学生、伤残军人和紧急救援等社会福利性优惠项目与政府指令性任务，以及青藏线、南疆线等公益性铁路的运营亏损问题，制定合理的补贴制度。①

随着大数据和智能化时代的到来，我国高铁进一步从数字化向智能化发展。2019 年 12 月，我国的第一条智能化高铁（京张高铁）正式开通运行，复兴号智能动车组不仅首次完成了时速 350 公里的自动驾驶，而且在行车、服务和运维等多个方面都实现了智能升级。立足于党的十九大报告提出的交通强国战略部署，在智能技术快速发展的背景下，智慧高铁为我国高铁事业带来了新的机遇，接下来如何设计能实现智慧高铁内外部系统互惠共赢的补贴机制就显得至关重要。

研究分析智慧高铁的补贴机制就必须对铁路的公益性特征进行剖析。首先，本报告分析了铁路公益性运输服务补贴机制的理论基础，基于公共品理论和外部性理论分析铁路公益性运输，为制定适合我国智慧高铁的补贴机制奠定理论基础。其次，梳理世界各国高铁补贴机制的设计方法，对比英国、

① 褚珊：《铁路公益性运输服务的有效供给与补贴机制研究》，硕士学位论文，北京交通大学，2014。

法国、日本等国家铁路的主要补贴政策，包括税收政策、财政补贴、特许经营权等，并进一步将补贴机制细分为外部补贴机制和内部补贴机制，前者主要指政府在兼顾公平与效率的前提下，以税收政策和财政补贴等方式给予企业激励，后者则是依据铁路运输服务的公益性，在适当扩大项目合理边界的基础上，提高社会投资者的收益比例。最后，从我国的实际国情出发，结合当前的政策现状与智慧高铁公益性的特征，为我国智慧高铁补贴机制的设计及建设发展提供建议。

一　铁路公益性运输服务补贴的理论基础

如何让高铁企业盈利并实现可持续发展是各国普遍面临的难题，目前只有极少数国家的高铁行业能实现盈利。铁路运输作为一种公共交通设施，具有典型的准公共物品特征，这是铁路运输服务的公益性来源。一般而言，市场经济可通过价格机制调节供给和需求，实现资源的有效配置，但是准公共物品会导致市场失灵。为了保证准公共物品的有效供给和经济的有序运行，需要政府进行干预，对铁路公益性运输进行补贴，调解国家、企业和个人间的利益矛盾，实现铁路的可持续发展，使社会福利最大化。

（一）铁路运输服务的公益性特征

1. 准公共物品属性

公共物品的特征在于，任何人在使用或消费公共物品时，都不会导致其他人对该物品的消费减少。公共物品与私人物品的区别在于，公共物品具有非竞争性和非排他性，而私人物品具有竞争性和排他性。[①] 非竞争性指一个人在使用这个物品时并不会减少其他人对该物品的使用，也就是额外增加一个使用者的边际成本为零。非排他性指当一个人在使用

① P. A. Samuelson, "The Pure Theory of Public Expenditure," *The Review of Economics and Statistics* 4 (1954): 387-389.

这个物品时并不阻碍其他人同时使用该物品。根据公共物品所具备的属性，又可将其分为两类，若一个物品同时具备非竞争性和非排他性，那么它就是纯公共物品；若一个物品仅具备其中一个特征，那么它就是准公共物品。当一个物品仅具有非排他性时，使用者无法阻止其他人消费该物品，每增加一个使用者都会减少其他人对该商品的消费，比如海洋、环境等公共资源。而当一个物品仅具有非竞争性时，任何人都可以通过付费使用该商品，且在使用过程中不会减少其他人的使用，如俱乐部物品。

而对铁路运输服务而言，乘客需要购买车票才能乘车，说明运输服务具有排他性。但政府一般对铁路运输服务的价格进行管制，铁路票价通常较低，所以铁路运输服务的排他性较弱。铁路的运输能力较强，当乘客人数未达到拥挤点之前，新增的乘客不会影响其他乘客享受客运服务，这体现了铁路运输服务的非竞争性，因此铁路运输服务具有准公共物品的属性。然而当乘客人数增加到拥挤点之后，拥挤度和竞争性也随之增强，此时铁路运输服务就显现出私人物品的特征。综合而言，铁路运输服务介于纯公共物品和私人物品之间，属于准公共物品，根据运输服务类型、市场供给、客运情况的不同，其商品的公共性程度也有所变化。

2. 正外部性

外部性（externality）指一个行为主体的决策使另一个主体获得收益或受到损失。经济外部性（economic externality）指经济主体从事的经济活动会给其他主体或社会带来一些非市场化的影响。当经济主体使他人或社会受益，而受益者无须付出相应的代价时，这种现象被称为正外部性（positive externality）；当经济主体的活动给他人或社会带来损失且没有承担这些损失的成本时，这种现象被称为负外部性（negative externality）。

外部性会导致市场失灵，使资源的配置效率低下，出现资源浪费和"搭便车"现象。商品的社会价值等于私人价值与外部利益之和，当商品存在正外部性时，其社会价值大于私人价值，那么商品的均衡数量 Q_a 小于社会最优数量 Q_b。如图 2 所示，S 代表企业的供给曲线，反映了商品的私人成本；D 代表消费者的需求曲线，反映了商品的私人价值；D^* 代表商品的社会价值，等于私人价值与外部利益之和。供给和需求相等时，商品的均衡数量为 Q_a，但是从社会福利的角度出发，由于商品具有正外部性，此时社会最优数量为 Q_b，$Q_b>Q_a$，该商品供给不足。反之，当商品存在负外部性时，商品的均衡数量会超过社会最优数量。

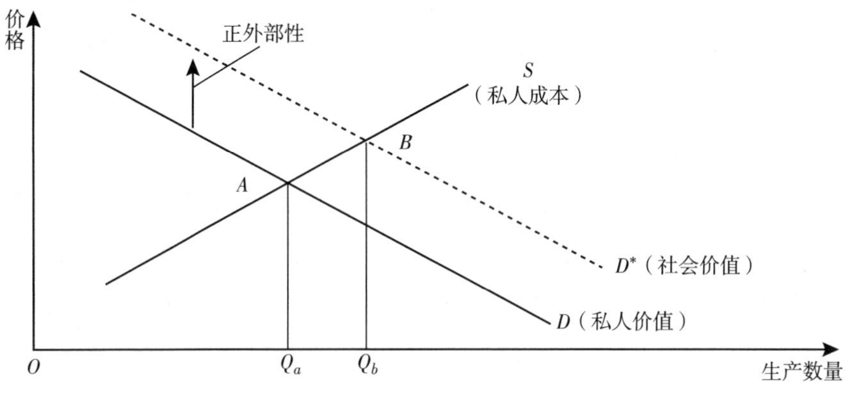

图 2　正外部性对市场的影响

铁路运输服务具有运量大、安全性高、节能环保、准时高效、票价偏低等特征，保障了工农业的生产和民众的日常生产需求，同时承担了许多服务于政策需要和国防需求的公益性运输服务。再加上铁路运输网络的建立对区域经济协同发展也有着显著的正向影响，所以与其他交通工具相比，铁路运输服务具有正外部性。

3. 公益性运输服务

铁路运输不仅为公众提供了普遍的运输服务，而且承担了很大的社会责任，属于关系国民经济的重要基础产业。铁路企业的公益性运输服务包括以下几类。

（1）价格管控与低票价政策。在价格管控下，铁路企业一直采用的是惠民的低票价政策，票价等于甚至低于企业的客运成本。特别是普速铁路的硬座、硬卧票价，在定价时充分考虑大多数人的承受能力，且 1995~2018 年这 24 年间的基准票价率［硬座票价，0.0586 元/（人·公里）］

未曾上涨。[①] 相比之下，在这期间我国城镇、农村居民人均可支配收入都增长了 8 倍（分别从 4283 元增长到 39250. 8 元、从 1577. 7 元增长到 14617 元）。然而在实施低票价的同时，铁路企业在支付车辆、燃料、工人工资等费用时是按照市场价格支付的，那么当车票价格不足以弥补运营成本时，自然会使铁路企业出现亏损，这属于价格政策性亏损。[②]

（2）承担一些社会福利性优惠项目和政府指令性任务，为弱势群体提供保障，比如给予学生、儿童、伤残军人优惠票价，对抢险救灾物资、军用物资、涉农物资等提供运力保障，并给予运价优惠或进行无偿运输等，确保涉农及抢险救灾物资的及时运输。

（3）不以盈利为主要目的的公益性线路运营，比如青藏线、南疆线等公益性铁路。虽然这些铁路尚未通过运营盈利，要靠国家财政补贴和转移支付维持正常运营，但是它们的开通对所在地区的经济发展和对外开放产生了很大的正向影响。青藏铁路连接了青海省西宁市与西藏自治区拉萨市，由于客流量和货流量较小，又实行低票价政策，很难在短时间内靠运营收入收回 330 多亿元的建设投资并维持后期的运营管理成本，将面临长期亏损。但是青藏铁路对青藏两省区经济发展的正外部性非常明显，促进了工业、旅游业等产业的发展。自 2006 年全线通车后，2007 年西藏自治区的地区生产总值较上年增长 14%[③]，青海省的地区生产总值增幅为 12. 5%，创 10 年来最高增幅。

（4）其他公益性亏损。其他公益性亏损指铁路公司在运输服务业务中产生了正向社会效益（包括对国家、地方和个人），但是其成本并没有通过市场得到完全补偿的部分。[④]

---

① 路炳阳：《铁路票价制定权博弈，国铁集团自主权不断扩大》，《中国经营报》2019 年 11 月 18 日。

② 林晓言、徐建平、褚珊：《铁路公益性运输服务补贴机制研究》，《铁道经济研究》2015 年第 2 期。

③ 按不变价计算。数据来源于《中国统计年鉴 2009》。

④ 张超：《铁路改革中公益性问题的解决途径》，《综合运输》2009 年第 11 期。

（二）智慧高铁的公益性特征

智慧高铁运输服务也属于准公共物品，其经济属性同时具有公益性与经营性两个方面。与普通铁路相比，智慧高铁运输服务的公益性有所弱化，经营性更为明显。高铁行业是垄断性较强的公共产业，不完全受市场调节，不仅在经营上有严格的准入条件，在定价上也有较严格的计划控制。根据世界银行发布的《中国高铁发展报告》，我国高铁的票价无论与其他国家的高铁相比，还是与其他交通方式相比都偏低，仍具有公益性特征。同时，高铁客运的特定目标客户对时间和舒适度的要求更高，为满足相应的市场需求，产品也更多地表现出普通商品特征，具有一定的商品性。[①] 普通铁路要满足大众的基本交通出行需求，价格偏低且缺乏弹性，具有较明显的公益性和福利性特征，可营利性低，更多地依赖政府补贴。同样作为满足公众交通需求的公共交通工具，高铁也具有公益性。但高铁不同于普铁，更快的速度和更舒适的环境满足了乘客对时间和舒适度的需求，乘客也愿意购买较贵的车票乘坐高铁。[②] 从图 3 可以看出，近 10 年来高铁客运量占全国铁路客运量的比重一直比高铁营业里程占全国铁路里程的比重大，2019 年高铁营业里程占全国铁路里程的比重为 25%，但是高铁客运量占全国铁路客运量的比重却高达 64%，证明公众对高铁有较高的需求。综合而言，与普通铁路相比，智慧高铁的经营属性更为明显，公益属性有所弱化，整体呈现兼具公益性和经营性的混合经济属性。

高铁对经济社会发展的正外部性影响比普通铁路的正外部性影响更大，许多学者已从多方面对此进行了证明。高铁的正外部性主要可分为增长效应和结构效应。高铁开通后，不仅促进了区域间的要素流动，降低了贸易成本，对沿线地区的区域经济增长具有显著的促进作用，而且推动了区域一体

① 丁慧平、孙长松、徐敏青：《基于资本属性及回报的高速铁路客运投资分析》，《同济大学学报》（自然科学版）2012 年第 10 期。

② 丁慧平等：《高速铁路定价机制探析——成本、社会经济效益、乘客时间价值三维视角》，《北京交通大学学报》（社会科学版）2018 年第 1 期。

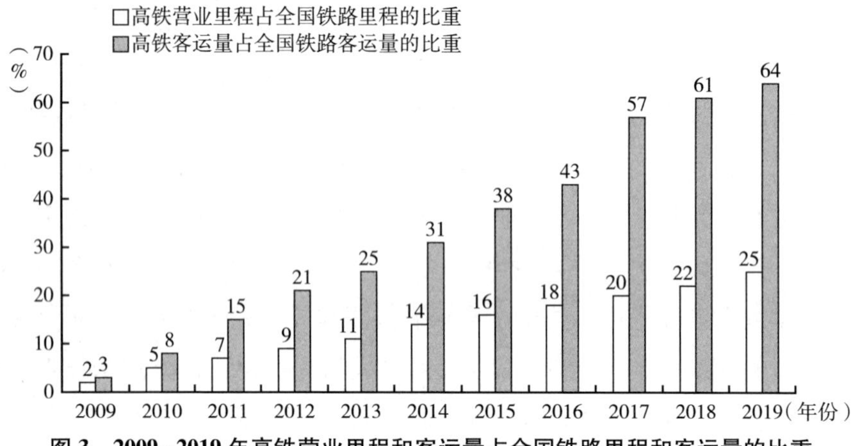

图 3　2009~2019 年高铁营业里程和客运量占全国铁路里程和客运量的比重

化，对经济空间格局也有着重要影响。① 高铁建设通过带动就业，对当地的工资水平和经济增长都产生了直接的正向影响，还提高了企业的创新水平，特别是东中部大型城市，高铁的修建对其产生了显著影响。② 对建有高铁的县级市而言，高铁建设带来的经济增长贡献率可以达到 35%，同时固定资产投资增加约 37%。③ 高铁不但可以促进本地城市的经济增长，加快产业结构的调整与城镇化进程，还能带动邻近城市的经济增长，使相邻城市年均经济增长速度比其他未开通城市高 2 个百分点。④

而智慧高铁由于产业生态链更为复杂，对沿线土地、产业、区域经济的正外部性影响更大，智慧高铁系统的大规模投入建设和网络布局都将对相关

① X. Ke et al.，"Do China's High-speed-rail Projects Promote Local Economy：New Evidence from a Panel Data Approach，" *China Economic Review*（2017）：203-226；王雨飞、倪鹏飞：《高速铁路影响下的经济增长溢出与区域空间优化》，《中国工业经济》2016 年第 2 期；B. Faber，"Trade Integration，Market Size，and Industrialization：Evidence from China's National Trunk Highway System，" *The Review of Economic Studies* 3（2014）：1046-1070。

② 董艳梅、朱英明：《高铁建设能否重塑中国的经济空间布局——基于就业、工资和经济增长的区域异质性视角》，《中国工业经济》2016 年第 10 期；谭建华、丁红燕、谭志东：《高铁开通与企业创新——基于高铁开通的准自然实验》，《山西财经大学学报》2019 年第 3 期。

③ 张俊：《高铁建设与县域经济发展——基于卫星灯光数据的研究》，《经济学》2017 年第 3 期。

④ 刘勇政、李岩：《中国的高速铁路建设与城市经济增长》，《金融研究》2017 年第 11 期。

产业的迭代创新和上下游企业的商业模式产生显著影响。[①] 从经济社会复杂系统角度看，智慧高铁系统的经济外部性与公益性包含消费者的地点效用、生产者的市场优势、土地资源的增值效应以及社会经济的增量效应等，这不仅取决于对该系统产生派生需求的各类源需求（包括社会经济系统和土地资源系统）的质量，还取决于智慧高铁系统与其源需求间的交互作用。[②] 虽然智慧高铁项目的投入巨大，且生命周期较长，但从本质上来说，交通出行需求仍属于派生需求。如果能科学合理地设计智慧高铁的综合开发项目，将智慧高铁系统的建设与区域经济发展相结合，实现土地资源系统和社会经济系统的增量效应，优化经济空间格局，形成双向互动的和谐发展模式，就能够实现土地利用、交通运转和城市经济的协同发展。

（三）铁路的财政补贴

解决外部性问题的常用方法是通过政策干预，把经济活动产生的外部性内部化，[③] 也就是把含正外部性的社会收益转化为私人收益，使经济主体的边际收益与社会边际收益相等，同时把含负外部性的社会成本转化为私人成本。通常做法是对含正外部性的经济活动进行补贴，对含负外部性的经济活动征税。

铁路运输服务具有正外部性，铁路建设往往规模巨大，初始投资和沉没成本较多，但由于要服务于社会公众，铁路的定价需兼顾公益性和市场性，既要保证有效供给，照顾大多数人的利益，满足大众基本出行需求，又要参与市场竞争，维持企业运营发展。这就使得部分运输服务无法通过商业运营来完全补偿成本，仅靠经营性收入也很难回收投资，一些线路甚至在长期经营后也较难达到盈亏平衡。[④] 铁路运输服务给公众和社会带来了正外部性影

① 林晓言、罗桑：《轨道交通公益性与经营性平衡新模式》，社会科学文献出版社，2018。

② 张秋生等：《关于智慧高铁全生命周期经济性研究的思考——以京张高铁为例》，《北京交通大学学报》（社会科学版）2021 年第 1 期。

③ A. C. Pigou, *The Economics of Welfare* (London: MacMillan, 1920).

④ 张银雁、佟琼：《基于博弈视角的我国铁路公益性运输补贴机制研究》，《管理评论》2018 年第 4 期。

响，但却没有获得相应的补偿，如果不实行政策干预，在社会边际收益大于私人边际收益的情况下，仅靠市场的力量进行资源配置，无法达到使社会福利最大化的服务供给数量。所以给予铁路企业适当的财政补贴是政府的必然选择。

在给予补贴时，先界定和度量铁路运输的公益性，再分别选择合适的方式给予合理补贴，才能使铁路企业获得竞争力并实现可持续发展。根据公益性、经营性平衡的三维理论框架，可以从以下两个角度来度量铁路运输的公益性。一是按受益主体度量。将铁路运输服务视为一种生产者获取企业利润、消费者实现地点效用的交通手段，根据公共品开发利益还原理论与土地价值捕获思想，铁路运输服务的受益主体包括乘客（消费者）、轨道交通站点辐射区的厂商（生产者）、社会受益主体（政府）。二是按土地增值度量。铁道交通系统可以在经济运行的子系统中，实现土地资源系统和社会经济系统的增量效应。根据土地价值理论或租金理论，土地价值增值能集中体现铁路运输服务所具备的公益性，而土地价值的主导内生变量即为交通基础设施区位可达性引起的时空资源配置效应。对于铁路企业的公益性运输服务，以铁路运输服务的影响群体或影响区域为界，政府制定了多种支持政策，包括低税率政策、建设基金、政策性优惠贷款、价格政策、公益性补贴政策等。根据跨域价值和土地价值捕获等理论，政府应针对特定的线路建设和运营情况来设计基于财税与融资、综合开发、价格机制的“广义补贴”制度。①

二　国外铁路公益性运输服务的补贴机制

自英国于 1825 年 9 月修建第一条公共服务铁路开始，铁路的发展史已超过 190 年。20 世纪中后期，随着现代社会经济发展，各行各业对交通运输的数量与质量都有了更高的要求，各国纷纷开始发展高速铁路。1964 年 10 月，日本建成了第一条高速铁路。与普铁相比，除了列车的营运速率更

① 林晓言、罗桑：《轨道交通公益性与经营性平衡新模式》，社会科学文献出版社，2018。

高外，高铁的车辆、路轨和操作系统也都进行了配套升级。此后的半个多世纪，世界高铁迅速发展，经历了三次浪潮。[①] 第一次浪潮为 20 世纪中期到 90 年代初，是高铁的起步发展阶段，日本于 1964 年开通了第一代高铁——东海道新干线，不仅使铁路运输行业的经济情况好转，而且大幅推动了铁路沿线地区经济的发展。第二次浪潮为 20 世纪 90 年代初到 90 年代末，是高铁在欧洲地区的快速发展阶段，德国、法国、英国、瑞典等都开始修建本国或跨国的高速铁路，形成覆盖欧洲的高铁网。第三次浪潮为 20 世纪末至今，高铁带来的巨大经济效益和社会效益逐渐显现，迎来了以我国为代表的高铁迅速发展时期。

上述几个国家在铁路公益性运输补贴机制方面有可借鉴的经验，本节通过对国内外案例的分析总结，为我国高铁的补贴机制和可持续发展提供设计参考。

（一）日本铁路

20 世纪中后期，日本经济逐渐复苏，1964 年 10 月建成了东京到大阪的东海道新干线，这是世界上第一条高速铁路，运营时速达到 200 公里。东海道新干线在开通后的第 3 年开始盈利，7 年后即收回了全部的投资，10 年累计盈利超过 6600 亿日元。[②] 此后新干线的运营时速不断提高，线路持续扩展至日本本州岛和九州岛等地区，日本政府也在规划建设完整的新干线高速铁路网。

民营化改革：与多数国家不同，日本铁路公司不是完全国有化的公司。日本国铁最初是国家全额出资的企业，于 1987 年 4 月分成 6 个 “JR 客运公司” 和 1 个货运公司 “JR 货物”，并实行民营化管理。目前日本有 100 余家公司从事铁路客运服务，除 6 家 JR 客运公司外，还有 16 家大型民营铁路企业、100 多家中小铁路企业，[③] 各运营公司间形成了互相竞争又互为补充的

① 王雄：《中国智慧：中国高速铁路创新纪实》，河南文艺出版社，2017。
② 李娟、张丽华：《京沪高铁能否像 “日版” 一样盈利》，《第一财经日报》2011 年 3 月3 日。
③ 冯姗姗、吴文娟、周浪雅：《日本民营铁路商业经营模式的探讨》，《铁道运输与经济》2015 年第 2 期。

良性互动关系。

定价策略：日本的铁路运营公司拥有对车票价格的定价权和调控权，可以根据铁路市场的供给和需求情况、经济发展情况、乘客对票价的承受能力等较为频繁地调整票价。

（二）英国铁路

英国可以说是世界铁路运输业的发源地，早在100多年前其铁路网就已基本成型。然而随着20世纪中期公路和航空运输的发展，英国的铁路运输曾一度遭遇严重的挑战。而后，英国通过网运分离、铁路私有化等多项改革，把铁路相关的业务分割成120多家公司，又通过公开补贴、特许经营权等方法解决铁路公益性运输的问题，铁路运输业才重新获得繁荣，客货运量逐渐增加，市场份额趋于稳定。

特许经营权：为了使政府为铁路公益性运输提供的补贴更好地发挥作用，英国政府通过公开招标来分配各线路的特许经营权。特许经营协议规定了对特许运营商的一系列要求，包括服务规范、票价政策等，铁路公司还要上缴一定的特许经营费，并在运营期间与政府分享利润。铁路客运市场上的客运公司要通过竞标获取特定线路的特许经营权，对政府补贴要求最少的公司可获得特许经营权。政府将监督特许经营协议的执行，只要监管部门和路网公司通过审核，政府也允许铁路公司在其他公司特许经营的特定线路上运营。如果获得特许经营权的公司运营不善，就会被淘汰，由其他运作良好的铁路公司代替。此方法不仅提高了客运市场的竞争性，也能防止铁路企业滥用补贴，在节约成本的同时，提高了铁路企业的整体服务水平。自20世纪改革实施以来，英国的铁路客运量增加了1倍，特许经营权在其中发挥了很大的作用。

定价策略：在客运特许经营制度下，不同线路的运营公司不同、目标市场不同，所以定价机制更为灵活多样。票价结构也较为复杂，每条线路都可能有多种不同的票价和优惠。虽然部分线路也可由两家以上的铁路公司共同运营，但每条线路都由一家核心公司制定价格。制定价格时需要各家公司共同达成购票及结算协议，并向铁路战略管理局申请批准，这样是为了保障公

众利益，防止公司不合理地提高票价。所以票价的制定在本质上依然受到政府监督，但是允许运营公司根据市场供需情况适当调整票价。

（三）德国铁路

德国铁路网在20世纪初就已基本成型，1965年后部分高速列车速度已达到每小时200公里以上，1988年高速列车样车ICE-V的试验时速可达到400公里。1991年德国开通了第一条高速铁路，连接汉诺威和维尔茨堡，时速280公里的第一代高速列车ICE 1投入运营。德国高铁采用磁悬浮与高速轮轨“双线作战”的策略，虽然起步很早，但是进展较为缓慢。[①] 为增强铁路客运相对于航空客运的竞争力，德国铁路运输业实施了多项改革，包括铁路私有化、票价优惠等。

民营化改革：20世纪末德国铁路进行了民营化改革，改变了原有结构和经营方式，组建了新的德国铁路股份公司，并明确了该公司的市场主体地位。政府不再负责德国铁路的运营，在制度上实现了政府与企业的职能划分，铁路公司的运营和法律责任都按照公司法执行。同时，东西部铁路进行了合并，实现网运分离，完成资产重组。除此之外，还引入了竞争机制，私人资本开始进入铁路系统，垄断现象逐步消失，铁路部门对国家补贴的过度依赖现象有所缓解。

财政补贴（接管铁路部门历史债务）：在铁路改革开始时，联邦政府接管了铁路部门的历史债务，使其成为联邦公共债务，也就是免除了德国高铁的原有债务，使新成立的德国铁路股份公司能够以零债务的状况启动运营。政府专门设立了联邦铁路资产局来承接原德国高铁670亿马克的历史债务，以及铁路工作人员的工资和福利补差，每年支付几十亿欧元的财政补贴。[②]

（四）法国铁路

法国的铁路网已基本成型，以巴黎为核心，向周边城市与国家辐射。

---

① 王雄：《中国智慧：中国高速铁路创新纪实》，河南文艺出版社，2017。

② 王晓刚：《德国铁路客运票价管理模式分析》，《中国铁路》2015年第6期。

法国早在1966年就开始升级改造普通铁路（巴黎—土伦），将列车时速提高到200公里，而后在1981年建成开通第一条高铁，连接巴黎到里昂，最高运营速度达到每小时260公里。法国不断改进TGV技术，先后投入使用了7种TGV系列的高速列车，法国高铁一直以“高速度”享誉世界。①

转变经营机制、多元化经营：法国为解决铁路运营亏损的问题，于1997年2月对铁路部门进行改组，成立法国国家铁路公司，将原有国家铁路网的建设管理职能与相应的资产和负债都分离出来，由新成立的法国国家铁路公司接管。法国国家铁路公司转变经营机制，分为5个事业部：基础设施部、地区客运部、长途客运部、货运部、车站管理部。各事业部都成立了一系列子公司，利用自己的优势去开拓新市场，延伸产业链，实行多元化经营，比如利用技术优势承接路轨及车辆维修业务，进行车站开发，将大型车站改造为综合商业中心等。②

（五）美国铁路

20世纪70年代，由于私营铁路公司连续多年出现大额亏损，美国国会决定成立美国国家铁路客运公司（Amtrak）来承担铁路客运服务，该公司于1971年5月正式开始运营。Amtrak属于联邦政府特许的公司，它的大股东是联邦政府，董事会成员由美国总统和参议院决定，但是Amtrak按照盈利公司的模式运营。在2019财年中，Amtrak调整后的运营收益为2900万美元，创下历史新高，较上年增长82.8%，GAAP收入为35亿美元，较上年增长3.4%，但资本费用和运营费用达到49亿美元，仍然需要政府补贴来维持公司的运营，③ 17个州政府（通过20个机构）为Amtrak的28条短途铁

① 王雄：《中国智慧：中国高速铁路创新纪实》，河南文艺出版社，2017。

② 陈翀、谭克虎：《法国铁路转换经营机制及多元化经营问题研究》，《经济问题探索》2014年第2期。

③ Amtrak, "FY 2019 Company Profile: For the Period October 1, 2018 - September 30, 2019," https://media.amtrak.com/wp-content/uploads/2020/06/Amtrak-Corporate-Profile_FY2019_FINAL-033120.pdf.

路路线提供财政支持。美国铁路总里程已超过 2 万公里，500 多个站点覆盖了美国的 46 个州。美国的第一条高速铁路阿西乐特快（Acela Express）于 2000 年开通，连接了华盛顿和波士顿。在 2019 财年中，阿西乐特快运送乘客 360 万人次，车票收入超过 6 亿美元。

美国国会还通过了几项法案来支持美国高铁项目。2008 年的《客运铁路投资和改进法案》（Passenger Rail Investment and Improvement Act of 2008，PRIIA），要求 Amtrak 与各个合作的州政府共同制定全国范围的标准化成本分担方法，鼓励以公私合作的方式进行高铁项目的建设与运营，并授权运输部负责高铁发展规划的制定。2009 年在刺激经济恢复的《美国复苏与再投资法案》（American Recovery and Reinvestment Act of 2009，ARRA）中，美国国会拨款 80 亿美元建设高铁及城际客运铁路项目，且优先投资高铁走廊项目。2009 年美国联邦铁路管理局发布《高速铁路战略规划》（High Speed Rail Strategic Plan），制定了高铁发展目标，包括 10 个未来重点发展的高铁项目。在 2010 财年中，美国国会拨款 25 亿美元支持高铁建设，除了联邦政府的拨款外，各州也都对高铁建设给予了资金支持。2020 年，为了应对新冠肺炎疫情，美国实施了《新冠病毒援助纾困经济安全法》（CARES Act），向高铁给予超过 10 亿美元的资金援助，来弥补经营上的损失。

直接财政补贴：美国政府对铁路部门给予了多方面的直接财政补贴，比如美国国会通过直接拨款和竞争性拨款来资助铁路线搬迁项目；美国运输部长办公室直接管理的“交通投资带动经济复苏计划”主要支持公路、铁路和港口的工程项目；同时，对于自然灾害造成的铁路基础设施损坏，由政府拨款对其进行修复与维护。①

公益性运输补偿政策：美国政府会给予铁路客运一定的补偿。美国国会在 1979 年颁布的《全美铁路客运公司重组法》中明确了 Amtrak 的亏损标准，且政府将补偿其成本的一半。各州政府也可与 Amtrak 签署合同，向 Amtrak 提供相应的补偿，以获取更多的客运服务。

---

① 徐孝新：《美国联邦政府对铁路产业的援助模式》，《当代经济管理》2013 年第 10 期。

税收优惠：美国政府对铁路客运采取免税政策。自 1981 年 10 月起，美国法典免除了 Amtrak 的各种税费，包括出租方或承租方的附加税，对提供通勤服务的铁路客运机构免税。①

三 国内外补贴机制分类对比

为了平衡铁路运输的公益性与经营性，各国政府都制定了多种补贴机制和支持政策，可被归纳为以财税和融资为主的外部补贴机制、以综合开发为主要模式的内部补贴机制以及价格激励机制。

（一）外部补贴机制

外部补贴机制以税收减免、财政补贴和融资为主，属于间接补贴。

1. 税收减免优惠

税收减免优惠指政府通过税收优惠政策，来弥补铁路公司提供公益性运输服务所带来的损失。

（1）日本。为了应对铁路公司亏损的情况，日本政府给予铁路运输公司减免部门税收的优惠政策。在民营化改革之前，由于日本国铁的亏损较为严重，政府对国铁的事业税、法人税、都市计划税、不动产所得税等进行了不同程度的减免，且新修建的铁路在开通后 5 年内减收 2/3 的固定资产税，在第 6~10 年减收 1/3 的固定资产税。在民营化改革之后，减免 JR 铁路公司 10 年内的部分固定资产税和都市计划税。②

（2）英国。为了鼓励铁路发展，2011 年《英国财政法案》规定财政部可以延长铁路客货运营公司的气候变化税豁免权，而且计划将路网公司的所得税税率自 2011 年起每年减少 1%，到 2014 年降至 23%。③

（3）中国。2013 年 8 月，国务院在《关于改革铁路投融资体制加快推进

---

① 宋佳益、张真继：《国外铁路公益性运输的政策启示》，《价格理论与实践》2015 年第 3 期。

② 宋佳益、张真继：《国外铁路公益性运输的政策启示》，《价格理论与实践》2015 年第 3 期。

③ 宋佳益、张真继：《国外铁路公益性运输的政策启示》，《价格理论与实践》2015 年第 3 期。

铁路建设的意见》中指出，政府对原铁道部的税收优惠政策，中国铁路总公司可以继续享受，同时国务院和地方政府对铁路的原有优惠政策也都继续实行。

2. 直接财政补贴

政府通过财政直接拨款，给予铁路运输公司现金补贴。

（1）加拿大。加拿大的铁路客运曾经历长期的亏损，1961 年政府为解决这一问题，设立了皇家交通委员会，该委员会认为铁路需承担非营利性的公益性运输，政府应该对这种公益性运输给予补贴。加拿大政府接受了委员会的建议，1967 年发布了国家运输法案，提出政府将补贴 80%的铁路客运服务亏损，这些补贴将用于铁路的日常运营和资本补充。

（2）英国。英国政府的财政补贴由两部分组成：铁路路网补贴，用以补贴固定的线路使用费；特许铁路运营公司补贴，政府将给予中标的特许运营商补贴，用以补贴无法获利的公益性运输服务项目。对特许运营商的补贴金额也会随着该公司的盈利状况进行调整，比如在公司出现亏损时适当提高补贴，在公司盈利期间缩减补贴。①

（3）挪威。由于城际列车服务的正外部性很大，具有公益性质，2003 年挪威政府与挪威国家铁路公司签订了绩效补贴合同，要求公司不能只注重经济利益而忽视了服务质量，应降低运价并提高服务质量，而政府将为公司提供绩效补贴。这种补贴不是定额补贴，而是根据公司运营情况而定的绩效补贴，政府会通过观察公司的运营表现来决定补贴金额。

（二）内部补贴机制

内部补贴以综合开发模式为主，在适当扩大项目合理边界的基础上提高社会投资者的收益比例，属于直接补贴。

1. 特许权竞争

铁路运输业在市场化改革后可运用市场准入原则，让企业充分竞争，通

① 陈娅娜：《英国铁路公益性运输补贴政策的分析与启示》，《铁道运输与经济》2013 年第 12 期。

过公开招标引入特许权竞争，以确定补贴金额和购买价。这样，符合约束条件且成本报价最低的企业将获得特许经营权。

（1）瑞典。瑞典的很多支线客运都是公益性运输服务，中央政府在地方运输设施预算中规划了线路的投资和运营补贴，同时对铁路线路使用多种经营管理机制，采用招标方式来确定客运的经营权，达到运输企业市场化经营的目的，中标者可获得经营合同收入，而支线客运的票价收入须上交给地方政府。

（2）巴西。巴西采取双重特许经营的方式，交通运输部对铁路运输服务采用特许经营的方式，通过公开竞争的方式进行特许经营权招标，可以经营 30 年（可续期 30 年），同时允许联邦铁路公司将车辆与交通基础设施租给私人企业。竞标时对候选人没有资格预审的要求，但是为了避免所有权过度集中在某个特许公司中，参与特许经营的每个公司的最大份额不可超过该财团总额的 20%，同时还对特许经营公司的最高运输服务价格做了限制。

2. 土地使用收益受让

政府可以把铁路沿线的一些土地交给铁路公司一起开发，用土地使用带来的额外收益弥补公益性运输引起的损失。

（1）日本。日本采用土地综合开发的融资模式，民营化后的各铁路企业的经营范围更为广泛，可以进行多元化投资，将铁路运营与沿线商业地产的综合开发结合在一起，包括开发沿线房地产、加盟饮食业和旅游业、投资商超等，让主业与辅业相互促进。① 铁路运营与城市开发相融合，基于站城协同开发模式，共同构建公共服务中心，将车站建为功能齐全的综合商业服务中心，与工作、居住、商业、教育、娱乐等多种城市功能结合在一起。通过内部调配和外部消化，政府、公众与铁路公司等利益相关者都被纳入一个整体，提高了社会效率，有助于铁路与城市的可持续发展。

（2）德国。德国铁路股份公司在改组并转换经营机制后，开始进行多元化经营，2007 年再一次重组，将业务分配到不同公司独立运营，业务项

---

① 王灏：《城市轨道交通投融资模式研究》，中国建筑工业出版社，2010。

目更加多元化。[①] 在货运和物流服务、客运服务、车站开发、境外旅客运输服务等项目上开展多元化经营，比如在车站实施商业化运作，根据客户需求的多样化，建设拥有商场、超市、酒店、停车场等多项服务设施的多功能车站，并积极拓展其他服务项目。

（三）价格激励机制

铁路运输具有较明显的公益性和福利性特征，因此早期各国普通铁路的定价通常受到政策监管，且缺乏弹性。后来为弥补政策因素导致的铁路运输公益性亏损，对价格放松管制成为各国常用的“广义”补贴方法。关于车票价格，既要是普通乘客可以负担的，又要比其他出行方式具有一定的竞争力，在不大幅减少客流量的基础上努力提高收入，为此各国都采用了灵活多样的定价方式。

（1）德国。德国铁路车票最初由联邦政府统一定价，而后政府允许铁路公司根据市场供需情况自主决定长途客运票价，各地区的运输联合会自主决定短途客运票价，由政府在票价上给予补贴。车票的定价方式采用收益管理定价模式，使用“递远递减”的票价率，根据客户需求和价格弹性提供不同的车票，引入 A、B、C 三个等级的标准票、打折票和乘车优惠卡。[②]

（2）中国。我国的高铁票价管制逐渐放松，2011 年，铁道部宣布京沪高铁的票价将基于市场需求进行季节和时段浮动。2015 年，国家发改委发布通知，改革完善高铁动车组旅客票价，铁路运输企业可以依据相关法律法规自主制定时速 200 公里以上的高铁动车组列车一等座和二等座票价；可根据市场供求和竞争状况对商务座、特等座、动卧等票价实行市场调节。2016 年，中央政府将铁路服务的定价权下放到了中国铁路总公司，允许根据服务类型、乘客需求和当地购买力来更加灵活地制定高铁票价，很多时速 200~250 公里的高铁票价都已经在指导价的基础上进行了调整。其

---

① 郭云、谭克虎：《德国铁路股份公司多元化经营及政策支持问题研究》，《经济问题探索》2013 年第 3 期。

② 吴云云：《德国铁路客运定价机制及票价体系》，《综合运输》2011 年第 1 期。

中，沿海高铁线路首先进行了较大幅度的价格调整，且发现价格调整对需求的负向影响并不显著，高铁与其他出行方式相比依然具有竞争力。2019年1月，中国铁路总公司提出要继续建立更加灵活的高铁票价调整机制，研究“一日一价”“一车一价”的可行性。

四　对我国智慧高铁补贴机制设计的政策启示

我国铁路从1997年到2007年，10年间实现了6次大提速，铁路运输能力得到了极大的提高，并于2003年10月开通了第一条快速客运专线（秦沈客专）连接沈阳和秦皇岛。2008年8月开通了第一条高速铁路——时速350公里的京津城际铁路，自此高铁建设的热潮开始席卷全国，到2016年底已开通运营京沪、京广、沪昆、哈大、杭深、兰新等多条高铁线路，南北纵线和东西横线构成了“四纵四横”的高铁线路网，并于同年提出“八纵八横”的中长期建设目标。我国高铁行业面临的债务问题也较为复杂。近年来，高铁项目建设线路多、规模大，后续资金补给乏力。2019年中国国家铁路集团有限公司收入为1.13万亿元，年末资产总额为83150亿元，负债总额为54859亿元，资产负债率小幅上升。

如今，中国高铁列车的制造技术已十分成熟，随着大数据和智能化的发展，我国高铁在客运服务、安全防护和绿色环保等多个方面进行了尝试和突破。2019年12月30日，第一条智能化高铁——京张高铁开通运行，在最高时速350公里的情况下实现高度智能化。基于北斗卫星导航系统，列车能够做到自动发车、驾驶，车站能够做到自动对标停车和站台联动等。京张高铁连接了北京市与张家口市，使张家口市进入环首都“1小时交通经济圈”，两个城市间的车程从之前的3个多小时减少到47分钟，实现京张同城化与交通一体化，同时也促进了张家口市与周边其他城市间的资源共享和经济合作，截至2020年6月30日，开通半年内该线路客运量已达180.33万人次。智慧高铁不仅进一步减少了出行时间，提高了出行安全，更为我国的高铁事业带来了新的发展契机，为我国在全球高铁价值链治理中占领战略高地提供

了机遇。由于铁路运输服务具有明显的公益性特征，设计能实现智慧高铁内外部系统互惠共赢的补贴机制，对于高铁的可持续发展至关重要。智慧高铁系统将对相关产业的迭代创新和上下游企业的商业模式产生显著影响。在制定补贴机制时，要充分考虑智慧高铁出行链所涉及的相关企业和产业特征，灵活应用外部补贴机制、内部补贴机制和价格激励机制。

参考文献

韩保花、贾光智：《法国铁路客票定价机制分析与借鉴》，《中国铁路》2013 年第 2 期。

B.9

基于智慧高铁的创新生态系统研究*

曾德麟　崔永梅　蔡家玮　王秋颖**

摘　要：　随着大数据、物联网、云计算、人工智能等新兴技术的不断发展，智能化深刻影响了装备产品的制造与创新，中国的智慧高铁就是其中令人瞩目的成就之一。中国高铁不断融合吸收新一代智能技术，在技术与管理上不断取得突破，同时在智能数据的支撑下，带动建造、装备和运营领域共同发展，并向更智能、更高效、更科学的高铁创新生态系统迈进。本报告结合智能制造背景以及高铁产业的构成要素，分析创新生态系统的结构特征，梳理智慧高铁创新生态系统构建的相关文献，并在此基础上深入探究智慧高铁创新生态系统的运行机制。该研究不仅有助于拓展创新生态系统理论，而且能为智慧高铁创新生态系统的管理与运营提供必要的科学指导。

关键词：　智慧高铁　创新生态系统　自主创新　智能制造

* 本报告为中央高校基本科研业务费专项资金资助项目“智慧高铁全资产全生命周期经济研究”（项目编号：2020JBDZ009）的阶段性研究成果。

** 曾德麟，博士，北京交通大学经济管理学院副教授，硕士生导师，主要研究方向为数字化与技术创新；崔永梅，博士，北京交通大学经济管理学院教授，博士生导师，主要研究方向为并购重组与企业创新；蔡家玮，北京交通大学经济管理学院硕士研究生，主要研究方向为数字化与技术创新；王秋颖，北京交通大学经济管理学院硕士研究生，主要研究方向为数字化与技术创新。

一 引言

随着社会经济的不断发展，人们对交通运输有了更高的需求，开始追求更快速、更安全的出行。我国自改革开放以来，对高速铁路（以下简称“高铁”）在技术和管理上严格要求，取得了多项突破性进展。我国高铁是设计速度每小时250公里（含预留）以上、列车初期运营速度每小时200公里以上的客运专线铁路。党的十九大报告提出了“交通强国”这一重点发展战略，明确了转型方向和奋斗目标。现如今，为了减少能源消耗、满足环保需求，并缓解交通拥堵的问题，很多国家已开始进行新兴铁路运输建设。中国高铁作为我国科技创新的一张名片，必须把握新一轮科技浪潮和产业革命契机，进一步发挥高铁网络运输潜力，推动铁路高质量发展，完成信息时代国家赋予铁路开拓发展的重要任务。在我国战略要求的支撑下，高铁已成为经济发展的重要参与要素。此外，全球化趋势促使创新生态系统建立，以适应各产业领域互相融合的局面，而大数据、人工智能等新技术的兴起也推动各产业不断完善创新，带动我国经济从之前仅依赖沿海城市发展，转变为沿海和内陆城市共同发展的模式。从这个方面看，创新生态系统的建立解决了一部分资源不均衡的问题，更代表我国铁路方面的产业逐步升级。截至2019年11月23日，我国已经能够在复杂地质和气候条件下建造高铁，攻克了一系列世界性难题，具备构建成熟完备高铁技术体系的能力。

有学者认为高铁取得的成就都是基于政府的管控，但也有文章表示创新生态系统的建立与完善才是高铁取得突破性进步的关键。[①] 创新生态系统在世界范围内已成为研究焦点，在多个企业参与的创新生态系统中，整体能否取得成功取决于各要素融合的发展水平。不可否认的是，中国高铁通过技术自主创新实现制造跃迁，各个组成部分之间相互影响，所构成的复杂系统功能互补。研究高铁生态系统的创新，能够从中挖掘出更深层次的机

---

① 田莉、李翠文：《中国高铁产业创新生态系统研究》，《北方经贸》2020年第4期。

理。目前，国内学者虽已看到铁路行业在创新生态系统方面的应用与发展，但是还没有形成系统性的见解，故本报告从这一视角出发，结合目前的高铁建设形势，讨论如何构建与运行基于智慧高铁的创新生态系统，以及该系统应如何进行技术和能力的迭代升级，为高铁事业或其他企业的发展提供参考。

二　文献综述

（一）智能制造与智慧高铁

1. 智能制造的构成与特征

已有研究将智能制造系统定义为一个集成的大系统，包含智能生产、智能产品、智能服务三大功能系统与智能制造云、工业智联网两大支撑系统。[①] 智能生产（intelligent production）是由物理系统与虚拟信息系统构成、物联网与互联网协同作用的物理信息生产系统。智能产品（intelligent product）指搭载人工智能芯片、参与人类复杂生活的产品，其最大优势在于能够实现互联网、物联网设施的互联互通。随着产业形态由大规模制造向定制化制造深度变革，企业面对消费者时的角色由产品提供者向服务提供者转变，智能服务（intelligent service）已渗透到价值链的每一环节。随着互联网、云计算、大数据等技术的高速发展，智能制造云与工业智联网作为技术承载平台，为智能制造的发展提供空间与保障。[②] 还有研究从智能制造系统的技术基础和实施规模出发，将智能制造系统划分为装备级、生产线级、车间级、工厂级和联盟级。[③] 德国工业 4.0 提出以信息物理系统（Cyber-

① J. Zhou et al., "Human-Cyber-Physical Systems (HCPSs) in the Context of New Generation Intelligent Manufacturing," *Engineering* 4 (2019): 624-636.

② C. H. Ltm et al., "Design of Informatics-based Services in Manufacturing Industries: Case Studies Using Large Vehicle-related Databases," *Journal of Intelligent Manufacturing* 3 (2018): 497-508.

③ 杜宝瑞等：《智能制造系统及其层级模型》，《航空制造技术》2015 年第 13 期。

Physical Systems，CPS）为基础，由智能工厂、智能生产和智能物流三个子系统构成互联网环境下的框架，将 CPS 作为智能制造的底层基础设施，① 力图引领德国成为智能制造技术的主要供应商和 CPS 技术及产品的领先市场。②

2. 智慧高铁的发展

智慧高铁是广泛应用云计算、大数据、物联网、移动互联、人工智能、北斗导航、BIM 等新技术，综合高效利用资源，实现高铁移动装备、固定基础设施以及外部环境间信息的全面感知、泛在互联、融合处理、主动学习和科学决策，实现全生命周期一体化管理的新一代智能化高铁系统。③ 智能化是世界高铁未来发展的重要方向。中国工程院副院长何华武表示：“中国高铁发展经历了 3 个阶段，分别是初始化、国产化、自主化。”当前，中国高铁已经进入全面智能阶段，中国已经成为世界高铁大国，在技术、装备、建设和运用等方面已达到国际先进水平，甚至引领某些领域的科技发展。如今，中国将发展智慧高铁作为未来很长一段时间内创新的重要战略方向，依托京张高铁、京雄高铁、浩吉铁路等重大项目，大力研发关键核心技术。在看得见的智能化服务背后，是科学技术的不断创新。近几年，铁路部门陆续开展了供电一体化运营系统、智能综合调度系统、铁路北斗应用服务平台等智能化技术攻关。

（二）创新生态系统起源与内涵

创新生态系统（innovation ecosystem）是由相互依存的企业、政府、教育家和工人等诸要素构成的，充满活力的、能够达到动态平衡的创新系统。首先，创新生态系统最早于 2004 年在美国总统科技顾问委员会（PCAST）

---

① 肖静华、毛蕴诗、谢康：《基于互联网及大数据的智能制造体系与中国制造企业转型升级》，《产业经济评论》2016 年第 2 期。

② 王钦、张隺：《工业 4.0 如何落地？——海尔工业 4.0 透视》，《清华管理评论》2015 年第 Z2 期。

③ 马建军等：《智能高速铁路关键技术研究及发展路线图探讨》，《中国铁路》2020 年第 7 期。

的报告[①]中被提出，该报告指出，一个国家的技术和创新能否长期处于领先地位，取决于这个国家是否拥有一种有活力的、动态的创新生态系统。有学者从生态位视角对创新生态系统的内涵进行了解释。Lansiti 和 Levien 补充了生态位这一概念，并对创新生态系统进行了解释，认为该系统由多个生态位构成，且各生态位之间有交互作用，这说明创新生态系统中的不同企业会进行动态互动联系。[②] 这样的动态互动作用，也体现了企业间的共生关系。孙聪和魏江也表示有关联性的生态位在创新生态系统中构成经济共同体。[③] 其次，研究者剖析了创新生态系统组成要素，明晰了各要素间如何进行联系。Adner 从内部成员的角度出发，将创新生态系统定义为核心企业、客户、互补企业等相互依赖并组建的组织网络。[④] Ceccagnoli 等认为创新生态系统的要素包括企业合作关系、政府管理机构、技术应用网络等，且在运行过程中具有一定开放性。[⑤] 基于创新生态系统中的不同要素，各参与者是通过价值创造相互联系在一起的。柳卸林等提出，企业通过相互合作构建新的生态环境，进而形成互惠互利的创新生态系统。[⑥] 再次，从技术与创新生态系统融合的角度对创新生态系统的内涵进行拓展。信息技术日益先进，加之网络技术的相应发展与完善，促进了创新生态系统的兴起，技术、知识与环境深度融合的背景下，该系统呈现新的发展态势。[⑦] 早期，我国学者黄鲁成从技术角度进行深度分析，提出了区域技术与创新生态系统的关系，强调了创新主体（企业、科研机构、政府等）与技术创新环境在物质、能量和信息交互

① 美国总统科技顾问委员会：《维护国家的创新生态系统、信息技术制造和竞争力》，2004。

② M. Lansiti，R. Levien. “Strategy as Ecology,” *Harvard Business Review* 3（2004）：68-81.

③ 孙聪、魏江：《企业层创新生态系统结构与协同机制研究》，《科学学研究》2019 年第 7 期。

④ R. Adner，“Match Your Innovation Strategy to Your Innovation Ecosystem,” *Harvard Business Review*4（2006）：98-107.

⑤ M. Ceccagnoli et al.，“Coreation of Value in a Platform Ecosystem：The Case of Enterprise Software,” *MIS Quarterly* 1（2012）：263-290.

⑥ 柳卸林等：《企业创新生态战略与创新绩效关系的研究》，《科学学与科学技术管理》2016 年第 8 期。

⑦ 李昂：《基于系统成熟度的国家创新生态评价指标研究》，《科技管理研究》2016 年第 17 期。

中的具体作用和真实价值。① 创新生态系统中各成员企业在技术创新方面相互支持，使知识资源的价值不断提升，各企业持续发展，共同为创新生态系统注入活力。② 最后，随着对创新生态系统内涵研究的不断深入，学者逐渐对创新生态系统的本质有了明晰的界定。Kapoor 和 Adner 提出创新生态系统的本质是价值创造，企业间的知识共享和相互支持是影响企业构建创新优势的关键。③ 总之，从整体上看，创新生态系统是一种为了满足多方客户复杂且动态变化的需求、使多方企业共同获利，而在企业间建立的具有合作关系的网络体系。④

三　中国高铁在智能制造上取得的突破发展

（一）中国铁路行业的特殊性

交通运输部在我国的铁路市场运作中处于完全垄断的地位。具体表现在：一方面，在与外企的商业谈判中能够以坚实的资金基础引进技术，并赢得对方的信任；另一方面，因为政企区分不那么明显，可吸引各方面人才在高铁领域钻研探索，组建优质技术团队，为提升自主创新能力提供良好人才储备。高铁作为中国情境下的代表性产物，由国家集中大规模的技术资源和人才团队进行高效建设，属于重大社会基建项目，在世界范围内达到领先水平，很难被其他国家所复制。在引进国外先进技术并努力吸收学习的同时，相关规章制度的设立也要跟上信息技术的发展，以及新产品的产生速度，例

① 黄鲁成：《区域技术创新生态系统的稳定机制》，《研究与发展管理》2003 年第 4 期。

② R. Kapoor, J. M. Lee, "Coordinating and Competing in Ecosystems: How Organizational Forms Shape New Technology Investiments," *Strategic Management Journal* 3 (2013): 274–296.

③ R. Adner, R. Kapoor, "Value Creation in Innovation Ecosystems: How the Structure of Technological Interdependence Affects Firm Performance in New Technology Generations," *Strategic Management Journal* 3 (2010): 306–333.

④ 蒋石梅、吕平、陈劲：《企业创新生态系统研究综述——基于核心企业的视角》，《技术经济》2015 年第 7 期；D. P. Hannah, K. M. Eisenharht, "How Firms Navigate Cooperation and Competition in Nascent Ecosystems," *Strategic Management Journal* 12 (2018): 3163–3192.

如技术审批审查、列车验收与试用、安全评估等环节，需要用更严格的制度来规范制约。在与国外企业进行技术或硬件的价格谈判时，我国政府往往辅助高铁产业形成统一对外力量，保障了博弈中的主动权，不会让对方恶意加价或者在行业内形成不良竞争。由此看来，这样庞大的体系必须要有强有力的监督和检查机制，否则有可能出现人员懈怠和腐败贪污的现象。

国务院自始至终指挥高铁产业实施各项自主创新战略，以“产学研”共同发展为目标带动交通运输部、教育部和科技部联合部署行动。2006 年国务院颁布的纲要中明确表示，要优先发展高速轨道交通事业，各部门应突破局限共同合作，整合资源，打造共同的创新平台，从而调动创新的积极性，加快成果转化效率。① 但到如今，企业和各研究中心还没有探讨出这些项目究竟是如何发挥作用、带来经济效益的，虽然已有“构建经济圈”的描述，但相关文献均没有透彻分析高铁建成前、建设过程中和建成后是如何获取资源和创造利益的。在政府以后的工作中，可以对此类公用事业多加以价值估计、捕捉和测量，若能以科学的计算公式列出实际效益，会更有信服力。

（二）铁路自主创新

1. 高铁行业初期发展

当年我国首先选择对京沪高铁进行发展和改造，是因为该路线沿线人口密集且经济足够发达，不论是从经济方面还是从技术方面考虑，这条线路都是最佳选择，国力也可承担。20 世纪 80 年代，我国设立了一个名叫“高速铁路、城市有轨交通技术开发研究中心”的机构，专门攻克高铁相关的技术，向日本、美国等国家学习如何研修高铁，为我国高铁技术的发展贡献了很大的力量。1997 年开始正式实施铁路大提速，涉及京沪高铁、京哈高铁和京广高铁这三条线路，这在我国历史上是一次具有突破性的大面积提速，

① 《国务院关于实施〈国家中长期科学和技术发展规划纲要（2006—2020 年）〉若干配套政策的通知》，中国政府网，2006 年 2 月 14 日，http：//www.gov.cn/zwgk/2006－02/14/content_ 191891.htm。

不仅上线了“朝发夕至”列车，快速列车也大批量上线。如此提速带来的成功使铁路从第二年开始改变了客运量下降的状况。到第五次大提速的时候，我国迎来了高铁的提速，“和谐号”逐渐走入大众生活。高铁的前沿技术探索主要包括冲高测试和路段测速。在高铁时速达到200公里后，交通运输部门的技术人员还要继续改进。在繁忙的铁路线上进行冲高测试是一件非常复杂的事情，测试过程中也出现过问题，比如由于速度过高、压力过大，玻璃会被交汇压力吸走等。此类技术上的难题均被一一攻克，但一次实验的成功不能意味着相关技术已经完善，更多的常规化试验仍要不断应用于高铁行业。

2. 高铁行业自主创新

我国高铁行业由政府高度垄断，这种由政府主导的资源整合称为集成创新，短时间内能够取得其他国家数十年才能取得的成果，在获取资源技术方面有着明显优势。新中国成立后，全国铁路网在政府的指导下进行了统一部署，但实际上已经不能满足国内的运输需求，亟须缓解运能紧张的问题，实现要素快速流通。进入21世纪，我国在普通铁路上实现了动车组的运营和高铁的建设，完成运输提速，这也意味着我国经济进入了发展“快车道”。政府在引进国外先进铁路技术时，能够对国内分散的市场进行强制整合，并合力消化和吸收核心技术。目前，我国高铁在吸收外来先进技术的基础上，能够进行自主集成创新。[①] 在前期，我国从加拿大、英国等国家引进先进技术，并且吸引国际人才在高铁领域扎根深造，与科研院所进行合作，完成了技术和人才的积累。接着为响应国家在技术引进与品牌打造方面的号召，高铁在吸收国外技术的同时，逐步提升自主创新能力，将技术融入适合我国铁路运作的体系中，让更先进、适用的技术推动装备智能化发展。为了更好地实现自主创新，交通运输部联合各大高校和科研院所进行联合设计与研发，加快高铁向智能制造迈进的步伐。现如今，我国高铁拥有多项自主知识产权，同西南交大等多所高校有着密切的合作研究关系，所形成的创新生态系

① 田莉、李翠文：《中国高铁产业创新生态系统研究》，《北方经贸》2020年第4期。

统为该产业带来了强有力的竞争优势。高铁是集多种技术应用与管理组织于一体的复杂系统，其中运行控制系统最为关键，铁路依靠这一技术来调度和协调各部门间的工作，并在最大范围内发挥各要素潜力。例如对运行速度和间隔进行有效监管和调控，保证高铁运行的安全性与高效性，减少司机的工作量，解放部分劳动力。即使能减轻部分列车司机的工作强度，实际上列车的安全行驶大部分还是依赖司机的驾驶经验和能力水平，技术系统则作为被操作的要素来辅助运行。由此可见，高铁自动控制技术的突破性发展需要依靠更智能化、自主化的控制系统来实现。

3. 智能制造融入高铁建设

2017 年以来，国铁集团依托智能京张、智能京雄等重点项目，广泛应用云计算、大数据、物联网、人工智能、北斗导航、BIM 等技术，促进信息时代的新技术与铁路运输深度融合，在工程建造、技术装备和运营服务等方面开展了一系列创新与实践，初步构建了中国智慧高铁的体系架构，标志着我国智慧高铁的建设开启了新篇章。而高铁行业主要涉及创新体系建设工程、智能制造工程、高端装备创新工程这三个方面。值得关注的是，高铁建设未来主攻的发展方向是智能制造，[①] 带领其他工程相互融合协作，充分调动科研工作人员和实践操作人员的自主性和积极性，使他们合力为智慧高铁事业的发展而奋斗。高铁普遍具有安全可靠、经济实惠、运行快速、客运量大的特点。智慧高铁建立在已有系统的基础上，进一步拓展了新的理念和发展前景，带来更大的社会效益。尤其在人口密集地段，高铁更加经济实惠，在提供大量工作岗位的同时降低了环保方面的成本。学者不应该将目光局限于高铁这种重大工程项目的投资成本回收率，而是要全盘评判其带来的社会价值。现有研究多从技术视角总结智能制造的特征。有学者认为智能制造是通过信息技术与制造技术的深度融合，实现自感知、自诊断、自优化、自决策、自执行的高度柔性生产方式，[②] 这种生产方式由独立设备的机器智能向

① 柳百成：《创新·强基·智能——建设制造强国》，《中国机械工程》2020 年第 1 期。

② 宋利康等：《飞机装配智能制造体系构建及关键技术》，《航空制造技术》2015 年第 13 期。

制造过程的系统智能演变，并具有动态感知、实时分析、自主决策和精准执行四个典型特征。[①] 也有学者认为，信息感知、优化决策与执行控制是智能制造的三大特征。[②] 信息感知意为通过对大量信息数据的收集、存储与分析，实现自动感应与信息传输；优化决策指通过计算平台支持，对所涉及产品的海量信息进行挖掘筛选、计算分析，并使用决策工具形成优化决策指令；执行控制表示对已有决策指令进行执行与控制，确保系统安全。在引进国外技术方面，沈志云院士表示一定要有我国自主创新的技术，一味进行引进会陷入不断落后的局面，具体的数据分析和技术分解工作还是要通过我国培养的人才来逐步探索。同时还要打破不合理规则约束，广泛召集优秀人才，成立课题组和项目组，构建技术自主创新的互动平台，在国际舞台上充分展现中国的风采。

（三）发展智慧高铁

1. 跨越式发展与科学发展

政府早在 2002 年的时候就提出，中国铁路要承担起社会奔小康的重任，强调要开展跨越式发展，对战略规划进行了部署，对 28 项子课题展开专题调研，这为铁路事业的跨越式发展提供了十分丰富、全面、详细的理论指导。而在理论充足后，更重要的是能够将这些理论应用于实践，让理论落地是该发展策略成功的标志，各部门也抓住“发展”这个要务进行积极有效的沟通。2003 年，《中长期铁路网规划方案建议（2003—2020）》正式颁布，里面包含了跨越式发展的核心思想与内容。此外，在铁路的装备制造方面，我国努力引进国外先进产品，吸收后进行战略创新。对未来的规划和对装备的要求推动我国铁路在跨越式发展的道路上砥砺前行，形成“一主两翼”的局面，支撑起高铁的发展。随着工作的不断开展和实践检验的不断积累，跨越式发展的思路已然成熟，理论体系也

① 王焱、王湘念：《智能制造的基础、组成及发展途径》，《航空制造技术》2015 年第 13 期。

② 孟凡生、赵刚：《传统制造向智能制造发展影响因素研究》，《科技进步与对策》2018 年第 1 期。

逐渐完善。为抓住历史机遇，大面积实施这一战略，铁道部通过报告全面阐述跨越式发展路线的内涵，主要归结为三个方面：路网要扩大且路线安排合理；引进高水平车辆；提升服务素质和水平。经过一定的利益权衡，在国家发改委的部署下，具有划时代意义的《中长期铁路网规划》由国务院正式颁布。该规划是高铁发展的骨架，直到今日，仍旧为高铁网络建设提供基础性支持。

总体来看，这一时期的跨越式发展与部署在我国高铁发展历程中有着重要的意义，它明确规划了高铁发展的方向，而且铺垫了高铁主要网络路线的骨架，直到今日仍在发挥作用。2004 年提出的科学发展观强调全面、协调、可持续的发展，在这之后，国家紧接着为新的发展战略部署任务，强调高铁的“和谐”发展。“和谐号”的出现与应用为大众出行带来了显著且意义重大的变化，可以称为中国高铁的一张名片。

2. 自主创新与智能制造

企业为构建核心竞争力，必定要提升自主创新能力，高密度的研发工作也为自主创新打好了基础。国有企业承担着突破其他国家在关键核心技术上对我国的封锁的重要责任，是确保国民经济安全运行的重要支持力量，是实现我国自主创新的关键要素。能否坚定不移地进行自主研发决定着国有企业在社会经济发展中实际影响力的大小，还决定着我国企业在对外开放的新阶段能否获得持续的国际竞争优势。在前期发展的基础上，我国高铁进一步扩大规模，提升运营服务水平，增加知识与科技含量，联合智能制造稳步走向世界。现有研究分别从技术和环境的角度，对创新驱动因素进行了深入探讨。从技术发展的角度来看，现有研究存在两种观点。第一，智能技术的进步推动智能制造的发展。杨晓平指出，智能技术的进步引领智能制造的发展，智能制造跟随智能技术的升级而升级。① 肖静华等指出，提升制造企业的核心制造能力是其智能化升级的关键，具体来说，构建核心制造能力包括

① 杨晓平：《智能制造技术现状及其发展趋势刍议》，《内燃机与配件》2016 年第 9 期。

基于大数据和互联网来构造智能制造体系的能力，以及管理系统内知识的能力。[①] 第二，智能技术与智能制造相互影响、彼此促进。Peng 和 Gao 指出，智能技术与智能制造之间存在良性互动的关系，在某一领域领先的国家会将先进技术应用于该企业发展智能制造的过程中。而换一个角度来看，制造业的发展也促使国家为智能技术的发展投入更多资金和人力物力，并提供更大的平台，进一步促进智能制造产业的发展。[②] 张曙认为智能制造本质上是制造技术的转型，企业通过这样的技术升级，使产品在经过智能制造后拥有更多的附加价值和意义，进而促进产业发展。[③] 从环境要素角度出发的研究，主要从政策、产业环境与制度环境方面进行分析。从政策层面来看，适合国情的政策更有利于全行业智能制造的发展，由此可带动制造业构建核心竞争力并进行整体转型升级。从产业环境层面来看，完善企业创新体系、提升产业配套能力也能够促进制造业的智能化发展。智能制造产业本身就存在碎片化、多样化的特征，因此完善有关产业环境的规章制度对协同发展与转型升级有重要影响。从制度环境层面来看，制度环境对智能升级的影响体现在金融、法律与社会管理体系方面，金融财税政策应该与国家倡导的发展战略相协同。史竹琴等则提出建立健全法律法规制度，保障企业与消费者合法权益，有效地掌控企业在进行智能化转型升级时可能面临的风险。[④]

在智能发展时代，互联数据发展的新态势也促进了高铁行业的升级，旅客智能出行是大势所趋。5G 可实现网络购票、查寻车次、定位商业网点等，高铁行业还将利用该技术探索运营新模式来适应时代发展，以此来优化服务质量，这也是实现智能服务的必要环节。在信息时代，人工智能、云计算、

---

① 肖静华、毛蕴诗、谢康：《基于互联网及大数据的智能制造体系与中国制造企业转型升级》，《产业经济评论》2016 年第 2 期。

② J. Peng，J. Gao，"Foreword to the Special Issue of Journal of Intelligent Manufacturing on Uncertain Models in Intelligent Manufacturing Systems：Dedicated to Professor Mistuo Gen for His 70th birthday，" *Journal of Intelligent Manufacturing* 3（2017）：501-502.

③ 张曙：《工业 4.0 和智能制造》，《机械设计与制造工程》2014 年第 8 期。

④ 史竹琴、蔡瑞林、朱先奇：《智能生产共享商业模式创新研究》，《中国软科学》2017 年第 6 期。

大数据等技术使高铁能够监测最新信息，如视频监控和红外检测，增强了高铁的安全防控能力，保证了运行过程的稳定性，实现内外部信息快速全面感知；多系统的广泛合作互联，使其能够集中调动各类资源处理复杂问题。智慧高铁不仅要求配备智能的设施，在深度互联上也有很高的要求。GIS（Geographic Information System，地理信息系统）技术可依据国家地理信息捕捉高铁运行过程中的信息数据。[①] 智慧高铁具体建造框架见图1。

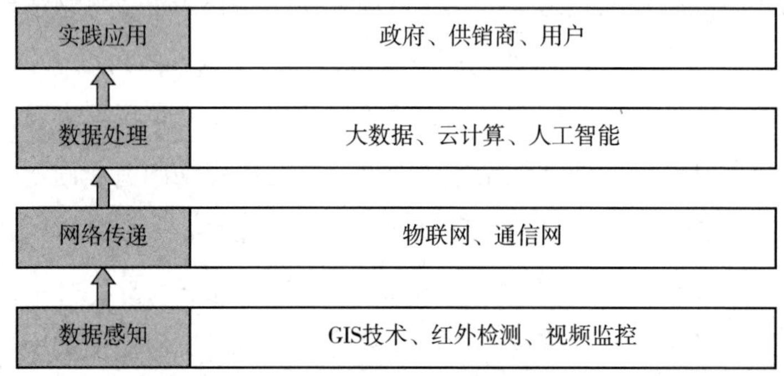

图1　智慧高铁建造框架

要研发具有中国自主知识产权的高铁，核心竞争力必须掌握在中国人自己手中，借鉴先进科技的目的是提升自主创新能力，不能完全依赖技术引进。对高铁产业专利的保护要更有针对性，推动创新成果真正应用于实践。智能铁路对业务融合、智能化等方面提出了更高的要求，狭义的调度通信已成为过去，新时代的铁路调度系统除了要能满足基础业务需求，更要将智能化作为战略发展方向。目前，智能化在我国高铁中的应用体现在自动驾驶系统能够准确发车、运行、调整时间、对标停车等；5G智慧车站能够让乘客通过面部识别进入车站并乘车；监测报警系统可通过数据平台对恶劣天气和异物侵袭进行警示与处理。[②] 我国自主研发的CRTSⅢ型无砟轨道板，具有结构简单、施工便捷、性能稳定、形变量小、绿色高效、造价相对低廉等优

① 孙嵘：《京张高铁GIS地理信息系统构建研究》，《铁道勘察》2020年第1期。

② 王莉莉：《中国铁路发展迈向智能新时代》，《中国对外贸易》2019年第12期。

点，适用于时速300公里及以上的列车，正适合用作智慧高铁的建设材料。该产品是技术人员攻克一道道技术难关后通力创造出来的，从施工技术上解决了无砟轨道板翘曲变形较大这一棘手的难题。此外，每块轨道板内的两块电子芯片（铁路工程埋入式射频识别电子标签）能记录轨道板生产过程中的全部数据资料，再结合国内首台CRTSⅢ型轨道板承轨台智能测量机器人，实现了轨道板的智能化精准调配，在该行业中处于技术领先地位。智慧高铁的建造成本相对较高，政府在该行业投资的原因是将其视为提高公众效益的手段，认为其能从多个潜在方面促进经济发展，包括节约时间成本、增加劳动机会、加强跨区域发展、创造经济中心等。

（四）“京张高铁”突破性成果

1. 京张高铁建成并运营

智能京张高铁项目是铁路部门落实“绿色、共享、开放、廉洁”理念，致力服务北京冬奥会、党和国家工作的关键项目，是中国国家铁路集团有限公司（以下简称“国铁集团”）贯彻落实党在科技强国、交通强国战略安排上的实际行动，标志着中国高铁从世界先进水平向世界领先水平迈进，在国家和世界层面都具有重大的现实意义和深远的历史意义。2015年，为了能够成功联合申办2022年冬奥会，北京到张家口的京张高速铁路修改了原建设方案，将时速提到了350公里，相比原来每小时250公里的速度，这样的提速具有典型意义。京张高铁连接了北京与张家口，作为城际高速铁路，它是“京兰通道”“京昆通道”的重要组成部分。按照服务奥运的思路，中国铁路总公司结合中国文化、奥运精神、铁路精神以及其他各项众创成果等，设计形成“鹰隼”和“旗鱼”的头型方案以及“龙凤呈祥”“瑞雪迎春”两种外观涂装方案。之所以称这条路线上的铁路为智慧高铁，是因为这是中国第一条使用了自主研发的北斗卫星导航系统、时速350公里的智能化高速铁路，这个速度在世界范围内也是最快的，同时京张高铁能够抵御如高寒、大风沙等极端环境，2016年，该线铁路正式开始建设。2018年4月，京张高铁智能列车最终敲定以“复兴号”智能动车组为原型。2019年12月

30 日，北京北站开往太子城站的“复兴号”智能动车组 G8811 次列车准时发出，标志着京张高铁正式开通运营。

从引进吸收国外技术的“和谐号”到具备中国人自主创新技术的“复兴号”，中国速度震惊了世界，也打出了一张闪耀的中国名片。京张高铁的开通，使得张家口至北京的最快运行时间由之前的 3 小时 7 分钟缩短至 47 分钟，从京张铁路到京张高铁，从时速 35 公里到 350 公里，从我国自行设计的首条干线铁路到如今世界最智能化的高速铁路，这条线路的变化不禁让人感叹中国这 110 年的迅猛发展。中国的实力和在国际舞台上的地位都实现了飞跃，智慧高铁的发展记录了我国从落后者到领跑者的华丽蜕变。京张铁路是当时清政府为解决边疆危机建设的，而如今在科技发达的现代社会，京张高铁不仅能维护祖国的安定，也能为国家带来巨大的经济效益。

2. 智能化技术与应用

从蓝图绘制到项目竣工，所有的资料都被详细记录在数据库中，以便进行管理，大数据、物联网等技术辅助京张高铁精准落地。以清华园隧道为例，该隧道要穿过近 90 条管道路线，全长超过 6 公里，稍有偏差就会影响到城市核心区的生活，每一步操作都必须严丝合缝，不可破坏历史建筑和现代生活节奏。为满足这样的要求，“可视化”智能技术被应用于施工系统中，灵敏精准的传感器放置在机器上，对预测、计算和监测的每一个过程进行能够被观测到的动态管理，这样便可获得设备工作的数据，实时自动调整、修正施工情况，控制风险。此外，国铁集团与北京交通大学、西安交通大学合作研发出用于东花园隧道的自动控制降水与预警系统以及深孔测斜检测系统，将可视化探测器安置在深水之中。该隧道紧邻官厅水库、野鸭湖国家湿地公园等，日最大涌水量达 35.4 万立方米，上述两个系统配合安全监控软件能够实时监控降水情况。智能工程运输指挥系统被应用于张家口市的正盘台隧道，该隧道内部信号常常不稳定，而这一系统的开发能够解决轨道铺设工程中信息不畅通的问题。数字化管理技术在智慧高铁中的应用解决了一系列较难攻克的问题。针对不容易攻克的坡度较长较陡的问题，施工团队和设计方不断优化技术与资源配置，通过创新性工艺以及智能化、自动化、机械化检测等手段提升效率。

（1）智能建设

预配平台：腕臂是铁路接触网不可或缺的组成部分，传统腕臂预配工作中的很多工序靠人力完成，需要花费大量人力和时间。全自动腕臂预配平台由国铁集团武汉电气化局自主研制而成，正式投入运营后较大幅度地提升了生产效率，预配一组腕臂仅需 4 名工人 5~6 分钟的操作。此现代化装备由 4 万多个工装配件、36 个紧密传感器、20 台高精度驱动电机等部件组成，具有绿色环保、降尘降噪的特点，在性能和技术水平上处于领先地位。此外，全自动吊弦预配生产设备也正式投入使用，它能够进行自动化生产，同时减少人力成本，严格控制产品质量。该工程的建设集合了物联网时代高铁施工科技创新的最新成果及管理理念。我国专家团队紧紧把握世界铁路前沿技术，在智能装备制造、工程软件开发等领域进行深度研究。

BIM 技术：建筑信息模型（BIM）作为一种数据化工具常常出现在工程设计、建造以及管理之中。具体来说，BIM 技术能够整合建筑的数据和信息，并在整体项目的运行全周期中进行共享，该技术的显著优势在于推动项目工程的可视化协同设计与智能化建造。此外，BIM 技术在全生命周期中还能形成闭环管理，从最初的参数化协同设计，到工程建设与管理，再到路、桥、轨、站等的施工，提升了管理人员的决策水平。该技术在智慧高铁的建设工作中有着举足轻重的作用，如京张高铁就是我国首条采用全线、全生命周期 BIM 技术的铁路项目。该线路所经地区环境复杂多变，建设难度较大，对技术的要求较高，例如八达岭长城站“一桥两站三隧”重难点工程。BIM 技术利用其优势有效解决了项目建设过程中的难题，能够辅助技术人员直观、立体、全面地捕捉和监控施工过程，利用三维技术在施工开始前进行检查，这样可以提前优化设计，减少由错误造成的损失和返工。铁路部门还开展了“基于 BIM 的铁路建设管理平台及关键技术研究”等多项课题研究，形成具有自主知识产权的基于 BIM 的高速铁路建设成套技术、标准体系以及管理系统，且在京张智能高铁的建设中合理运用。例如清华园隧道建设方成功应用 BIM 技术、三维可视化监控、盾构云平台指挥等，完成了智能模拟、精准预测、实时修正等工作，克服了盾构超浅埋始发与接收、超近穿越重要建（构）筑物等难题，确保了施工安全。在工程建造领域，我国应加紧建立完整的 BIM 技术标准体系，构建基于 BIM 技术的铁路工程协同设计体系，实现勘察设计多源数据融合，研究掌握装配式建筑设计和模块化制造技术、数字孪生铁路技术；突破“BIM+GIS”关键技术，实现全线、全专业、全过程工程建设精细化管控，并在铁路工程管理平台广泛应用。

（2）智能装备

京张高铁智能管家有效解决了施工线路长、登高作业任务繁重、安全监控与现场管理压力大等难题。智能动车组列车具有较好的空气动力学性能，引入了自动驾驶技术，在技术和管理上已实现了智能建造、装备和运营，能以 350 公里的时速自动驾驶。沿线车站及动车组内均提供无线上网服务，通过 5G 网络实现列车上部分网络视频直播，奥运期间旅客能实时了解奥运信息。为贴合冬奥会的主题，车上还配备了放置滑雪板的空间。此外还在车厢内应用了智能环境感知调节技术，不仅全覆盖 Wi-Fi，还配置了多语种旅客信息系统，根据不同旅客的个性化需求调整温度、车窗颜色、灯光等，提高舒适度。座椅采用滑道式安装，可作为轮椅，方便残疾人士舒适乘坐。面部识别系统能够最大限度节省旅客的时间，身份证一旦通过认证，乘客便可快速进站上车。智能机器人可在站内帮助旅客进行方位导航、时间查询、行李运输，尤其当旅客带有较重或较大的行李时，可将行李交给智能机器人，扫码或进行人脸识别后，机器人就能智能识别旅客，并跟随其行走，或让机器人直接导航，方便旅客出行。[①] 站台上放置着看似常规的垃圾桶，但其实这些都是竖井，连接着地下的输送管道。垃圾桶可以看作一个大功率“吸尘器”，而垃圾气力输送系统就是“吸尘器+竖井”。旅客需要分类投放垃圾，按下垃圾桶上面的“可回收垃圾”或“其他垃圾”按钮，系统便会在垃圾进入中央收集站的密闭垃圾集装箱之前，通过旋屏分离器将垃圾进行分类处

---

① 李劲松：《智能高铁彰显“中国智慧”与“中国自信”》，《企业家日报》（电子版）2019 年 12 月 2 日。

理，最后倒入集装箱内。

（3）智能运营

信号系统是控制高铁列车安全行车的“中枢神经系统”，需满足高速度、高密度及不同速度等级列车跨线运行要求。京张高铁采用世界领先水平的 CTCS-3 级列车运行控制系统，基于 GSM-R 网络实现地面与动车组控车信息的双向实时传输。列车的自动驾驶系统相较地铁来说，速度更快、运行环境更复杂，网状线路也更明显。在地面调度中心，工作人员可基于智能技术制定准确的运行计划，通过传输系统将计划发送至自动控制系统的地面设备，再经铁路移动通信网，传送到车载设备，对列车的整体运行实施完整调度工作。京张高铁基于北斗卫星导航系统和地理信息系统，在建设、运营、调度、应急等一系列流程中提供智能化服务，对线路进行实时检查，可以将全线每一座桥梁、每一个车站、每一处钢轨通过传感器连接至电脑，零件、路基、照明等是否出现问题都能被及时捕捉到。京张高铁指挥中心的信息化技术控制着该高铁线全生命周期的智能化管理，统筹安排整条线路的建设与运营。

京张高铁 10 个车站将共用同一个“大脑”。通过这个“大脑”，工作人员在控制室就可以实现车站灯光、温度、湿度等设备的管理、应急指挥等。新型管理不仅是对整体系统的适应性管理，还是对人才管理的调整和升级，这都要建立在以较低的成本获取高收益的前提下。跨界人才培养体系的建立也是创新生态系统动态演化的必然要求。政府应积极设立创新岗位，完善高科技人才奖励机制，各企业、研究所、高校也应积极响应“产学研”高度融合政策，建立人才数据库，并形成长期有效的良性发展态势，推进智慧高铁产业更加规范、高效。“产学研”并不是简单的三者合作，而是多主体协同创新的交互融合，这也是为什么研究者和企业家均要将视角从创新转向创新生态系统，更多的要素会通过平台转入创新生态系统。各成员应共同决策，在健全决策制定机制的同时，完善安全建设监管体系，保障高科技产业有序发展。这种利用智能技术进行高精度定位的服务网，协同铁路自动驾驶技术，形成“互联网+”时代下的一站式服务环境。京张高铁作为重大示范工程，带动了京津冀协同发展，同时还与穿越内蒙古的路线相连接，所以也会带动内蒙古地区相关旅游业的发展，让“内蒙古一日游”成为现实。智能化技术快速广泛落地，见证高铁行业对该技术的投资与支持，标志着我国在高铁技术上取得显著突破，也对其他产业的发展有着很强的借鉴意义。京张高铁智能化技术与应用如图 2 所示。

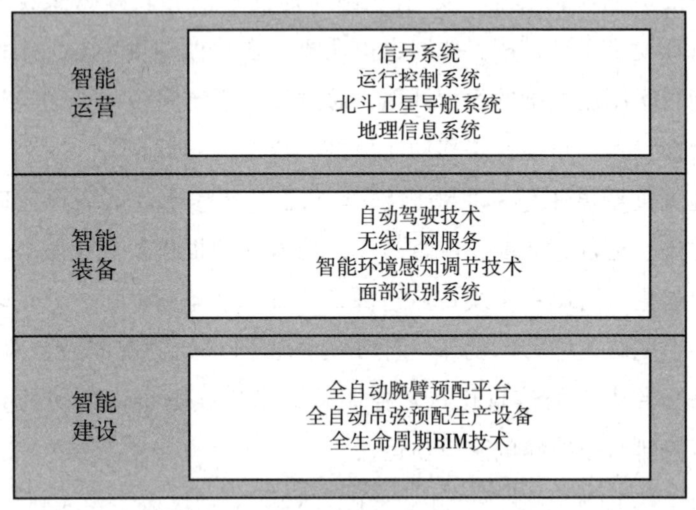

图 2　京张高铁智能化技术与应用

四　高铁产业创新生态系统

（一）创新生态系统构成要素与层次

创新生态系统的结构一直是学者研究的重点方向，已有研究重点关注其要素组成以及结构特征。第一，在要素组成方面，研究者主要探讨了创新生态系统内部成员及其关系。有学者表示，成员创新是创新生态系统中不可或缺的部分，成员间能够进行协同合作，创造价值并将成果

输出到客户端，[①] 重视创新生态系统中的成员组成将有助于提高整个系统的价值水平。[②] 创新生态系统涵盖多种要素，包括竞争者、互补者和协调机构等，成员的多样性是保障创新生态系统基本功能的必要条件，[③] 系统为各种行为主体之间的相互作用提供平台，将供需双方结合起来，使多个主体之间能够进行有效交流和资源共享。王凤彬等也表明，企业之间的依存现象越发凸显，各成员关系对系统中资源的共享有显著影响。[④] 第二，在结构特征方面，可将特征分为开放互补性、自组织性、政府调控性以及动态演化性。开放互补性指创新生态系统具有开放性、变动性以及互补性，众多创新主体能够吸收系统中的创新资源和知识，不断为企业增强创新能力提供支持。[⑤] 在自组织性上，曾国屏等强调，创新生态系统中各要素间相互联系又相互制约，各主体的协同发展使创新生态系统呈现自组织、自演化、自发展的特征。[⑥] 政府调控性指政府作为重要主体参与创新生态系统的构建，调控其发展方向。李万等提出了“政府—企业—科研机构—用户”四者互动的模式，这也表明我国企业所构建的创新生态系统，正在向动态交互的国家政府调控型系统发展。[⑦] 在动态演化性上，有学者表示基于创新生态系统要素的多样性，创新过程不能简单独立地展开，而应以网络的形式呈现。[⑧]

开放式创新下的生态系统分为不同的层次，包括核心层、技术层与应用层。核心层的企业有权选择合作的伙伴并且决定未来发展战略，技术层是为

---

① R. Adner, “Match Your Innovation Strategy to Your Innovation Ecosystem,” *Harvard Business Review* 4 (2006): 98-107.

② M. G. Jacobides, T. Knudsen, M. Augier, “Benefiting from Innovation: Value Creation, Value Appropriation and the Role of Industry Architectures,” *Research Policy* 8 (2006): 1200-1221.

③ H. Chen et al., “Avoiding the Innovation Island in Infrastructure Mega-project,” *Frontiers of Engineering Management* 1 (2008): 109-124.

④ 王凤彬、王骁鹏、张驰：《超模块平台组织结构与客制化创业支持——基于海尔向平台组织转型的嵌入式案例研究》，《管理世界》2019 年第 2 期。

⑤ 张镒、刘人怀、陈海权：《平台领导演化过程及机理——基于开放式创新生态系统视角》，《中国科技论坛》2019 年第 5 期。

⑥ 曾国屏、苟尤钊、刘磊：《从“创新系统”到“创新生态系统”》，《科学学研究》2013 年第 1 期。

⑦ 李万等：《创新 3.0 与创新生态系统》，《科学学研究》2014 年第 12 期。

⑧ 曾赛星等：《重大工程创新生态系统演化及创新力提升》，《管理世界》2019 年第 4 期。

各高校、研究所或企业研发关键技术的机构，应用层则是产品的购买者。我国制造业长期以来在核心技术上受制于先进国家，严重影响了技术研究成果的转化。互联网的高速发展使新兴技术在各自专业领域深度融合大数据，产生颠覆性创新效果。为统筹安排工业“智能化”阶段发展，国家通过一系列文件①来促进制造业的发展和升级，推进互动互联体系的不断完善。我国企业围绕铁路开展技术应用工程的升级演化，如中兴通讯结合 5G、AI 等技术推动铁路创新应用，支持模块化的数据中心更便捷、高效地汇聚数据。高铁产业创新生态系统层次如图 3 所示。

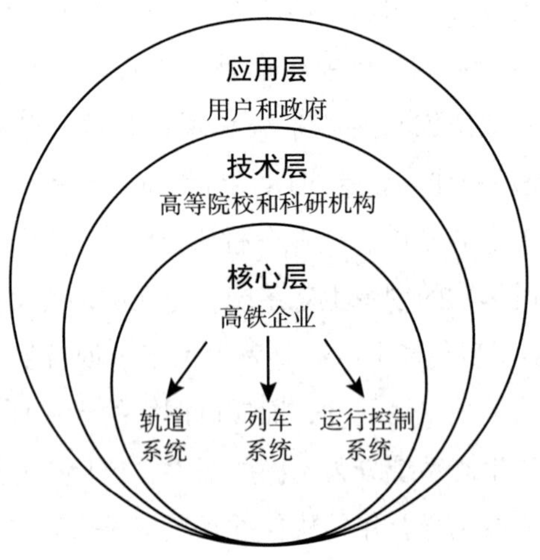

图 3　高铁产业创新生态系统层次

高铁企业在创新生态系统中是核心要素，拥有选择合作伙伴的权利，控制整个系统的发展方向。各方共同参与构建的平台是围绕高铁企业发展的，平台集合多种互补创新资源，不同成员相互交流合作，创造更大发展空间和更多机会，不断吸引更优质的企业和人才共同参与价值共创。高等院校和科研机构在这个系统中位于技术层，操控具体技术的合作与研究，帮助产品成功通过平台应用于社会。最终的应用层为用户和政府，用户体验高铁出行的

① 《工信部发布〈工业互联网发展行动计划（2018—2020 年）〉》，产业发展研究网，2018 年 6 月 8 日，http：//www. chinaidr. com/news/2018-06/120351. html。

快捷，政府通过高铁打造“中国品牌”门面，同时还可以给高铁企业反馈正面或负面信息，全面协同创新发展。这一模式的应用在我国仍处于起步阶段，还有很多实践问题等待发现和解决。核心层包括高铁企业的轨道系统、列车系统和运行控制系统。高铁的成功高效运转不仅需要这三个系统的相互协调，还需要其与技术层和应用层相互配合。国外很多先进国家采用“外包式”服务，即建设和运行这两个步骤是分开的。这种方式虽然能够在市场竞争中提高各自专业运作效率，但是如果各个系统之间未能良好磨合、统一发展，受到短板效应的限制，铁路就难以在整体上完成良好升级。所以，我国借助体制优势，形成全行业内的统一调动，在统筹兼顾的情形下最终实现质的飞跃。

（二）高铁创新生态系统动态演化

随着经济全球化的不断深入，企业的创新生产活动较难在被限制和封闭的环境中独自运行，且创新的整体过程也日益复杂，未来发展态势的不可预测性和结果的不确定性也随之提高。再加上开放式创新的理念已深入各大企业，被普遍接受，创新生态系统的建设成为企业、产业乃至国家发展的新趋势，这进一步彰显了我国对于可持续发展、动态演化以及共生共赢理念的重视，对我国创新体系的健康高效运行具有重要意义。

进入对外开放新阶段，国际竞争焦点已从单一科技创新转向基于国家创新生态系统的整合创新能力。作为国民经济发展的中坚力量，国有企业创新能力的提升对贯彻落实习近平新时代中国特色社会主义思想、实现创新引领发展具有显著影响。习近平在中国科学院第十九次院士大会开幕会上发表重要讲话，强调“要坚持科技创新和制度创新‘双轮驱动’，以问题为导向，以需求为牵引，在实践载体、制度安排、政策保障、环境营造上下功夫，在创新主体、创新基础、创新资源、创新环境等方面持续用力，强化国家战略科技力量，提升国家创新体系整体效能”。[①] 由此可见，融合共享是当前互

① 《破除一切制约科技创新的思想障碍和制度藩篱》，中国共产党新闻网，2018 年 6 月 1 日，http：//cpc.people.com.cn/n1/2018/0601/c419242-30027509.html。

联网时代管理应用的一项重要体现，创新在各企业间更具开放性，这种合作范式越来越成为企业在激烈竞争环境下的优势。在数据资源驱动下，价值链上的各个要素相互合作、共享开放，形成创新生态系统。智慧高铁的跨学科特征也较为明显，不仅要规划建模、实施技术，还要有开放式的创新。创新生态系统中的成员必须通过一定的运行机制，才能发挥自身优势、实现价值创造，这就引发学者对于创新生态系统的机制研究。创新生态系统机制研究可分为以下三个层面：一是机制建立对研究创新生态系统的价值创造具有重要意义；二是了解运行机制的具体内涵及分类有助于剖析创新生态系统的发展过程；三是促进企业提升自身能力，从而更好地适应机制以及灵活应用机制。

高铁的发展是存在多个变量的复杂动态过程，这一生态系统中的多个要素也在不断更新，如何提升其发展质量和服务水平一直是人们不断研究的问题。现如今，关于生态系统的研究普遍反映了学者和管理者对跨组织相互依赖的兴趣和关注。随着组织边界越来越模糊，在创新生态系统发展的过程中，成员间的关系也会有一定的改变，同样发生变化的还有主体的性能、属性等，这些都促使整个生态系统的功能以及结构不断调整。只有不断完善运行机制，使主体、要素、环境真正联动起来，才能实现创新价值的互惠共生。在我国，企业、高校和研究所等拥有较为丰富的科研人才，并积累了一定的创新资源，包括较大规模的创新平台，然而在将这些科研成果投入应用时，还有明显不足之处。以科技发展为主的企业合作层次有待提高，若能成功构建创新生态系统，融合各方优势并不断探索创新模式，将会显著促进新型创新生态的系统性建设，进而加速我国企业的集群式创新。在动态发展的复杂系统中，为获取持续性竞争优势，核心企业需要不断充实知识库，集中资源进行价值创造。打造创新生态系统，在创新利益相关方的互动方面有较为深刻的体现，各方需要打破传统边界，进行跨界融合。

各要素之间的系统创新促使高铁产业不断升级。基于国家战略发展需求，为在重大技术上有所突破，高新技术产业应整合创新性资源，借助信息共享的优势，实现成果产业化，并在市场上形成动态平衡。尤其是高铁这样的高科技产业，既需要专业性知识，还需要动态变化的资源。了解产业对环境的适应程度，将促进高铁产业获取核心竞争力，对整个创新生态系统的发展具有持续深远的意义。我国轨道交通领域的“产学研”集群协同创新之路，对进一步组建国家级产业协同联盟也有重要启发。助力国企、民企全面参与开放协同创新，有助于各行业在芯片制造、人工智能等领域实现快速崛起和持续创新。铁路智联网作为智能铁路的重要组成部分，是新一代铁路信息基础设施。其体系架构围绕网络、平台、安全展开，定义了从核心层到应用层的关键技术要素，促使万物智能感知、泛在深度互联、信息融合共享、顶层智能决策。铁路智联网将加速与铁路各领域、各专业的深入融合，不断创造信息共享、专业联动的新生产模式、新工作业态。铁路智联网是新时代铁路发展驱动下的产物，它将打开铁路网络的业务边界，实现各铁路网络的深度融合。通过“人—物—企业—信息”之间的交互协作，铁路智联网实现了铁路全系统、全行业链、全价值链的泛在深度互联，最终实现打造铁路行业“开放—融合—协作—共赢”生态系统的目标。

（三）数字化管理理念迭代更新

作为经济发展的中流砥柱，我国企业努力加入世界性的创新竞争，不断推动国民经济快速转型升级。如今，随着全球局势不断发生变化，国际经济贸易规则大幅度调整，引起了国家和企业的重视。在这样的背景下，加快建设和完善新型管理理念、推动国有企业成功转型，成为目前我国实现可持续创新和优质管理的关键。高速铁路这类重大工程的建设已成为各国间竞争的重要一环，也彰显着国家在技术和管理上的核心竞争力。目前，我国在高铁建设的诸多方面已处于世界领先地位，通过自主、系统地探索高铁管理机制的发展与创新，弥补高铁管理理论的不足之处，为其发展贡献中国智慧。管理类学术期刊对该话题的重视，也能推动更多学者加入高铁建设管理的理论和实践研究，以社会发展的经济基础建设为中心，在规范、科学、多样化的研究方法下，提出具有自主性、原创性的观点，概括总结出具有普适性的规律。该领域学者可以从北斗卫星导航系统、人工智能、大数据、云计算等技术的管理学问题切入，在管理理念方面进行创新，指导我国高铁管理机制的发展和升级。

如今对外开放正如火如荼地进行，我国企业需要建设符合国情和创新发展战略的新型创新生态系统，加快落实创新发展。除了要让国有企业提升创新效率和创新竞争力，还要让其肩负起引领国家创新战略发展的社会使命，实现国企和民企共生共赢，努力参与全球创新治理工作，推动我国产业转型升级。大数据、人工智能技术的迅猛发展，使数据驱动下的企业创新成为数字经济时代的主要变革方式。① 跨界共享发展模式下，各大平台利用更多数据信息进行共同研发，推动产业化发展。数字化转型为以下目标的实现提供了可能：利用数据与客户互动、与其他企业协作，创造性地利用互联网进行价值创造。“数字化”“智能化”体现了当今时代特征，数字化是技术基础，智能化是发展趋势。基于数字技术的各类产品层出不穷，正在引发一场范围广泛的产品革命。智慧高铁的核心要义是以人为本，关键在于依靠科技创新。因此，智慧高铁的主要特征可总结为建设、装备、运营的智能化，而终极目标是实现服务的智能化。

综上所述，数字化、智能化的发展，必将极大地促进生产力的发展。我国企业需要根据社会基本制度，整合经济与技术发展路线，将现代的管理制度与我国传承下来的优秀管理哲学相融合并擦出火花，推动企业管理理念的持续创新。在具体操作中，企业要将新技术与新商业模式融合，在渐进性颠覆式创新中找到平衡点，同时还要兼顾基础理论与应用研究的结合。坚持“产学研”一体化的创新之路，该路线是充分调动创新生态体系内部各主体积极性、高效利用创新资源的必由之路，通过提升创新效率来提高生产效率，实现推动经济社会持续高质量发展的目标。智慧高铁的整体管理制度需进行一定的调整，如铁路部门的 111 项规章制度都进行了相应修改，最后总结出《中国铁路总公司关于深化铁路建设项目标准化管理

① 刘意、谢康、邓弘林：《数据驱动的产品研发转型：组织惯例适应性变革视角的案例研究》，《管理世界》2020 年第 3 期。

的指导意见》等 14 个制度，有利于统一管理创新生态系统中的铁路公司，保证其日常流程的正常运行。此外，根据行业标准和国家要求，相关部门完成 26 项标准的修订，解决了产品不达标以及硬件之间衔接不准确的问题。各部门按照实施条例严格审查，落实抽查等监管制度，最大限度避免违规现象的发生。在安全检查中开展风险管理，以高空作业、火种管理为重点，排查隐患、落实责任、完善制度、全面控制、强化措施，有效运行管理机制。着力打造数字化、智能化铁路，深入实施创新驱动发展战略，实现中国铁路现代化，提高运输效率、服务水平和管理水平，保障运输安全。当前，大数据、物联网、人工智能等技术快速发展，带来了许多新的发展机遇，并涌现了一大批创新成果。铁路部门在发展智慧高铁时一定要抓住这一机遇，把握好国家指导方针，加大在科技创新上的投入力度，不断完善铁路技术创新体系，提升管理和运营水平，向数字化、智能化铁路迈进，努力实现铁路技术创新的跨越式发展。

五　总结

在全球化时代，各个国家的产业间不再是单方面的竞争，而是利用多方资源创建创新生态系统，在竞争中追求总体利益最大化，即达到竞合的目的。相应地，企业的发展思路也应该从不断开放走向不断整合，借助联合式发展，构建在中国背景下的有利于企业转型升级的创新生态系统。因此，在构建创新生态系统之时，不仅要防止过度开放导致的核心竞争力消失，还要避免因过分自主而未能把握全球优质资源和良好机遇。国有企业作为“一带一路”建设和对外开放的重要力量，在开放与整合方面要并进升级，提升在全球范围内的创新影响力，这样既能提高我国企业的国际竞争力，还可以推动多边合作，开拓中外合作多方共赢的新局面。进一步整合全球创新资源，实现全球范围内的创新资源配置，构筑跨区域和跨国协同的优势，加快中国品牌和中国管理思想“走出去”。在现代科技的支持下，中国基础建设的发展趋势更为乐观，推动中国产品、技术和服务被全世界认可。此外，创新生态系统的构建促进信息高效共享，人才相互交流，技术合作研发，不同层面的参与者协同推动高铁产业快速发展。智能情境下高新技术的应用使人工智能、物联网、大数据与高铁产业密切结合，适应时代需求开发出符合消费者和政府预期的安全优质的产品与服务。我国高铁产业的发展历程是典型的后发国家基于自主技术研发实现赶超的例子，该产业的成功对其他行业的发展有借鉴意义。高铁让我国突破了“廉价劳动力和工厂”的模式，而要想实现更高更快发展，走出国门、走向世界，不仅要与国外高端企业合作，还要拥有中国特色的先进制造技术和管理理念，在世界范围内布局国家战略，肩负起树立中国产品形象的重任，助力伟大复兴事业。[①] 高铁产业取得的长足进步不仅对培育自主创新能力有借鉴意义，还能提高我国在国际贸易中的综合实力和地位，带动经济快速发展。工业基础的加强还需要“产学研”多方共同合作，补足国家现存短板并构建创新平台。借助政策支持和经济发展，在核心技术上实现突破性创新，构建创新生态系统、获取稳定性竞争优势是高铁产业成功崛起的亮点，也是未来应保持的发展目标和方向。对于下一代高铁产品的研发，我国依旧要不断借鉴国外先进经验，引进领先技术，让全球性创新生态系统加入中国制造的品牌。

① 曹志伟：《科技创新助推高铁发展》，《科技中国》2019 年第 11 期。

Abstract

2020 is an important year for countries around the world to face multiple challenges. The outbreak of the COVID - 19 has caused a huge impact on the economic development and social stability of the world. China's transportation industry, under the strong leadership of the CPC Central Committee with Comrade Xi Jinping at the core, adheres to the general tone of seeking progress while maintaining stability, bases itself on the new development stage, and implements new development philosophy, deepen supply side structural reform as the main line. The work progress of epidemic prevention and control with economic and social development in the field of transportation will be coordinated and promoted, China will continue to firmly promote the construction of China's transportation power.

In 2019, the average calculation result of the transportation power index of 31 provinces and cities was 32.6. In 2020, the average calculation result of the transportation power index of 31 provinces and cities was 34.98, an increase of 7.3% over the previous year. The construction of China's transportation power country has just reached 1/3 degrees of completion. According to the "Outline for Building a Strong Transportation Country", the goal of building a strong transportation country in China will be achieved through 30 years of construction and development. From 2021 to 2050, the construction of a transportation powerhouse will be promoted in two stages. The first stage is from 2021 to 2035. In 15 years, the country will basically be built into a transportation powerhouse. The Second stage is from 2036 to 2050. In 15 years, it will be fully built into a world-leading transportation powerhouse that is satisfied with the people, has strong guarantees, and is in the forefront of the world. At present, the completion of China's construction of a strong transportation country is not high, but the achievements are remarkable, and it is hoped that the established goal of building a strong transportation country will be achieved in less than 30 years. The construction of a strong transportation country still has a long way to go.

This book is divided into three sections: the first is the general report, the second is the index section, and the third is the smart transportation section. The general report section summarizes the construction achievements of China's construction of a strong transportation country in terms of infrastructure, technology development, management and transportation service levels, compares and analyzes the development differences, construction priorities and difficulties of China's construction of a strong transportation country in 2019 and 2020. It is found that the construction of a strong transportation country in 2020 has made significant progress compared with the previous year. The transportation power index has increased by 7.3%, of which the traffic safety index and the traffic governance level index have increased most significantly. The talent team index and green development index have become the focus and difficulty of building China's transportation power in 2020. It further puts forward the development trend and prospect of China's transportation power construction during the "14th Five-Year Plan" period, including low-carbon development of transportation, development suitable for aging, and transportation to help achieve common prosperity.

The index section is based on the nine development goals of the construction of a strong transportation country proposed in the "Outline for Building a Strong Transportation Country", and builds an index system of China's transportation power development index, including 9 first-level indicators and 47 second-level indicators. The classification index research, regional comparison research and mass satisfaction research are carried out on China's transportation power development index. This article focuses on comparing the changes of each index in 2020 and 2019, and further analyzes the reasons for typical provinces and regions with large changes. The smart transportation section focuses on the research on the ecosystem evolution of smart high-speed rail, the design of the subsidy mechanism for smart high-speed rail, and the research on the innovation ecosystem of smart high-speed rail, providing ideas and suggestions for the construction of smart transportation in China.

Keywords: Transportation; Traffic Power; Smart Transportation

Contents

Ⅰ General Report

Abstract: In 2020, China's transportation industry coordinated and promoted all aspects of the work process in the field of epidemic prevention and control and spiritual and social development, and firmly promoted the construction of China's transportation power. This chapter summarizes the construction achievements of China's transpor-tation power construction in terms of infrastructure, technology development, management, and transportation service levels, and compares and analyzes the development differences, construction priorities and difficulties of China's transportation power construction in 2019 and 2020. The study found that, In 2020, the construction of a strong transportation country has made significant progress compared with the previous year. The transportation strong country index has increased by 7.3%, of which the traffic safety index and the traffic governance level index have increased most significantly. The talent team index and green development index have become the focus and difficulty of building China's transportation power in 2020. It further puts forward the development trend and prospect of China's transportation power construction during the "14th Five-Year Plan" period, including low-carbon development of transportation, development suitable for aging, and transportation to help achieve common prosperity.

Keywords: Transportation; Traffic Power; Low-carbon Development; Agg-appropriate Development; Smart Transportation

Ⅱ Index Section

B.2 Study on Evaluation Mechanism of China's Traffic Power Index

Lin Xiaoyan, *Jia Xinyu* / 012

Abstract: This chapter describes the connotation, characteristics and realization path of a traffic power. First, the connotation of traffic power is to build a world-leading transport power with global vision and Chinese characteristics, which can satisfy the people and effectively support the require-ments of China's socialist modernization. Second, the main characteristics of a transport power are to build a safe, convenient, efficient, green and economic comprehensive transport system. The two core characteristics of a transportation power are speed and economy. Third, by improving the transportation service quality and efficiency, in accordance with the requirements of management system and management ability of modern traffic management system and operational mechanism should be established in order to build a multi-level comprehensive traffic hub system, play the leading role of science and technology, build perfect science and technology innovation as the core of the way such as comprehensive innovation system construction of the traffic power. Secondly, the evaluation methods of transport power index are introduced, including extension theory and fuzzy comprehensive evaluation method, as well as its specific evaluation steps and evaluation criteria, so as to construct and evaluate the traffic power index.

Keywords: Traffic Power; Index of Traffic Power; Extension Theory; Fuzzy Comprehensive Evalution Method

Abstract: This chapter introduces the traffic power nine index calculation method as well as the statistics of the various indices contained. Secondly, this report analysis the results of the nine index, including the index descriptive analysis and province comparison. Provincial ranking analyzes the performance of different provinces in each index, and analyzes the reasons for the best and worst provinces, mainly from the infrastructure construction, traffic safety publicity, new energy vehicle subsidies and talent introduction and other related economic policies issued by each province. Regional descriptive statistics analysis different indicators in regional average and standard deviation, and the reason of the difference of regional performance, from the regional economic development level, geographic location and transportation development characteristic, analyzes the reasons of regional differences, based on the above analysis of traffic power development provides the basis for the analysis of the next step.

Keywords: Traffic Power; Index Evaluation; The Index of Traffic Power

Abstract: The report in this chapter calculates the nine major indexes and measure the index separately for different provinces and regions. The report then compares the changes in each index between 2020 and the previous year, and analyses the reasons for the large changes in typical provinces. The study found that the top cities in the infrastructure index are mainly concentrated in the economically developed eastern regions such as Shanghai and Beijing and the infrastructure index of the western provinces increased significantly; the characteristics of the transportation equipment index are similar to this; the transport service index in the eastern region, including Guangdong and Zhejiang, is in the leading position, while the northeastern and western provinces, such as Shandong, Jilin and Tibet, have gained substantial development; on the science and technology innovation index, eastern regions such as Beijing and Jiangsu still maintain leading positions, and there are large gaps between provinces within regions; in terms of traffic safety index, the regions with higher index are mainly the eastern and western regions, which have high levels of satisfaction with emergency response and safety regulations; eastern provinces led by Jiangsu and Guangdong rank high in the green development index, and there is a significant increase in the east; in terms of the open cooperation index, it is still the eastern provinces such as Jiangsu and Zhejiang that rank high, while the western regions such as Inner Mongolia and Xinjiang have improved their open cooperation index more significantly; Beijing leads the way in the talent team index, except for the eastern regions, the development of all regions is relatively average, and the provinces with obvious increases are Beijing and Jiangsu; the governance level index is better developed in the northeast, followed by the eastern and western regions, and the governance index is improving in the western regions represented by Guizhou and Anhui.

Keywords: The Index of Traffic Power; Sub Index; Interprovincial Difference

Abstract: From a regional perspective, this chapter makes a basic analysis of the existing indices in terms of the eastern region, central region, western region and northeast region, and makes a comparative analysis with the report in 2020. In this chapter, it is found that the transport power index of the eastern region, the central region and the northeast region has increased compared with 2020, while the transport power index of the western region has decreased slightly. In the process of the development of the traffic power, the eastern region remains to be improved in the talent team construction aspect, needs to strengthen the construction of talent team. The central region needs to promote the construction of green transportation and improve the level of traffic governance. The western region should promote the modernization of transportation governance, pay attention to the construction of traffic safety, and improve the level of transportation governance. The northeast region should accelerate the modernization of traffic equipment.

Keywords: Transportation Industry; The Index of Traffic Power; Regional Comparison

Abstract: Based on the questionnaire results of mass satisfaction in transport countries, this report studies the results from the two aspects of mass satisfaction problem analysis and province analysis of mass satisfaction. It can be divided into three dimensions, namely, satisfaction with the completeness of infrastructure, satisfaction with green and intelligent environmental protection, and satisfaction with the modernization of governance system. Five representative questions were selected from each dimension in problem analysis. In the province analysis, 8, 8 and 6 representative provinces were selected for each dimension, and the overall evaluation of the comprehensive satisfaction level was carried out. This report gives feedback to the public on the evaluation of the construction and development of a transport power, which is helpful to grasp the direction of the construction of a transport power in the next step.

Keywords: Traffic Power; Environmental Protection Intelligent; Satisfaction Evaluation

Ⅲ Smart Transportation Section

Abstract: Based on the innovation ecosystem theory and co-evolution theory, this paper studies the evolution process of high-speed railway innovation system with the development of new technologies. The research points out that with the development of new technology, the original high-speed railway innovation ecosystem of "big government and small enterprises" is gradually transformed into the intelligent high-speed railway innovation ecosystem dominated by enterprise innovation. Benefiting from the evolution process in which upstream and downstream enterprises gradually integrate with new technologies in order to adapt to changes in the external environment, enterprises in the new innovation ecosystem co-evolve with the external enterprises, which has realized innovative development of enterprises.

Keywords: Transportation; Smart Transportation; Intelligent High-speed Railway; Coevolution

Abstract: Based on the strategic deployment of a country with strong transportation network proposed in the report of the 19th National Congress of the Communist Party of China, in the context of the rapid development of intelligent technology, intelligent high-speed railway has brought new opportunities for

China's high-speed railway industry. How to design a subsidy mechanism that can achieve mutual benefit between the internal and external systems of intelligent high-speed railway is of great importance. This paper further subdivides the subsidy mechanism into external subsidy mechanism, internal subsidy mechanism and price mechanism. The external subsidy mainly refers to that the government gives enterprises incentives in the form of tax policies and fiscal subsidies on the premise of balancing fairness and efficiency. Given the public welfare of railway transportation services, the internal subsidy is to increase the proportion of social investors' earning by appropriately expanding the reasonable boundary of the project. This paper first analyzes the theoretical basis of railway public welfare transport service subsidy mechanism, and then summarizes the railway subsidy mechanism of various countries in the world, and compares the main railway subsidy policies of China and Britain, France, Japan and other countries. Combined with China's current policy status and the characteristics of the public welfare of intelligent high-speed railway, this paper provides enlightenment for the design and construction of subsidy mechanism of intelligent high-speed railway in China.

Keywords: High-speed Railway; Quasi-public Goods; Subsidy System; Public Welfare Transport

B.9 Research on Innovation Ecosystem Based on Intelligent High-speed Railway

Abstract: With the continuous development of emerging technologies such as big data, Internet of things, cloud computing and artificial intelligence, intelligence has a profound impact on the manufacturing and operation innovation of equipment products. China's intelligent high-speed rail is one of the remarkable achievements. China's high-speed rail continues to integrate and absorb the new generation of intelligent technology, which not only makes continuous breakthroughs and innovations in technology and management, but also makes the construction, equipment and operation fields develop together under the support of intelligent data. It also strides forward to a more intelligent, more efficient and more scientific high-speed railway innovation ecosystem. Based on the constituent elements of high-speed rail industry, this paper analyzes the structural characteristics of its innovation ecosystem, combs the literature on the construction of innovation ecosystem by intelligent high-speed rail in technology and management, and deeply explores the operation mechanism of the innovation ecosystem of intelligent high-speed rail. The research not only helps to expand the theory of innovation ecosystem, but also provides necessary scientific guidance for the management and operation of intelligent high-speed rail innovation ecosystem.

Keywords: Intelligent High-speed Railway; Innovation Ecosystem; Independent Innovation; Intelligent Manufacturing

北京市哲学社会科学研究基地智库报告系列丛书

推动智库成果深度转化

打造首都新型智库拳头产品

为贯彻落实中共中央和北京市委关于繁荣发展哲学社会科学的指示精神，北京市社科规划办和北京市教委自2004年以来，依托首都高校、科研机构的优势学科和研究特色，建设了一批北京市哲学社会科学研究基地。研究基地在优化整合社科资源、资政育人、体制创新、服务首都改革发展等方面发挥了重要作用，为首都新型智库建设进行了积极探索，成为首都新型智库的重要力量。

围绕新时期首都改革发展的重点热点难点问题，北京市社科联、北京市社科规划办、北京市教委与社会科学文献出版社联合推出“北京市哲学社会科学研究基地智库报告系列丛书”。

北京市哲学社会科学研究基地智库报告系列丛书

（按照丛书名拼音排列）

· 北京产业蓝皮书：北京产业发展报告

· 北京人口蓝皮书：北京人口发展研究报告

· 城市管理蓝皮书：中国城市管理报告

· 法治政府蓝皮书：中国法治政府评估报告

· 健康城市蓝皮书：北京健康城市建设研究报告

· 交通蓝皮书：中国城市交通绿色发展报告

· 京津冀蓝皮书：京津冀发展报告

· 平安中国蓝皮书：平安北京建设发展报告

· 企业海外发展蓝皮书：中国企业海外发展报告

· 首都文化贸易蓝皮书：首都文化贸易发展报告

· 中央商务区蓝皮书：中央商务区产业发展报告

皮 书

智库成果出版与传播平台

✧ 皮书定义 ✧

皮书是对中国与世界发展状况和热点问题进行年度监测，以专业的角度、专家的视野和实证研究方法，针对某一领域或区域现状与发展态势展开分析和预测，具备前沿性、原创性、实证性、连续性、时效性等特点的公开出版物，由一系列权威研究报告组成。

✧ 皮书作者 ✧

皮书系列报告作者以国内外一流研究机构、知名高校等重点智库的研究人员为主，多为相关领域一流专家学者，他们的观点代表了当下学界对中国与世界的现实和未来最高水平的解读与分析。截至 2021 年底，皮书研创机构逾千家，报告作者累计超过 10 万人。

✧ 皮书荣誉 ✧

皮书作为中国社会科学院基础理论研究与应用对策研究融合发展的代表性成果，不仅是哲学社会科学工作者服务中国特色社会主义现代化建设的重要成果，更是助力中国特色新型智库建设、构建中国特色哲学社会科学“三大体系”的重要平台。皮书系列先后被列入“十二五”“十三五”“ 十四五”时期国家重点出版物出版专项规划项目；2013~2022 年，重点皮书列入中国社会科学院国家哲学社会科学创新工程项目。

S 基本子库
UB DATABASE

中国社会发展数据库（下设 12 个专题子库）

紧扣人口、政治、外交、法律、教育、医疗卫生、资源环境等 12 个社会发展领域的前沿和热点，全面整合专业著作、智库报告、学术资讯、调研数据等类型资源，帮助用户追踪中国社会发展动态、研究社会发展战略与政策、了解社会热点问题、分析社会发展趋势。

中国经济发展数据库（下设 12 专题子库）

内容涵盖宏观经济、产业经济、工业经济、农业经济、财政金融、房地产经济、城市经济、商业贸易等12个重点经济领域，为把握经济运行态势、洞察经济发展规律、研判经济发展趋势、进行经济调控决策提供参考和依据。

中国行业发展数据库（下设 17 个专题子库）

以中国国民经济行业分类为依据，覆盖金融业、旅游业、交通运输业、能源矿产业、制造业等 100 多个行业，跟踪分析国民经济相关行业市场运行状况和政策导向，汇集行业发展前沿资讯，为投资、从业及各种经济决策提供理论支撑和实践指导。

中国区域发展数据库（下设 4 个专题子库）

对中国特定区域内的经济、社会、文化等领域现状与发展情况进行深度分析和预测，涉及省级行政区、城市群、城市、农村等不同维度，研究层级至县及县以下行政区，为学者研究地方经济社会宏观态势、经验模式、发展案例提供支撑，为地方政府决策提供参考。

中国文化传媒数据库（下设 18 个专题子库）

内容覆盖文化产业、新闻传播、电影娱乐、文学艺术、群众文化、图书情报等 18 个重点研究领域，聚焦文化传媒领域发展前沿、热点话题、行业实践，服务用户的教学科研、文化投资、企业规划等需要。

世界经济与国际关系数据库（下设 6 个专题子库）

整合世界经济、国际政治、世界文化与科技、全球性问题、国际组织与国际法、区域研究 6 大领域研究成果，对世界经济形势、国际形势进行连续性深度分析，对年度热点问题进行专题解读，为研判全球发展趋势提供事实和数据支持。

法律声明

“皮书系列”（含蓝皮书、绿皮书、黄皮书）之品牌由社会科学文献出版社最早使用并持续至今，现已被中国图书行业所熟知。“皮书系列”的相关商标已在国家商标管理部门商标局注册，包括但不限于LOGO（ ）、皮书、Pishu、经济蓝皮书、社会蓝皮书等。“皮书系列”图书的注册商标专用权及封面设计、版式设计的著作权均为社会科学文献出版社所有。未经社会科学文献出版社书面授权许可，任何使用与“皮书系列”图书注册商标、封面设计、版式设计相同或者近似的文字、图形或其组合的行为均系侵权行为。

经作者授权，本书的专有出版权及信息网络传播权等为社会科学文献出版社享有。未经社会科学文献出版社书面授权许可，任何就本书内容的复制、发行或以数字形式进行网络传播的行为均系侵权行为。

社会科学文献出版社将通过法律途径追究上述侵权行为的法律责任，维护自身合法权益。

欢迎社会各界人士对侵犯社会科学文献出版社上述权利的侵权行为进行举报。电话：010-59367121，电子邮箱：fawubu@ssap.cn。

社会科学文献出版社